郁达夫与王映霞

昙花之恋

张金梦 / 著

中国文史出版社

图书在版编目（CIP）数据

郁达夫与王映霞：昙花之恋 / 张金梦著.-- 北京：

中国文史出版社, 2019.12

ISBN 978-7-5205-1788-1

Ⅰ. ①郁… Ⅱ. ①张… Ⅲ. ①传记文学－中国－当代

Ⅳ. ①I25

中国版本图书馆 CIP 数据核字(2019)第 270255 号

责任编辑：金　硕

出版发行	中国文史出版社
社　　址	北京市海淀区西八里庄路 69 号院 邮编 :100142
电　　话	010–81136606 81136602 81136603 81136605(发行部)
传　　真	010–81136655
印　　装	北京温林源印刷有限公司
经　　销	全国新华书店
开　　本	650×940　1/16
印　　张	20.5
字　　数	300 千字
版　　次	2020 年 2 月北京第 1 版
印　　次	2020 年 7 月第 2 次印刷
定　　价	58.00 元

前　言

　　沪上烟雨袅娜多情，裹一把逼仄的阴郁，带着滋养爱情和热烈与生俱来的气息。她敏感，她耀眼，她傲慢，她带着浓浓的潮湿的情调，上演着一幕又一幕别样绚丽的故事。多少人，曾在这里相遇、相识、相恋，在这个充满缠绵意味的城市，演绎着旧别新愁。适时人间烟雨天，终不似，少年头。有的人在这里飘扬半生，浮沉一世，到头来不过是泛黄的纸页边轻轻拾起的一声唏嘘。

　　如今才懂得，爱情是她抬起眉眼，轻轻巧巧的一瞥，而我已化为烟粉。

　　而他们的爱情，就好像是翻开一本厚重的封面上布满蛛丝和灰尘的笔记本，它事关风尘，事关那些沉重而哀愁的诗歌，带着不忍卒读的痕迹，让人读起来微微泛着酸楚。

　　郁达夫笔下的苍凉是裹挟那个动荡年代的一层锦衣，在洪荒泛滥的岁月里，尽然觉察出这人世间的一缕通明的希望。然而这缕民国照来的霞光中有着一丝潋滟动人的光芒，她是郁达夫此生最重视的女人——他在沪上友人家中邂逅的、那轻巧如白鸽的女子，及笄而后就居当时杭州四大美人之首的王映霞。郁达夫一见倾心，遂求再见、三见，于是上演了现代文坛一段轰轰烈烈的恋爱传奇。

文字与爱情，在郁达夫是互为表里的。爱情的热烈，本来就已融化在他的骨血之中，观其一生，无时不在飞扬着由恋爱所激发的才情，他的人生，本身就是一段过程，不依附于任何人停留，却在王映霞，那个留给他惊鸿一瞥的水乡女子身上，散发出别样的温情与留恋。

关于郁达夫，逐渐地，世俗的人们也许对这位畸病的作家生出了越来越多的迷幻猜想。他是一个有很好耳力的诗人，字句里有一种纤徐宛转的节奏，时常优美得让人吃惊。"一点一点地映在空街的水潴里，仿佛是泪人儿神瞳里的灵光"。他的笔触空，神，灵，使这寻常的意象，散发出一种奇妙的气息。他好似傲慢并且孤独，看着人世间仿若看一场好戏，无关前生，无关来世。让他凛然地对着苍茫人世间将自己的哀思倾诉，自然是不能的。他只是隐隐地，不动声色地，酝酿着一声惊雷。

在他不曾邂逅那个"荇荇白"的女子的时候，已是有妻室的了，然而浪漫如他，自由如他，忧郁如他，怎肯为一段"父母之命，媒妁之言"的婚姻折腰。当他半生颠沛流离，追忆起那段与王映霞刻骨铭心的爱恋，从来都是曾经沧海难为水，陌路后的二人，在彼此的生命中，依然是一段诗，一阕词，字字诛心。

初见王映霞的那个傍晚，郁达夫用日语对孙百刚说："我近来寂寞得跟在沙漠里一样，只希望能出现一片绿洲，你看绿洲能出现吗？"如此隐忍阴郁的告白，对着一个局外人小心翼翼地吐露心意，明知不可为，却偏要管她要一个回音，郁达夫就在那一侧身的笑里，丧失了与爱情徒手相抗的能力。

然而，我们仍需要生命的慷慨与繁华相爱，即使岁月以刻薄和荒芜相欺。

她说："我不曾输过。"王映霞在这段感情中的坚决和固我，带给两个人的是一生都无法弥合的伤口，即使岁月悠长，寄给他的记忆也终将成为尘封多年不忍开启的旧照，提起他时，云淡风轻的是那么一句，"我永远也不肯吃亏。"

这动荡的时代，没有一种姿态可以用来形容郁达夫，他永远都是带着辽远沉湎的目光注视着这个世界，无奈且苍凉。也没有一种词语可以用来形容王映霞，以及她在他生命中无法承受的重量。

若叫眼底无离恨，不信人间有白头。谁曾有那样的幸运，在烟雨迷蒙的民国遇见那样一个人，曾以为不会在情感的歧路上停留目光的才子，也为她食了言。仍是那个荒芜的沙漠，仍是那个蒙着时光沉默的灰，却迎着那一眼，绊住了远行的脚步，找到了为之流连忘返的绿洲。

于是，郁达夫1927年1月1日至31日的《村居日记》中对此有以热烈的笔触记载，1月14日日记："从光华出来，就上法界尚贤里一位同乡孙君那里去。在那里遇见了杭州的王映霞女士，我的心又被她搅乱了，此事当竭力的进行，求得和她做一个永久的朋友。"他如此卑微急切地请求，只是一个友人的身份。这样的姿态，来自于当时文震笔坛的才子，即使是清绝如王映霞，也会为此怦然心动。于是那时的王映霞，带着与生俱来的清高和正值韶华的清丽姿态，款款走进这个时而沉沦时而清醒的才子生命中，成为他年少时的惊艳和暮年的传奇。

当郁达夫写出"朝来风色暗高楼，偕隐名山誓白头。好事只愁天妒我，为君先买五湖舟"这样的诗句时，已是佳人在怀，踌躇满志。那时的王映霞在郁达夫的热烈追求下，和他在上海江南大饭店一个房间里进行了一次长谈。王映霞提出了这样的婚嫁条件：必须明媒正娶，组成一个属于他们二人的完整世界。这样的一世一双人，这样一段意外的相遇，他以最高傲的方式——满腹才情，最卑微的姿态——苦苦相求，流连在她的绿洲，最终佳偶天成。但谁又能料到，这样的一个人，成了他镌刻一生都无法磨灭的痛。

人间没有单纯的快乐，快乐总是夹杂着烦恼和忧郁。爱情也永远没有尽头，真正的爱情也必得在大风大浪的摧残之后才出现，它看来娴静如水，却绵绵密密地吐露着希望的幽光。

1934年的梅雨四月，郁达夫和王映霞回杭州居住。郁达夫花一千七百元买下了玉皇山后的三十亩山地，开始修建自己的爱巢。新家在"1935年年底动工，熬过了一个冰雪的冬季，到1936年的春天完工……足足花掉了一万五六千元"。建成后，还"涂上了朱漆，嵌上了水泥"，充满了东方建筑的古典神韵，郁达夫特意给它取了一个极富情调的名字：风雨茅庐。

　　美轮美奂的"风雨茅庐"建成后，郁达夫发自内心地希望自己能在美丽的西子湖畔长期生活下去。当他尽千帆，抵达生命绿洲的时候，却不知，战火烽烟，从来都不是能够一劳永逸地在"风雨茅庐"中享受到宁静生活的时代。时局动荡不安的20世纪30年代，风雨萧瑟，政治阴晦，一个人，即便如郁达夫这样著名的文学家，也不能驾驭自己的命运。

　　战火中的城市，连白昼都笼罩着阴郁，多少人生不得其所，死不得其终，风雨飘摇中的郁达夫和王映霞，如同急雨中散落的浮萍，在时代的洪流中难以栖身。他说："1936年春，杭州的风雨茅庐造成后，应福建工洽主席之招，只身南下，意欲漫游武夷太姥，饱采南天景物，重做些记游述志的长文，实是我毁家之始。"

　　王映霞的离去史说纷纭。当郁达夫写下"忍抛白首盟山约，来谱黄山小玉词"这样的旷世锦句来饯别玉妻映霞。这段郁达夫与王映霞的才子佳人恋，终于也逃不脱劳燕分飞的命运，演绎了一场轰轰烈烈却又凄凄惨惨的琴瑟悲歌。初恋之时，爱得死去活来，到头来，又恨得呕心沥血，一对神仙侣成了仇怨偶，终将让后人唏嘘。

　　此后，生离死别两不相干，曾在那个人身上全力绽放的光与热，让他曾觉得就这样留醉杭州，过着温柔慵惰的日子，快乐满足便是极致。醒来时便有携手唯落日、闲嗅亭花开的乱世爱情，不再背井离乡，颠沛流离，满腹经纶又怎样，声名大噪又怎样，即使拿江山相抵，也敌不过眼前的这个女子轻巧地一抬素手。

　　是否值得，已经不再重要了，就这样的一转身，那个自以为痴情的男子认定自己在这段爱情中占尽风头。岂不知，等闲变却故人心，却道故人心易变。

窗外还盛开着皎洁的白玉兰，世事已是沧海桑田。暮年的郁达夫，回忆起当年面容姣好的女子，已是无关悲喜，甚至忘却了当初的不甘与苦痛是如何噬咬自己，如何辗转反侧，痛不欲生。

　　人生本就是这样，每个人都有生活的自由，也有各自的苦衷与真相。只是乱世动荡，我们敌不过，逃不脱，挣不断的，永远都是时间。本以为此生只要携手相伴走过一生一世一河山，就是海枯石烂的忠守，却在半生凋零的时候，用早夭的生命来纪念你。天外已是烟雨朦胧天，需要等到霞光万丈时才能驱散他生命中的黑暗和阴霾，然而始终不能确定，她已离去，光明还肯来么？

　　他的文字好似一盅短暂并且清冽的酒，穿过喉头，所经之处，便是滚烫的醉意。"猛忆故园寥落甚，烟花撩乱怯登楼"。他可以肆意泼洒他的笔墨，在整个中华文坛，可以振聋发聩，可以内外澄静。如果说那年，他没有在友人家中邂逅那样一个女子，他的生命或许不会盛放出这样短暂却又耀眼的光华，他为一人驻足，今后的每个人，都不过是因着似当年的她。

　　而尘世于他，终究只是一场不甚圆满的幻梦，他的幻梦，依然是在异乡孑然一身地终结，他躺在异乡的土地，静得仿佛人世间只有那一轮明月，净无瑕秽。而这人世间，唯有死亡，是如此纯净与自然，他就那样消逝，仿佛根本不需要谁来悼念。

　　三月烟花千里梦，十年旧事一回头。达夫先生早已魂落他乡，王映霞也已玉殒香消，其中恩怨瓜葛也皆为过往，已成为结了蛛网的青灯古卷。多年以后，我们再看那段"富春江上神仙侣"的故事，已经抛却了孰是孰非。只有那个神色阴郁的长衫才子，看着那个身姿摇曳的清丽佳人，在绵绵细雨的悠长时光里，披带着民国烟尘，懒懒地瞥一眼，便是交付了一生。

目录

郁

c

达

o

夫

n

t

与

e

王

n

映

t

霞

s

郁

达

夫

与

王

映

霞

c

o

n

t

e

n

t

s

郁

达

c

a

夫

n

与

t

e

王

n

映

t

霞

s

郁

达

夫

与

王

映

霞

c o n t e n t s

京华倦客年岁来

郁达夫与王映霞

天涯茫茫夜归人

有人说，民国，是一段生动浪漫、缠绵悱恻的风月往事。有着恍如梦境的黛瓦白墙，也有着灯红酒绿的歌舞升平，有着一段段口齿含香的青涩旧事，也有着一双双吟诗煮酒的才子佳人。然而千帆过境，岁月悠长，于我于斯都是匆匆过客，凡尘往事多少已经物是人非，在经历了岁月的放逐之后，留下的不过是一地叹息。那个年代，乱世的战火硝烟弥漫在每一寸土地，不知有多少风骚人物在掀起惊涛骇浪，又有多少传奇过往在人间上演。

即使那样的时代是黑夜，也在黑夜中有着一个人，他被那个阴沉沉的夜晚敲碎，同时也被唤醒。他踽踽独行，以最孤独情绝的姿态，睥睨世间的一切沉沦与茫然，他从海上归来，风尘仆仆，将满腹才情抛洒于这个风云时代，转个身，再没有人能循到他的踪迹。

他是郁达夫。

每个人从出生起，就意味着不同的个人将走向不同的命运，被岁月搁置，打磨成满目疮痍的模样，或坎坷，或平庸，或孤寂，或雍容……然而命运早已谱写在册，容不得你去打量揣度。

郁达夫出生在1896年的富阳县城里，儿时的记忆对他来说，只有孤儿寡母的窘境和步步紧逼的饥饿。

"丙甲年，庚子月，甲午日，甲子时"，儿时的回忆，尽是空洞。四十年前的中国国民经济民生凋敝，雇乳母在当时是一件不可容许的罪恶的事。母亲常年操持家务，奶水又不充足，让年幼的郁达夫因为营养不良而罹患肠胃病，衰弱、发热、痉挛，家中上下被这样一个小生命拖得筋疲力尽，到了郁达夫三岁那年的春夏之交，父亲因病去世，这正是孤儿寡母悲剧的序幕。

只有孤儿寡母的人家，难免受到邻居亲戚们的欺凌，田地被盗卖，堆在乡下的谷物被偷窃了，又或是祖坟山上的坟树被砍了，母亲争夺不来的时候，最后只有抱着年幼的郁达夫在父亲的遗像前痛哭一场。

那年富春江两岸的乌桕树挣脱了许多病叶，显露出疏匀红艳的秋收后的浓厚气息。一碧的长天里飞着白象似的云，离南码头不远的一块水边大石条上，总是坐着一个五六岁的孩子，他样貌清瘦，着一身青粗布的棉袍子，在太阳里张着眼望江中来往的帆船。他既不和其他同龄的孩子玩，也不愿说话。

饥饿和孤独，是郁达夫对童年最深刻的记忆。儿时的生活中，除去两个年龄相去甚远的哥哥，就是扁着嘴念佛念经的祖母和身兼数职的母亲。在这样孤独的年月里，唯一能让他感到温暖的，只有日日与他相处、讲故事给他听、也同他嬉闹的使婢翠花。

还记得小时候，郁达夫一个人在花坛边的石阶上，看着阳光漏过院子的树叶，洒下斑斑驳驳的光影，照映着水缸中游曳着的水藻和金鱼，显得通透明亮。那一次，他痴迷于水光之间的幻影，想去伸手将那一丝一丝的日光捉在手中，却栽倒在水里险些溺亡。那种深陷囚笼的恐惧和麻木，让长大后的他每每想起都记忆犹新。

故乡带给他的恐惧和迷惘，使得成年以后的郁达夫，无论何时都依旧是那样清瘦，一袭长衫，深锁长眉，沉默寡言。

经过了三十年的岁月，郁达夫依然觉得七八岁时在私塾里的时光是最澄净的。他朦胧地记得麦田里绒样的桑树枝芽，"晴天里舒叔叔的一声飞鸣过去"，澄碧的水面里有澄碧的青天，悠远的唱戏声长久地在耳边回荡，那个憧憬着成长的少年时常被突然来袭的"对远处的遥念与对乡井的离愁"感伤得心酸落泪。

家境的贫寒与成长的波折，让郁达夫在年少的时候就显露出与同龄人不同的老成，在公办书塾就古典文学全面的系统学习让年少的郁达夫产生了对旧体诗和韵文浓厚的兴趣，同时显露出卓群的天赋，十几年后，郁达夫这样评价自己的创作表现："九岁题诗四座惊，阿连少小便聪明。谁知早慧终非福，碌碌瑚琏器不成。"

他十三岁那年，小小的富阳县传来了光绪皇帝的哀诏，光绪升天，溥仪继位，载沣监国，举国震惊，也昭示着腐败的清朝政权土崩瓦解。书塾里的国文教官拿着印有一张青年军官半身肖像的报纸，那是郁达夫初次听到关于皇室的荒淫，种族歧异的言论，朝廷日日下罪己诏，办官书局，修铁路，讲时务，和列强缔结和约。酣梦中的东方睡狮内脏已经腐败，却还发出天真的鼾声，沉浸在"天朝"遗梦中不知醒转。

郁达夫怔怔地看着，第一次那样深切地感受到所谓种族、所谓革命、所谓国家的概念。那个新旧交替的时代，一代人由旧社会走出，却难以看到新时代的曙光，身上带着蜕变的矛盾和痛苦，为时代交接、政权更迭、文化更替付出了巨大的个人代价，他们看不到自己的出路。

年轻的郁达夫难以理解和承担这种历史和民族造成的剧烈而实际的矛盾痛苦，这种矛盾仿佛是一把火焰点燃了他心头的热血，那是一种影影绰绰的远景，却是无比的沉重和坚定。从而在他的性格和行文中表现出强烈的苦闷、哀伤乃至颓废的色彩，这种苦闷是整个社会的苦闷——人生的苦闷，思考的苦闷，独战社会的苦闷。

1913年，是郁达夫生命中一个重要的渡口，随长兄去日本留学。当看着船慢慢驶离黄浦，故土在郁达夫的眼中渐渐被空虚的地平线吞没了的时候。天幕秋星，白鸥绿鸟，明蓝的海面，让郁达夫有一种遗世独立的孤独感。然而他的一生都是孤独的，也只有孤独，能让他沉浸其中感到无比的自由。

十年来的离家去国之悲，让郁达夫从此和家人亲友斩断联络，从此如同一缕游魂，一只断筝，在没有根基的异国他乡、漫无目的地游走，他的一生潦倒漂浮，仿若一叶扁舟，在没有方向的江河里随波逐流。

岛国十年的光景，让他看到了对于"奄奄一息的我们这东方古国的居留民，尤其是暴露己国文化落伍的中国留学生"而言，日本的新兴气象雄伟豁达，如同旧囊装新酒，焕发出圆熟蓬勃的生机。"日本的文化，虽则缺乏独创性，但她的模仿，却是富有创造的意义的；礼教仿中国，政治法律军事以及教育等设施法德国，生产事业泛效欧美，而以她固有的那种轻生爱国，耐劳持久的国民性做了中心的支柱。"（《郁达夫自述》）这样的岛国，让郁达夫为故国的前景感到了莫大的危机和悲哀。

谙熟日本的语言风俗，挥别了血族相连的家人亲友，在东京独自生活的郁达夫，时常感到阵阵难以平复的烦乱与哀愁。那是来自于男女两性之间神秘的牵引、感受到炎黄子孙日渐消沉的无奈。在他踱步于寒亭孤月下的时候，捧卷夜读的时候，漫步街头的时候，这些思绪如同幽幽凉凉的潮水一荡一漾地袭来，将他的意志冲散，让这个"灵魂洁白，生性孤傲，感情脆弱，主意不坚"的异乡游子，如同海浪上无助的泡沫，"两重三重地受到推挤，漩涡，淹没与消沉"。

1920年，郁达夫在自己的"抒情时代"，完成了他生命中最重要的一次绝唱。游戏笔墨也好，闲暇之作也罢，他天真地将自己的苦闷与郁结晾晒在异乡的烈日下，让它生长，让它吐蕊，让所有人都知道，他的"抒情时代"是在"荒淫残酷，军阀专权的岛国里过的"。眼前充斥着故国的沉沦，自己深受异国他乡的排挤与屈辱，他将这样的忧伤与悲哀、这样的绝望与隐痛，"如同初丧了夫主的少妇一般，毫无气力，毫无勇毅，哀哀切切，悲鸣出来的"，就是当时名震文坛的《沉沦》。

"太不值得了！太不值得了！我的理想，我的远志，我对国家所抱负的热情，现在还有些什么？还有些什么呢？"心里一阵悔恨，眼睛里就更是一阵热泪；披上了妓馆里缊袍，斜靠起了上半身的身体，这样的悔着待着，一边也不断地暗泣着，我真不知坐尽了多少的时间；直到那位女郎醒过来，陪我去洗了澡回来，又喝了几杯热酒之后，方才回复了平时的心状。三个钟头之后，皱着长眉，靠着车窗，在向御殿场一带的高原雪地里行车的时候，我的脑里已经起了一种从前绝不曾有过的波浪，似乎在昨天的短短一夜之中，有谁来把我全身的骨肉都完全换了。

"沉索性沉到底罢！不入地狱，哪见佛性，人生原是一个复杂的迷宫。"

1926年，暗夜闻笛，海面上笼着一层泛着银光的薄雾，在悠远的汽笛声中显得神秘莫测，淡青色的天空还透着夜色，唯有水声拍打着海面。

海上寂寂地冷，月光下只有一片灰寒。一切都在深秋雾霭沉沉的笼罩下显得没有一点生气。

郁达夫倚在船舷上，海上腾着闷人的潮气，逼得他冷汗直流。在薄雾中渐渐显露出无数的人家、无数的工厂烟囱、无数的船舶和桅杆，纵横错落地浮在一层薄薄的灰色雾霭里。

那样一个瘦削萧索的背影，昂首看向远方，目光深邃而沉静。谁能想见郁达夫此刻内心暗涌着的是怎样难平的思绪。

人生就是一场苦旅，无端地生出这么多的坎坷波折。

回想起岛国的十年，怀揣着朝露璀璨的梦想，将自己的青春消磨在异乡的天地间，受尽了凌辱与压迫，如今将离，不得不把十年来对日本的愤恨与悲哀化作两行泪水洒落在襟前。祖国的苍茫江山不知多少次出现在郁达夫的梦境中，他的同胞，他的梦想，都是要在祖国的故土上完成他们的命运。然而，祖国呢？祖国的前景是不是也如同这海上的迷雾，迟早有散开的时候呢？

迎着咸涩的海风，郁达夫心中一阵欺罔的茫然。

在日渐沦亡的故土上，远远浮出灰黑的夜色，他走近船舷，只觉得胸口一阵压抑的烦闷。

几个月前，郁达夫大病初愈，一身靡靡憔悴和颓然薄弱，与友人束装南下，到了革命最前沿的目的地——广州。1926年的广州，正是革命事业的策源地，郁达夫本以为可以在那里实现自己的宏图伟志，找到人生的曙光，将自己的满腔热忱都投入到革命事业中去，唤醒祖国大地的沉沦。

然而广州之行并不如意，国民新政府倒行逆施，蒋介石新军阀的盘剥污浊，让郁达夫深有幻想破灭的痛心之感，经年累月的憧憬已被虚妄和陈腐的古旧气息击得粉碎，不到半年的光景，他对于革命事业的憧憬已经如同大海中随波逐流的孤舟，踪迹难寻了。郁达夫在阴谋和倾轧下难以扛起革命的旌旗，任现实的风暴把所有美好的幻想打落，剩下一地对于中国人心的死灰。

所有对革命事业的美好期许都是漂浮在阳光下脆弱不堪的泡沫。

尽管我们都是带着使命来到这人世间，但是人事浮沉，对于已经流逝了的往昔，都已是过眼烟云，不知聚散。但是那些记忆对于郁达夫来说，却是永远无法磨灭的伤痛。

最是朱颜醉眼时

恍惚间，海浪声渐渐平息了，船舶缓缓靠岸抵达上海。这座妖娆富丽的大都市，处处闪烁着五彩缤纷的霓虹和灯火，暖昧的酒杯和温软的歌声都幽幽回荡在这个纸醉金迷的尘世里，在华丽锦袍的修饰和掩盖下，是缓缓暗涌的欲望和罪恶。

当年的创造社出版部是郭沫若、成仿吾、郁达夫等人苦心组织起来的，他们为此倾注了大量的心血和汗水，创造社顺着时代的洪流，在开拓革命文学领域的道路上一往无前。然而随着创造社人员的扩张，广州出版部开始出现内部人员混乱、账目不清、社员公饱私囊的现象。于是郁达夫怀着回到上海与沫若君、仿吾君一道重振创造社的理想，毅然离开广州，亲自去上海进行整顿。

一霎青春不可留，为谁漂泊为谁愁。

海上生明月，一切幻象都将被阳光驱散，显露出这个喧闹世界本来的面容。迎接郁达夫这个夜归人的，不仅仅是萦绕心头思念多年的故土，还有一段他自己也不曾料想到的缠绵爱恋。

有时候，相遇就是一场命中注定的浩劫，我们沉溺在相遇的欢乐中，为彼此的出现欢欣雀跃，如同年幼的孩童闯入满山遍野开满五彩缤纷花丛的仙境中，那里有干净的石头、清澈的山泉和湖底缓缓流淌的阳光。

他们在1926年的上海相遇，那对于郁达夫来说就是这样的一场梦境。

在创造出版社的漫漫征途中，郁达夫陷入了人生的低谷。上海，这座承载了太多希望与风霜的城市，在郁达夫看来，却是如此的生疏。广州教职工作辞去了，创造社的整顿工作比之前料想得更加不顺利，郁达夫陷入了进退维谷的境地，从广州来到上海的抉择让他感到前路渺茫，曾经踌躇满志的少年心在历经风霜之后，却是如此的迷惘。如同拨不开的海上迷雾，遮云蔽日，看不清前路是深渊，还是港口。

《创造社出版部的第一周年》中写道：

> 朋友诸君，我们大家应该联合起来，要干什么便干什么，先从这暗无天日的上海做起。

可是他并不知道，他在命运的低潮中寝食难安、在上海的冷遇中难以自拔时，遇到了他生命中久违的朝霞——在一次拜会同乡兼留日同学孙百刚君的时候，郁达夫邂逅了王映霞。

当时的王映霞，有着"杭州第一美人"的美誉，"天下女子数苏杭，苏杭女子数映霞"的说法风靡苏杭，时人送她"荸荠白"的雅号，来形容她惊人的美丽。

1908年，灵秀美丽的王映霞出生于诗意杭州，"欲把西湖比西子，淡妆浓抹总相宜"。西子湖畔，青石铺陈的水门汀，飘散着古老水乡的淡淡风烟，转角就是戴望舒笔下悠长又寂寥的雨巷。这样一个无论在世俗烟火里熏染多久，在浑浊世态里浸泡多深，都依然保持着如初素洁的地方，循着诗词里的西湖，岁月总是惊艳于这样的王姓女子。

如同一只破茧而出的彩蝶，总要经受风雨的考验。她的父亲金冰逊很早就去世了，她随母亲住到外祖父——杭州名士王二南的家中，由于外祖父王二南膝下无子，她幼时便被过继给王家，并随母姓，改姓王，名旭，表字映霞。王映霞自幼跟着外祖父研习诗文，有着扎实的国学根基，她的才情横溢与姣好面容，在时局动荡的上海滩如同一个美好而虚幻的梦。

1923年，王映霞考入了浙江女子师范学校。杭州女师人才辈出，王映霞是她们中的一位佼佼者。她的丰富学识，艳丽容貌，"道是梨花不是，道是杏花不是。白白与红红，别是东风情味 。曾记，曾记，人在武陵微醉。"以此来形容她，就如同是天色里的朦胧一勾月，是带着东方古韵的一勾月，遥遥地，沉静地，让人看着，想象着，靠近不得。

1926年，战火的硝烟蔓延到温州，王映霞结识了王二南旧友之子孙百刚。孙百刚时任省立温州十中高中部的教师，那时年轻的王映霞也是这所学校附小的教员。

国家正值多事之秋，校方随时都有停课停伙的可能，王映霞与孙百刚夫妇商量，打算和他们同行，孙百刚和妻子欣然答允，王映霞便与孙百刚夫妻一起搭上了最后离开温州的轮船，逃亡上海。

到了上海，王映霞便给外祖父去信，又四处打听开往杭州的火车究竟开不开行。当时的局势一片混乱，外祖父很快回信来嘱咐她，暂时同孙家住在上海，再做商议。孙百刚夫妇对这个知书达理的大家闺秀很是关照，把她当作自己人看待，于是他们就在马浪路的尚贤坊40号内，租下了一间前楼。

王映霞对孙百刚夫妇一直以长辈之礼事之，孙的夫人杨掌华性情柔顺，和王映霞更为亲厚些。烧菜煮饭的家务，王映霞一概是不懂的，常常叫人拆洗了棉被，却无法将它缝起来，杨掌华都默默地替她料理。王映霞同他们住在一起，不分彼此地同入同出，在那样的异乡残景里，也不曾感到无依无靠。

那是上海历经风霜的寻常老宅，他的好友兼留日同学孙百刚君就住在这处。郁达夫抬眼看着上海街路树的洋梧桐，感受到了冬日里森然的寒意。远处的那扇小窗微微透着难得的暖色。孙百刚君与他的太太杨掌华在这扇小窗里经营着他们平静而安逸的日子，这正是郁达夫这样一个远途归来的浪子所期冀的。

冬日里冷清的日光微微发着暖，上海法租界马浪路上一片清晨特有的宁静与安然，天空是淡淡的鹅蛋青色，一团团的云，树木是纤纤婷婷的姿态，枝叶低垂，日光筛下的树影斑斑驳驳地落在石砌路上，踏着日光树影，郁达夫叩响了尚贤坊40号的大门。

当微雨潇潇之夜，你若是身眠古驿，看着萧条的四壁，看着一点欲尽的寒灯，身边哪怕是一点点莹亮的星火隐约闪烁，也会觉得如同置身于圣母的光环之中，无比温暖安详。

郁达夫抬眼看到的这一幕，不过是上海普通的一方栏杆窗台，栏杆里的一双寻常夫妇，疏疏落落的灯光，房间布置严谨，一丝不乱，就像瓷瓶上细致的工笔彩绘。而他一身寡淡长衫，散发着独居者的气息，与这温存的小家硬生生糅合在一起，连郁达夫自己也隐隐感到不调和。

拾级而上，郁达夫缓缓递上一声："百刚！"

孙百刚和太太杨掌华闻声忙迎到门前来，笑语欢声地将郁达夫请进了房门。

"最是朱颜醉眼"，民国烟雨中的相遇，不需暮然回首，不需地老天荒。那天郁达夫走进屋里，拐过屏廊，手还微微提着衣摆，看见屋里还站着一人。王映霞安静地站着，她的脸是平静而精致的小圆脸，眼睛亮晶晶的，鼻梁是希腊式的，挺而直，娇躯略显丰满，曲线窈窕，骨肉停匀，目光从额前细碎的刘海儿前抬起来，一派天真烂漫。身边孙百刚夫妇轻松的寒暄一时间仿佛辽远地听不见了。

郁达夫应着向屋里踱了两步，生怕惊碎了眼前画一样的年轻女子。王映霞理理头发，轻巧地回头看过来。她听到带着标准杭州口音的几声"百刚"，便格外地注意起来，眼前这位身材并不高大的男子，乍一看有一些潇洒的风度。那天的郁达夫穿着灰色布面的羊皮袍子，衬上一双白丝袜和黑直贡呢鞋子。头发留得较长而略向后倒去，看起来像是因为过分忙碌而好久没有修剪过了。他前额开阔，配上一双细小眼睛，颧骨以下倒显得格外瘦削。王映霞打量了一会儿，就起身到屋内端茶去了。

她起身回屋前再向他看了一眼，仿佛是发现衣衫上落了一只扑闪着翼粉的彩蝶，惊异于它的美丽又有些不知所措。这一眼仿佛流转了万年。

天色已经暗了下来，这次相遇已然迷离得如同一场梦境。落花有意随流水，近代文坛上将要演绎出一阕"风雨茅庐"的好戏，直到现在，这场长歌善舞的民国大戏，有人一路到尾，有人半路而退，任世人评断对与错。时隔多年以后，故事的主角都已退场，配角唏嘘，看客落泪。

郁达夫在那天的日记中写道"晴暖如春天"，初遇王映霞"我的心又被她搅乱了，此事当竭力的进行，求得和她做一个永久的朋友"。

冥冥归去千山杳，冷冷逝水皓月照，人在风月桥。

和煦的霞光渐渐铺满窗台，银光在栏杆上闪闪烁烁。光芒直闯进房间里，却在王映霞周身停了步，只是不经意地、柔柔地环绕着，那不是日色，而从她骨子里散发出来的纯净光环。阳光在她的发间流淌出来融融的质感，衬着她肤色如瓷，飘着淡淡的乳白色，一如画中人。这样味醇如清茶的女子，一出生就是要惹人注目的。然而在郁达夫这样的堂堂男子面前，她的美像暴风雪一般激烈地席卷了他的世界，让他无从逃避，只得束手就擒。

当时共我赏花人

那是风起云涌的旧上海，在乱烟洪流之中，有多少人失散，多少往事湮没。"天地不仁，以万物为刍狗"，时代更迭，山河易主，国不静则心不静。郁达夫从来都不是随遇而安的心性，他的理想，他的情感，随着岁月的长河而漂流浮沉，他的一生也是太过曲折，太过彷徨，风波四起。

王映霞的出现，给长久以来一直孤身一人踯躅在人生的路口看不到曙光、也盼不来白昼的郁达夫带来了刹那芳华的惊艳。他就如同一座空城，城中荒草丛生，古墙斑驳，绿色的锈盘满檐头，脆弱得不堪一击。而她的款款而来，带来了江南水乡的灵气，带来了西湖碧水的清雅，也带来了万物始回春的一季细雨。

时间在细细敲打着这间屋小如舟的居室，半旧的琉璃灯罩摇摇晃晃地偷着光。

"这位是王映霞王小姐，我们一同从温州逃难到上海来的，暂时同住在一起。"孙百刚介绍道。

随即孙百刚笑着说："这位是郁达夫。"

听到这位名震文坛的作家时，王映霞微微惊诧，黑白分明的瞳孔里有着微微的喜色，那一刹那的光华带着些许暖意融进郁达夫心里，所有的风景都黯淡了下来，唯有她，隔着浮华的尘世看向他的一个眼神。他腼腆地一笑，随即换来眼前的女子羞赧地垂了头低了眉。

纤瘦的鼻梁和肥圆的唇线，让她的面容散发出将熟的禁果般圆润甜美的馥郁香气。他惊异于她肤色的白皙，匀称起伏的身线在绒衫里朦朦胧胧，更加凸显出温馨隽永的古中国情调。

她就坐在那里，看着眼前这个并不高大的男子，轻声询问道："郁先生，我曾拜读过您的《沉沦》。最近可有新作呢？" 在拜读其文时，她对他笔下的大胆描写，觉得颇"有些难为情"。她轻轻地抬起头打量着眼前这位文雅的斯文人，目光如水，推动着郁达夫的心绪飘摇难平，又凭空觉察到难以言语的美感。

"哪里，哪里，说起来实在是难为情，我的小说都是青年时期胡乱写的，最近也没什么心思写了……"

正当谈论之时，孙百刚的妻子杨掌华插了一句道："郁先生，郁太太是否也在上海？"

郁达夫顿时仓促应答道："哦，她在乡下，没有出来。"他隐隐攥紧手心里的衣摆，郁达夫异样地局促不安，额角开始渗出细汗，孙百刚默默看在眼里，心下已经猜测了七八分，他对王映霞过分的关注，话语间的殷切，都不似那个往常的郁达夫。他突然之间意识到，或许这座久空的城池，迎来了久违的"润物细无声"。

郁达夫似乎有意无意地岔开了话题，提起了王映霞的外祖父王二南："二南先生的诗，我以前在杭州报上常常读到，一直很佩服他老人家。"话里带着明显的恭维意味。

王映霞神色恹恹地，只是淡淡回应了一句："他年纪大了，近来也不常作诗。"

阑窗外是渐暖的天色，王映霞走上前来倾身为郁达夫斟茶斟酒，茶叶在杯底舒展，郁达夫的心绪也亦卷亦舒，心口如同泛舟春日的暖流中，随着王映霞那朦朦胧胧的身形，微声细语的谈吐，他渐渐失去了掌舵的方向和能力。

就在一时间，郁达夫神情恍惚地问了一句："我总觉得从前在什么地方见过王小姐，一时想不起来了。"

王映霞露出一个轻巧的笑来，倒是杨掌华打破了沉默："可能，是在杭州的什么地方碰到过吧！"

晌午之后，杨掌华想留郁达夫在家里吃个便饭，郁达夫主动提出做东请客："孙太太，你不必客气，我今天是特地来邀请你们出去吃饭的，在上海，我比百刚熟些，今天无论如何让我来做个东道主。"

"既来之，则安之，今天就在此地用些便饭吧。附近有家宁波馆子，烧的菜还不错，去叫几样很便当的。"孙百刚客气地要郁达夫重新坐下。

"不行，不行，我今天是诚心诚意来请你们两位及王小姐的，我现在去打电话，喊汽车去。"说着郁达夫便向门外跑去。

"达夫，等一等。即使要去也要让她们换换衣裳。"孙百刚见没办法推辞，只好这样说道。

面对郁达夫的盛情，王映霞却红了粉腮，犹豫地推辞着："孙先生，我不想去了。你和孙太太两人去吧，我觉得不好意思的。"

"有什么不好意思呢？你莫非还怕难为情吗？不要耽误时间了，快些换衣裳吧。"孙百刚这么一催，她也只好进屋预备化妆了。

那天的王映霞格外惊艳，带着一番安静素然的优雅与美好款款而来，仿佛是披着彩色描画的白瓷瓶，热烈中散发着隽永清丽的古典情怀。"一件颜色鲜艳的大花纹旗袍，衬托出发育丰满的匀称身材，像是夏天晨光熹微中一朵盛开的荷花，在娇艳之中，具有清新之气。"（《郁达夫外传》）

那次的拜会的情景，郁达夫曾在笔下动情地描述过。

雨雪。

　　昨晚上醉了回来，做了许多梦。在酒席上，也曾听到一些双关的隐语，并且王女士待我特别的殷勤，我想这一回，若再把机会放过，即我此生也就永远不能尝到这一种滋味了，干下去，放出勇气来干下去吧！

　　窗外面在下雨，时光历历如阵阵檐滴之声。是否值得，已经不那么重要了，不再只是"恨不相逢未嫁时"，那时王映霞的情愫，在郁达夫的催生下，如同一株新树，在暮春时节，渐渐开出耀眼的红色。

　　席间，他坐在王映霞面前，看着她的眼角眉梢和盈盈笑意，她的手缓缓抬起来，若无其事地将垂下来的一缕发丝理到耳后，他的心仿佛经历一次又一次的起承转合。酒风轻轻拂过，没防备的王映霞探出手来，手指微凉，触到他湿湿的酒樽，她为他斟酒，醇酿还未入喉头，已化作三分大醉了。郁达夫就在那一瞬间知道她看到过自己，只这一个眼神，他愿为风雨港口，为她历经沧桑。

　　郁达夫静静看着，烟尘旧梦一起袭来，他仿佛回到儿时的故里，长街灯火，车水马龙，石桥楼阁，自与她相见，便到处都是她的身影。这座空城，开始有了熹微的日光，隔着黛瓦白墙的飞檐，可以看到远方千里红霞。

　　那日在新雅饭店宴请孙氏夫妇和王映霞已是华灯初上、夜色正浓的时分，趁着余兴，郁达夫又用黄包车拉他们到卡尔登电影院看了场电影。

　　不知是酒醉，抑或是人醉，郁达夫已经带着酒意七分了，索性提议大家到三马路的陶乐村吃夜饭，不醉不休。

　　从陶乐村出来坐上汽车时，王映霞与他款款道别擦袖而过，那女子美艳似画似乎也在不舍地回头望他，他衣袖上还留着她的酒香，像一片铺陈的梅花，有明梅影人同瘦，连眼神都流淌在心尖，亦如雨后碧溪的清澈。

看着王映霞离去的背影，他忽然郑重地拉住孙百刚，双目炯炯地看着他，用日本话对他说："百刚君，我近来寂寞得跟在沙漠里一样，只希望能出现一片绿洲，你看绿洲能出现吗？"

这声直抵人心的喟叹太过突然，夜来风雨似行舟，郁达夫内心已经在这兵荒马乱的年代越发荒芜。他已然心动。这个沉沦在苦闷中的文人，仿佛找到了依托。

回到居所后，听着夜里雨打屋檐的滴滴檐漏之声，他似乎也成了一场雨，初见王映霞的喜悦就像绵绵的湿气弥散在每一朵雾蓬蓬的云里，他就在那突如其来的喜悦里徘徊雀跃，慢慢地满溢出来。跌落云头，他在半空里，看见旧上海的码头，看见闪闪烁烁的广告牌，看见红的，黄的，绿的，一抹抹油彩般的颜色在海水里明明灭灭。他看见满城的人来人往，都在欢喜他的欢喜。

爱情使人忘却时光，郁达夫就在那段时光里迷乱了自己走动的指针。他的日记里写道：

> 十八日，阴晴。
>
> ……三四点钟，又至尚贤坊四十号楼上访王女士，不在。等半点多钟，方见她回来，醉态可爱，因有旁人在，竟不能和她通一语，即别去。
>
> 晚上在周家吃饭，谈到十点多钟方出来。又到尚贤坊门外徘徊了半天，终究不敢进去。夜奇寒。
>
> 十九日，快晴。
>
> 今晚上月亮很大，我一个人在客楼上，终竟睡不着。看着千里的月华，想想人生不得意的琐事，又想起王女士临去的那几眼回盼，心里只觉得如麻的紊乱，似火的中烧，啊啊，这一回的恋爱，又从此告终了，可怜我孤冷的半生，可怜我不得志的一世。

他对王映霞表现出来的热情，却没有得到好友孙百刚的支持和认同。

他以为，这样一个男子，在乱世的文坛里笔下峥嵘，他太了解自己的这位好友了，他有过倦意，也有过停留，他不是那种甘愿在一个女人身上耗尽一生的色彩、一世缘分的男人。他也曾有过露水情缘，也曾携妓夜游，纸醉金迷，年少时期也有"水样的春愁"。他曾将自己的文字当作打动爱情的手段，他对在日本结识的侍者玉儿就曾以诗相赠："玉儿看病胭脂淡，瘦损东风一夜花。钟定月沉人不语，两行清泪落琵琶。"

然而感情就如同烟火绽放一般璀璨绚烂，即使是惊鸿一瞥，也有人穷极一生去追寻那刹那间的风景，这世间没有久开的花，也没有不老的树，那些稍纵即逝的风景，如落英缤纷，冬雪飘零，白鹤振翅，昙花一现，之所以令人神往，正是因为它们短暂的美好太过难得。

郁达夫知道，王映霞已然是他一生的夙愿，此刻的他，比谁都清醒。

自从别后盼相逢

记得谁说相遇是一生中短暂的昙花一现，是昆仑山中雪未消，澜沧江上舟已渺。原以为，从海上匆匆归来的惊世才子在异乡浪里浮沉，从意气风发到寂寥归来，这样的郁达夫，不需要任何人来铭记或是遗忘。然而当他遇见这个尽得江南旧梦的绮丽女子，一举手一投足都带着氤氲的迷离水汽，他曾说："在茫茫人海中，我四处寻觅，是沙漠里的绿洲，是黑夜里的明灯。"这场上海旧梦，终究是匆匆来，匆匆去的烟火胜景。

这样的相遇如何不是一场浩劫。乱世里的相遇相知，如同平地起浪，汹涌连天，终究不是谁能够一苇渡航。

夜深了，时月孤悬天际，星云缥缈。

天边的蓬蓬铅云遮住半壁江山，从苍宇落下来的片片白雪，如凌空飞翔的白鸟，不动声色地给这个世界蒙上了一层难以名状的雪白，好像一切都是朦朦胧胧、虚虚幻幻里窥见的人间幻境。树枝上挂着细雪，偶尔落下，也是丝丝清凉地钻进后颈里，让人一个激灵，灵台一片清明。

上海还是那个茫茫繁华的不夜城，充斥着隆隆的马达声和拍打在港口的层层白浪。郁达夫独立尚贤坊门口，四下里悄然无声。

他自黑暗中起身，慢慢叹息一声，轻巧的惆怅落地无声。

殊不知，此时的王映霞也是怀揣心事，难以入眠。

在草木皆兵、战火纷飞的年代，独自漂泊在外的王映霞也是常常感到孤独寂寞。一个是风云才子，一个是梦里佳人，这段旷世奇缘，一寸一寸地把心事写在泛黄的篇章中，所有的言语，所有的字句，都终将向着不一样的走势缓缓在王映霞心上流淌。

一个只身在异乡的年轻女子，她看惯了海市蜃楼，也早已习惯一个人踽踽独行，对于这座陌生的城市，也带着些许的不安与渴求。素衣粉面，是与这个时代的灯红酒绿最犯冲的色彩，她兀自繁华，无意间遇上了他的苍凉，自此溃不成军。

然而那时，王映霞对郁达夫的感觉还仅仅是停留在对一个文学界大家的仰慕，如同一壶清茶在空气中泛出似苦似甜的意味，却还未令人痴醉。

第二次相见，还是在尚贤坊。郁达夫再次登门拜访，已经没有了先前的忸怩拘束，一行人在酒桌上推杯换盏，笑语盈盈。趁着酒温，郁达夫还当即吟诗作赋，王映霞笑靥如花，心里如同荡开的莲池，渐渐起了涟漪。

朝来风色暗高楼，偕隐名山誓白头。
好事只愁天妒我，为君先买五湖舟。

郁达夫的满腹才情和风流倜傥的名士气度，让王映霞挪不开眼帘，在酒席间，不停地倾身为他斟酒添菜，格外地热情殷切，在郁达夫心里掀起了一阵又一阵的惊涛骇浪。

在这一次的宴会上，郁达夫知道了王映霞的生日就在十天之后，他在心底默默辗转了很久，思量着要怎么抓住这个可以亲近王映霞的机会。而王映霞也欣然应允了郁达夫在她生日那天以美酒相赠的请求。这对郁达夫来说无疑是莫大的鼓舞，松花酿酒，春水煎茶，美人相赠，一切都是美好的开端。

趁着微微的醉意郁达夫问道："不知王小姐这次来上海，到处去游览了没有？"

"还没有机会去呢。"王映霞羞涩地低下了头，"我哪里也不认识，在上海也没有什么朋友，孙先生和师母经常说要带我各处走走，但我们也才刚刚安顿下来，他们都很忙，所以我也没有提这件事。"

郁达夫闻言立刻说道："那么以后我来当王小姐的向导好不好？我对上海熟悉得很呢。"

说到这里，郁达夫按捺不住，起身对大家说："今天这个时候，我们去天韵楼正好。"

郁达夫曾在日记中写道：

> 晚上至杭州同乡孙君处，还以《出家及其弟子》译本一册，复得见王映霞女子。因即邀伊至天韵楼游，人多不得畅玩，遂出至四马路豫丰泰酒馆痛饮。王女士以解我的意思，席间颇殷勤，以后当每日去看她。王女士生日为旧历十二月廿二，此后只有十日了，我希望廿二这一天，早一点到来。
> ……
> 王映霞女士，为我斟酒斟茶，我今晚真快乐极了。我只希望这一回的事情能够成功。

自此以后，郁达夫每天都要去尚贤坊，邀请孙百刚夫妇及王映霞去游公园，或是去吃饭痛饮。他与王映霞的关系也渐渐熟络了起来，郁达夫才华横溢，颇有些潇洒的风度气韵，王映霞在这些时日的交往中也觉得轻松愉悦，对郁达夫也生出了些许好感。

短短几日里，郁达夫的殷勤，让孙百刚已经心下通明："窈窕淑女，君子好逑"，郁达夫虽有其妻室，但已经分居两地许久了，对春容易对人难，自古美人于嗜卷书生都有着难言的吸引力。然而他对王映霞所坚持的感情，却直白地表示反对。

郁达夫管不了那么许多了，他的生活曾经晦暗腐朽，挣扎、彷徨对他都没有用，他的内心全然不似表现出来的那样无坚不摧，一个人在异乡的漂泊，让他在孤独侥幸的心魔里惶惶不可终日，当迷途的人看见路的尽头摇摇欲坠的一星灯火，总是竭尽全力地想要去拥有它，只有冲着那盏飘动的灯火奋力奔去，才能忘记身后的黑暗。

孙百刚夫妇认为，郁达夫已经是有妻子儿女的人了，且年长王映霞十多岁，无论从年龄、家庭、社会舆论……任何一个方面，这场爱恋都会给彼此的生活蒙羞。他轻声劝导郁达夫，希望他可以及早收手，他的发妻，就是击碎他一时冲动的最有力的武器。郁的发妻孙荃虽然没有进过新式学堂，但也是知书达理的才女，这样对她来说，太过不公平。而对于王映霞，她正值青春韶华，也涉世未深，才会在郁达夫的热情中迷失了自己的方向，在这段感情里，她不光彩的"第三者"身份，将会给她带来莫大的伤害。

于是，孙百刚夫妇对于郁达夫的疯狂追求表现出了强烈的反感，并明确表示不希望郁达夫来干扰王映霞的正常生活。

然而郁达夫的态度是"出门无知友，动即到东家"，他曾动情地对孙百刚吐露心声，从第一次看见王映霞之后就神魂颠倒，无论怎样抑制，也抑制不住自己的感情。只要看到她，就好像迷途中的孩子重复来到母亲的怀抱一般。即使她只是默不作声，他也觉得莫大的安慰。如果她开口同他谈上几句，郁达夫就觉得全身的细胞和神经像是熨烫过似的舒适服帖。

都说中年热恋的后果常不佳妙，可是爱了，又能怎样呢？

面对郁达夫热烈真诚的内心剖白，孙百刚也动摇了，然而他也不曾料想，好友的这段感情会来得这样猝不及防，这样置家庭于不顾。

郁达夫已有发妻，他与其妻孙荃是典型的旧式婚姻，是在父母之命，媒妁之言下的结合，1917年，当郁达夫从日本回国省亲时，奉母命与同乡富阳宵井女子孙荃订婚。从郁达夫当时的诗词来看，他虽然对父母之命、媒妁之言所订的婚姻并不满意，但孙荃"裙布衣钗，貌颇不扬，然吐属风流，亦有可取处"。

1920年两人正式结婚，由于郁达夫的坚持，没有举行什么仪式，也没有证婚人和媒人到场，更没有点上一对银红的喜烛，放几声红屑震天的鞭炮，孙荃只是在夜色降临的时候乘上一顶小轿到了郁家，简单的晚饭后即独自摸到黑漆漆的楼上上床就寝。

郁达夫并不知道怎样才算命中注定，如果说是宿命，和孙荃的婚姻比起和王映霞的情感更真实些！在异乡的时光，他也十分挂念北平家中的亲人，他曾在日记中写到过：

> 雨大风急
>
> 晨七时即醒，听窗外雨滴声，备觉得凄楚。半生事业，空如轻气，至今垂老无家，栖托在友人处，起居饮食，又多感不便，啊，我的荃君，我的儿女，我的老母！

然而王映霞与孙荃不同。她是新鲜的，有白梅样的清雅，在原本安静如斯的外表下，有着渐次绽放的妖娆姿态，她的深刻，在郁达夫第一次相见时，就已经注定是无法磨灭的了。眼前这个相思入骨的男子，这个即使在北平还有着自己的妻子和一双儿女，却还要固执地为与另一个女子的邂逅而奋不顾身。

然而就这样放弃了吗？郁达夫从来不是对宿命妥协的人，或者说，他从来都不肯相信宿命。

有的人天性如此，他们在人世间游走，让你以为可以触摸到他的呼吸，感受他的温热，伸出手去却发现，他从来不属于这里。然而于他，郁达夫，一切物象都是匆匆来去客，都是在岁月的流逝中会烟消云散的黄沙。经过岁月的沉淀，他更加懂得，只有孤独地昂首，才是在喧嚣市井中保持故我、不为浮华所撼动的姿态。

赢得阴晴圆缺意

上海的夜晚，青黯的天幕上微微透着寒气，露出零落的星辰摇摇欲坠，沉重得如同陈旧的往事，如同偶然的相遇，如同投身不忘碎骨的爱。陈年往事令人迷恋着，就像是纸折的书签，夹在淡青色或是藕荷色的泛旧书页里。怀念的时候，翻开一页，在淅淅沥沥下着雨的郁结心情里，找到初见时相逢一笑的缱绻心事。

爱情的盲目，就在于有时候难以顾及其他，过去、现今与将来都是全力以赴的筹码，有时候来不及询问，就已经做了飞蛾扑火的打算。就那样，没缘由地愿意为一个人生出许多猜想，夙愿与渴求，渴望信誓旦旦，渴望耳鬓厮磨，渴望白发到老。

作为郁达夫的深交好友，孙百刚深知郁达夫此时此刻已经深陷其中了，他的劝解是一句也没有听进去。那次深谈之后，每每郁达夫前来相邀，孙百刚与妻子只有推脱不能奉陪，渐渐不再过问郁达夫和王映霞的事情了。

然而孙百刚心里却不能就此置身事外，他趁着一天清晨，趁着郁达夫还没有起床，赶到创造社出版部的寓所，对于郁达夫说了这样一段话：

> 达夫！我今天来特地来忠告你克服你近来的冲动的。你倘若要和映霞结合，必须先毁了到如今为止是宁静平安，快乐完美的家庭，这于你是大大的损失，感情是感情，理智是理智，我们差不多是快近中年的人了……你倘若是爱她的，也应该顾全到她的前途和幸福，你以为对吗？再有一点：你和她的年龄相差过大，贸然结合，一时即无问题，日久终有影响。我以清醒的旁观者的地位，对你忠告，希望你慎重考虑。我明知道你对她一见钟情，很难断念。但事关你的家庭，你的前途，做朋友岂可知而不言，言而不尽呢。（《郁达夫外传》）

孙百刚说得入情入理，然而郁达夫并不领情，经过一番激烈的思想斗争之后，他十分笃定地对孙百刚说："百刚，这一次是我生命的冒险，同时也是生命的升华。我们再见吧。"

话一说出口，孙百刚也愣住了，他没有想到郁达夫会坚定至此，连多年的友情都可以弃之不顾。话不投机，孙百刚只得无奈地叹了口气，起身拂袖而去。

话虽如此，郁达夫仍旧是日日拜访孙家，他的热烈追求也让王映霞陷入了艰难抉择的境地。就像在一潭平静的湖水之中落入了一枚卵石，郁达夫的出现，打破了她宁静的内心世界。

郁达夫才学名望都是一般人不可企及的高度，两人年龄差距悬殊不说，郁达夫已是有妻室儿女的人了，王映霞实在是难以抉择。从来平生登场不施粉墨，唯独旧事沉默。

孙百刚去探王映霞的意见，他知道郁达夫的心性，知道他既然认定的事，定是怀着孤高不容辩驳的执着，他只好喃喃透露王映霞的心意，希望能得到王映霞明确的答复。

"你和我们相处，虽则不过半年，但大家感情颇好，因此我们无时无刻不在考虑你的事情。近期达夫对你的热烈追求，你总应当知道吧。你觉得如何呢？你对他的意思到底怎样？"

孙百刚如此直白地询问，王映霞竟一时羞红了脸，不知该如何回答。

孙百刚叹了口气，又道："达夫是个已经有妻子、有儿女的中年人了。他对你的爱慕，虽则是出乎真情，然而多少总有点不健康、不正常的。你是否应当接受他的追求，你自己应当有自己的考虑。你以为如何？"

王映霞多日来思索再三，自己也是十分难为情："我当然不会马马虎虎答应他的。"

孙百刚依然锲而不舍："我知道你所谓不马马虎虎者，无非是要他和富阳的太太离婚。再说人道，何必一定要牺牲那位无辜的太太而来建筑你们的将来呢？就你而论，人品、家庭、年龄、学问，哪一样不及人家？正可以从容不迫，任意选择，何必一定要找一个像达夫那样必须毁一个家、再来重建一个家的男人呢？我们的意思，希望你断然拒绝他的追求，一面解除了他的烦恼，一面成全了你自己的前程。你以为我说得对吗？"

王映霞只得抬头看着孙百刚，眼中闪着星点的微光，说："我怎么会愿意答应他呢，不过我倘若断然拒绝他，结果非但不能解除他的烦恼，也许会招来意外……我见他可怜。"

王映霞善良单纯的心思如同一个未经世事的少女，孙百刚也稍稍有些放心道："那么你已经动了怜才之意。既然有如此伟大的精神，我希望你索性伟大到底吧，可以无条件地和他结合，不必一定要他毁灭了已成的家庭。你能这样做吗？"

王映霞肯定地说："这是万万得不到我家庭方面的同意的。"

这样既不是拒绝也不是迎合的姿态，充分表明了王映霞内心的矛盾，她的犹疑情有可原，郁达夫有妻室、有儿女，而自己还是妙龄少女，如果真的和郁达夫走在一起，面对的到底是更加广阔的天地还是更加逼仄的人生，王映霞也茫然不知了。

王映霞曾在自传中说过：

> 孙百刚夫妇当时好比是我的保护人，况且与我家有世交之
> 谊，万一出点什么事，他在外祖父面前交代不过去，他们商量之
> 后，觉得最好的办法是赶快给我介绍一个适当的人，倘有所归
> 宿，好杜绝郁达夫的觊觎妄想。现在回想起来，他们倒是给我介
> 绍过不少人，如徐钧溪，章克标，蒋光慈等。

徐志摩曾说过："我将于茫茫人海中访我唯一的灵魂伴侣，得之，我幸，不得，我命，如此而已。"

因为孙百刚夫妇明确反对郁达夫和王映霞的恋情，又如此积极地为王映霞寻找合适的人选，郁达夫伤心至极。他找到孙百刚，落寞地沉思了良久，冲孙百刚道："我知道百刚兄费心了，可是事关我终身幸福，还望勿从中阻挠。"

这句话算是将孙百刚置之事外了，只要不横加阻挠便好 。孙百刚心下分明知道此时此刻抽身而退才是最聪明的选择，他只有道："当然，你多加保重。"

孙百刚夫妇去询问王映霞的意见，郁达夫也曾愁肠百结地等待一个答复。他始终相信，真爱的人不会就这样离他而去。他以为，只要自己的一片赤诚还跳动着，就一定能打动王映霞。

在他心里，王映霞始终是纯净温婉的，她的犹豫不决，她的惴惴不安，都是来自于身边的流言蜚语，那些庞大的不容分辩的压力无形中在眼前布下一道满是荆棘的不归路。

"我就是那紧张的敏感，那是一个灵魂。我总在接近欢乐，也接近友好的痛苦，我已读过海洋"（博尔赫斯《我的一生》）。当所有的夜在她的眼中暗淡，所有的语言在她身上都若即若离，即使用尽武器，他的情感在她面前也是不着寸缕。

然而，故事总是这样发展，从来不肯放过任何一个长情的人。

当海誓山盟、青葱岁月都徐徐老去了，当这段故事也被时光渐次冲淡，这个过程是缓慢的，追忆只需一霎。慢慢涌上心头的只有他笔下那些情真意切的文字和难掩的仰慕之情。

郁达夫几次托人去请王映霞，却只是得到一张便条："因病不能来，请原谅。"郁达夫心下伤痛难耐，只得站在马浪路街口，深沉的目光看过去，一片烟笼寒水月笼沙的夜色，一切都笼罩在沉沉的薄雾之中。

佛祖释尊参透人生八苦，生、老、病、死、行、爱别离、求不得、怨憎会。浮生如此，别多会少，不如莫遇。当上苍左右了他们太多，彼此都迷失在命运的渡口，找不到河的方向，找不到摆渡的船家，只得生生世世等下去，等到满山红花，等到初雪纷纷。

次日，郁达夫去拜访王映霞，却不料传来了王映霞即将离开上海回到杭州的消息。在每封那些时日写给王映霞的信中，一段赤诚的表白和苦守，在完全没有到达她的心岸之前，留给他的都是困顿。

二十日，晴

……在创造社出版部看信之后，就和她们上同华楼去吃饭，钱又完了，午后和我们一道去访王女士的时候，心里真不快活，而忽然又听到她将要回杭州的消息。

三四点从她那里出来，心里真沉闷极了。想放声高哭，眼泪又只从心坎儿上流，眼睛里却只好装着微笑。又回到出版部去拿钱，遇见了徐志摩。谈到五点钟出来。在灰暗的街上摸走了一回。终是走投无路。啊啊，我真想不到今年年始，就会演到这样一出断肠的喜剧。

郁达夫看向王映霞，王映霞依然是她那焕然如玉的面庞，她也知晓无从解释，只是淡淡看向窗外，似乎也不必向他解释，可是自己离开的缘由，多多少少是来自于这个人。

郁达夫不顾一切地跑向尚贤坊，消磨了一天的精力，此时的他格外地颓唐。

孙百刚正和一众朋友痛饮高歌，见郁达夫神色低迷地走进屋来，一时之间似乎更有兴致了，忙拉着郁达夫坐下。郁达夫在这样的热闹场面之中，好像是孙百刚拖进来的一座冰雕，只是沉默地坐着，浑身散发着森然的寒气。

"你是找王映霞女士吗？她已经回杭州去了！"

这样戏谑的语气让郁达夫想起来不久之前自己曾在法国公园苦等，王女士迟迟不来，后来才得知是这一众朋友欺骗他，让他误以为王映霞在法国公园等着与他幽会。

> 完了，事情完全被破坏了，我不得不恨那些住在她周围的人。今天的一天，真使我失望到了极点。

众人的欺骗和嘲笑让郁达夫如坐针毡，但还是坚持等在那里，实际上，王映霞只是刚刚出门，两个钟头后就回来了。

刚一进门，王映霞就看见郁达夫惊喜地站起身来，目光如炬地看向她，似乎有许多的话想对她说，王映霞匆匆别过了头，一言不发地进了别室。

王映霞刻意回避的目光让郁达夫的心渐渐冷成九月寒冰，他本以为王映霞是不敢在众人面前表露自己的真实情感，或许她雪藏在心中的思念和自己一样炙热。郁达夫匆匆前去敲门，而屋内却是久寂的沉默。他无心久坐攀谈，站起身来推说创造社还有琐事未了，起身告辞。

阳光照耀着青窗，窗里窗外都是泛白的光，从相遇到相识，如今离别在即，一岁草木峥嵘，一秋愁思白头。不管他如何声讨自己的内心，剖析他的独白，这扇青窗却始终不曾打开。

现在连远远看着她都是奢求了。郁达夫走在北风渐紧的北四川路上，终究还是剩下了个孤独而缄默的自己还存在着。

二十日那天，从尚贤坊出来，郁达夫买了几本旧书，然而一踏进自己那间堆满破旧书籍的居室，就只想一本一本地撕破他们，谋一个"文武之道，今夜尽矣"的舒服。

终究是放不下她啊，那种被亲手点燃的热烈思念驱使的郁达夫，他摸出口袋里打算投递的一封信，忽然转了念头，乘着汽车坐到了大马路上，喝了咖啡，又喝了酒，从酒馆出来，就匆匆去到王映霞那里去了。

推门进去一看，同住的几个人正围炉温酒，而王映霞却躲在被窝里暗自垂泪，郁达夫忙问："王女士为什么这样伤心？"

孙太太看了一眼郁达夫，道："因为她不愿离我而去。"

郁达夫顿生悠悠他念，总以为王映霞此番落泪是为了他，伸手去摸被窝边上、握住王映霞微凉的掌心，心里却有一种"一寸相思一寸灰"的感伤。那种被众人嘲弄的郁郁情怀，也烟消云散了。

那些围在她左右的人，他们实在太不了解我，太无同情心了。

啊啊，人生本来就是一场梦，这一次的对话，也不过是梦中间的一场恶景罢了，我也可以休矣。

爱的本质，或许就是一种考验，考验彼此的敏感真心，考验实践中的人性与真实。相遇总是欢愉的，如水中浮萍，天降瑞雪，总是稍纵即逝的幻境。表面上的水花再美，湛蓝的表面下是深邃涌动的暗流，这才是我们要与之相抗的力量。

过了两天，明朗的晴空里却好似一点温度都没有。

傍晚时分赶到创造社出版部，看了些信件，吃过饭后，郁达夫只想着再去王映霞那里走一趟。但心里想到之前在尚贤坊受到的冷言冷语，双脚又踌躇地不敢前进了。

暮色沉沉，整个世界都笼罩在一片铅灰色之中，而郁达夫对于王映霞的美好眷恋，就在这睡意蒙眬的夜色中渐渐淡去了。也许缘分就到此结束了吧，缘分的来去就好像一潭水，一粒沙也能改变水的流向，尽管水面沉静如初，就好像最单纯的情感也有它深不可测的一面。

　　……但是回想起来，这一场爱情，实在太无价值，实在太无生气。总之第一只能怪我自家不好，不该待女人待得太神圣，太高尚，做事不该做得这样光明磊落，因为中国的女性是喜欢偷偷摸摸的。第二天我又不得不怪那些围在她左右的人，他们实在太不理解我，太无同情心了。

　　月光总明于迷雾，那些忠贞不渝的爱情、深入骨髓的思念融入骨血，成了我们每个人依依不舍的记忆，郁达夫只是在心底慨叹道："啊啊，人生本来就是一场梦，这一次的短话，也不过是梦中间的一场恶景罢了，我也可以休矣。"思念就如同空气，你呼吸着它，从而感受到自己深切地存在于这个世界上。

南国固多红豆子

郁达夫与王映霞

青鸟殷勤为探看

　　现实总是与幻想相悖，而往事总是与遗忘不期而遇。容颜如水怎缠绵，年轻的时光总是经得起挥霍的，即使是几十年前昏红的一轮湿月，也是能杳杳相看很久，然后衍生出许多陈旧而迷惘的想象，很多年以后，白发苍苍的人可能再也见不到那样的月亮，却总能记得当时的心情。月色如此，人心亦是如此。

　　轻暖如春，与节气无关，那分明是爱情，每当王映霞出现在郁达夫的眼帘，他总会感到一阵愉悦的悸动，周身安静得只听得见自己的心跳声。那些因自己的事业、家庭和朋友带来的忧伤还在，但是爱情这个筛子没有让这种忧伤变得更大，而王映霞带给他的细小幸福如此鲜艳，从边上一点一点地渗透出来，连悲伤都稀疏了。他的思念，他的欢喜，他的沉默，全都因她而起。即使她悄然走远，即使她对他的注视浑然不觉。

　　身边朋友的劝诚让王映霞也迷失了方向，想起郁达夫，总是在自己不经意的时候出现，一身素袍，垂下头来，也总是带着隐藏的让人永远靠近不得的落寞姿态。

那天早晨，王映霞以一张便条回绝了郁达夫的邀请，傍晚郁达夫就前来拜访，王映霞刚要从后门进到屋里，便看见杨掌华远远招呼着自己，她说："你上楼之后，最好一直走进厨房里，将房门关上，暂时不要出来。若有人来打门，也装作没听见，不可来开门，尤其是不要直接到自己房间里去。"

那时王映霞并不知道郁达夫已经苦守了一个下午了，她只是隐隐觉得有些不安，前几日郁达夫写给她的信她也公开了，惹得大家阵阵发笑，自己也十分困窘。

这一次之后，她依然没有意识到，这个人将带着明清烟雨般的诗情带给她余生最真实的欢喜，直到岁月的长河将爱情的痕迹冲刷得荡然无存，她也会一生铭记郁达夫。但是人的一生如此漫长，在没有遇到那些人、那些事之前，我们永远都是以一个旁观者的姿态，看着自己一步一步地陷入另一个人的世界却仍不自知。

每当王映霞安静下来，还思索着自己何时能回到杭州去，她还依然认为，这里发生的一切也会随着自己的离开烟消云散吧。

1927年12月，还是严寒的雾霭时节，郁达夫在独眠之后醒来，起身打开窗户，看过去窗外依然是寂寥夜色，仿佛落下的黑夜永远不会散去，黎明也不会到来，周身都是森然的寒意。天上是湿冷的半边残月，照在地上都是银亮的冷光，浓霜白茫茫的一片，使得这浓重的深夜更加寒冷。

郁达夫沉吟片刻，倒了一点凉水洗完手和脸，就冒着寒风冲到外面，他要去北火车站等王映霞，即使她即将离开上海，回到杭州去，他也想再见她一次。

王映霞此次的离开对郁达夫来说就是一场暗涌的潮水，潮起潮落，他全然无能为力。也许爱情不是热火，也不会是怀念，而是随着记忆的铭刻晕染成生命中的一株桃花，整个江山都为她柔软地盛开着。

街上的行人稀稀落落，仿佛泥塑似的玩偶挪行着，远处的整幅夜景里只是一排街灯延伸到长街尽头，冷冷清清的灯火在雾气中缥缈地闪动着，那是冬夜里的灯火，暖色里透着寒。

听别人说王映霞今天要回到杭州去了，郁达夫想着是否有机会和她在车上再相会一次。

清晨的月台空空荡荡，远处依然是未明的黑夜，无边无际，向四面八方舒展开来，直至与地平线相连接，黑夜赋予上海的是光彩夺目的曙光，还有清晨的明亮和艳光四射的朝霞。而爱人的离去留给郁达夫的则是连绵的寂寞，他思念她柔和的眼神，明快的语调，和旗袍间若隐若现的身姿。

直到晨光漫过屋檐，洒向渐渐熙熙攘攘起来的人群，来来往往的乘客让站台热闹起来。这种热闹与郁达夫无关，等了两个多小时，到八点四十分，始终没有看见王映霞的身影。从松江站下来，看着一趟又一趟从南站来的客车，郁达夫在人群中张望，却寻不见那个日思夜想的人。车缓缓开走，郁达夫的票本来买到龙华的，查票的人来询问，不得已，他只有补票到松江下来。

人一旦陷入爱情之中，就全由不得自己了。

那些在白天里强压下去的理智和情绪，就一直安静地潜在水下伺机等候，只要一个脆弱的午夜梦回，就如同涨潮的海水般汹涌澎湃，直到有一天你用绝望把它们彻底冻结成了冰，无心留恋了，才能永远被困于河流之下。

郁达夫在遇到爱情的时候，他始终对王映霞抱有一种近乎洁癖般纯洁的幻想，然而当一切破灭的时候，那些幻想被粗鲁的现实碾碎的瞬间，就像是一个悬在你世界上巨大的泡沫突然被完完全全地碎裂，每一处光斑、每一块碎片都以一种流沙般漫天飞舞的弧线、伴着伤逝而急促的速度散落下来，这个过程既美，又触目惊心，好让他一下就从昏沉的愚昧中醒悟过来。

往杭州去的车一趟趟地开过去了，郁达夫在松江等候了两个钟头，稍微吃了点点心填满肚子，看到去杭州的第二班车缓缓开来，郁达夫又买票到杭州。车上满满的都是熙熙攘攘的乘客，他张望了许久，遍寻遍觅，也没见到王映霞。

车又缓缓开动了，一路上可以看见窗外萧条的野景，道旁的树木在日光的照射下时闪时现，野田里看不见一个劳作的农民，到处只是军人，就连车座里，也坐满了这些以杀人为职业的人们。火车平稳，轻快地驶过，车厢内偶尔响起的歌唱，让人徒然响起富春江边的涛声。

到了杭州，已经是傍晚五点多了，郁达夫索性在城站附近的旅馆内住下，打算无论如何也要等候王映霞到来，和她见一次面。

商店里的灯光渐渐亮起，七点多的快车和深夜十二点的夜车他都去等了，守站的军士见一人一直立在站头，走来询问郁达夫有何事情，然而王映霞终究还是没有来。晚上去到西湖，街上依然是空空荡荡的萧条景象，湖滨一片沉沉的黑暗，一盏灯火也看不见，家家关门闭户，十室九空，门上悬挂着大铁锁，把大门紧紧锁在那处。

郁达夫和一位同乡在旅馆里畅谈到深夜，直到深夜两点方才上床就寝，然而眼睛却是盯着白墙一夜无眠。

在杭州守候了一天也没能见到王映霞，第二天清晨，郁达夫匆匆赶到车站，打算死守一日，想必今天她一定会来的。

车未到之前，郁达夫赶到杭州女师去打听王映霞在杭州的住址。

事务员见他面生，拦住他询问半晌，郁达夫只道："我想向你打听一个人，你知道王映霞女士的住址是什么地方吗？"

事务员一脸茫然，随即不耐烦地驱赶他："不知道这个人，你快走吧！"

郁达夫被莫名其妙地赶了出来，尽管十分恼怒，但依旧是一点结果也没有。

他回到车站，又一辆列车开了过去，郁达夫急忙在人头攒动的人群中张望，只见一个云髻绾起，身着旗袍的年轻女士从火车上缓缓走下来。郁达夫一时间激动得快要喊了出来，心里如同擂鼓一般一阵阵乱响，正想喊出她的名字来，那女子侧过身，显然不是王映霞。

一连好几个年轻的女子都被郁达夫错认成王映霞，可是都在他快要迎上去的时候，发现那不是自己要等的人，王映霞仍旧没有来。

气愤之余，就想回富阳去看看这一次战争的毒祸，究竟糜烂到怎么一个地步，赶到江边，船也没有，汽车也没有，而灰沉沉的寒空里，却下起雪来了。

没有办法，又只好坐洋车回城站来坐守。看了第二班的快车的到来，她仍复是没有，在雪地里立了两三个钟头，我想哭，但又哭不出。天色阴森的晚了，雪尽是一片一片的飞上我的衣襟来，还有寒风，在向我的脸颊上吹着，我没有法子，就只好买了一张车票，坐夜车到上海来了。

午前一点钟，到上海的寓里，洗身更换衣服后，我就把被窝蒙上了头部，一个人哭了一个痛快。

回到上海之后，郁达夫望着这灰蒙蒙的天色，心里一阵紧似一阵的凄寒，这样屡次的错过，是否真的是缘分已尽，是否应该了结一段自己苦苦追求的携手白头的爱情。她的离去是一阵锐利的寒风，是却到鸳鸯两字冰，是夜来天欲雪。漫天的大雪如同盛大的见证，这一世的岁月无尽，良辰美景。

走过这么些年的春秋，总以为日子在醒来打着盹儿的时光里渐渐滑走，邂逅的人与事都如浮云般驱散，回想人与人之间的过往或如一出出折子戏，有的缤纷，有的苍凉，更多的是人生戏台上对着她指顾间的方寸大乱，幕起幕落的阵阵微茫。逝水三千往长生，一曲相思遇故人，大概放不下的，都是错过而已。

无尽相思无尽处

透过时光，郁达夫依然记得那是站在城站神色暗淡的自己，瞪着空洞木然的眼睛懒懒地注视着眼前铺天盖地的大雪。风悄悄地鼓动他轻盈的青布长衫，于是，那瑟瑟抖动的宽大衣摆，就成了此时此刻死气沉沉的潮湿空气中唯一的一线的自由。

回首遥望苍穹下，世事浮沉，尽管看惯了海市蜃楼的王映霞早已对他人仰慕的目光不屑一顾，但她仍旧固执地相信，总有一个人会带着炽烈的感情走向她的人生，她不知道那个人何时会到来，但她的希望如碎裂的冰河，在遇到的那个刹那，倾泻而出，席卷整个世界。

所以郁达夫的热烈让她生出了许许多多异样的猜想：

对于郁达夫如此入魔地追求我，他周围的朋友都在嘲笑他，捉弄他。有一次他们假借我的名义写信给他，约在法国公园相会。反对他的不仅有孙百刚夫妇及其朋友，还有创造社的一群小伙计如潘汉年、叶灵凤等。

他们之间的感情，横亘着一条深不见底的鸿沟，那是来自于身边人的偏见和反对。晚年的叶灵凤回忆起当时郁达夫与王映霞的爱恋时，曾唏嘘道："在当时许多年轻的朋友中，大都是对王映霞不满的，认为是她害了郁达夫，逼他结交权贵，逼他赚钱。这种反感不仅王映霞知道，就是达夫自己也知道。因此几个年轻的朋友，不仅在口头上，就是在文字上，也狠狠地挨过了他的几次骂。"

那次车站的等候之后，郁达夫与王映霞的爱情几度濒临夭折。郁达夫回到上海，恍惚看到自己熟悉的街景，熟悉的灯火和电车，仿佛自己这一去已经过了很多年，甚至连街上人们的表情也因为多年不见而显得苍凉伤感。

在家里无法按捺住思念的情绪，郁达夫来到大街上，他不知道眼前的街道通向哪里，只觉得创造社的杂事、王映霞的离去让自己心力交瘁，寂寥之感油然而生。好友们知道郁达夫这一次深陷其中难以自拔，纷纷劝慰他，周勤豪的太太还热心肠地将一位朋友介绍给他，已故画家陈晓江的遗孀徐之音。然而，曾经沧海难为水，除却巫山不是云，此时郁达夫对于他人，真的是一点心思也没有。

不知不觉又来到了尚贤坊，郁达夫却从孙百刚口中得知，王映霞与徐苕溪即将成婚的消息。

这仿佛是晴天里的一阵霹雳，郁达夫顿时失去了徒手相抗的能力，本以为自己的执着能够换来那个人的回眸一笑。可是不知不觉中，自己一味追逐的爱情就快要被毒液般的孤寂与绝望销蚀了。

"百刚，这是真的吗？王女士与苕溪兄将要完婚？"郁达夫激动得语调都变了。

"我想，是真的吧。我也是听上海的同乡说的。达夫，最近北京那边有家信吗？嫂夫人还好吗？"孙百刚缓和了语气，装作不经意地岔开了话题。

此时此刻，郁达夫哪里顾得上北京那边，他急忙问道："百刚，你是了解我的。你可以告诉我王女士的地址吗？"

孙百刚叹了口气，知道郁达夫听不进自己的劝告，便不做多言："杭州金刚寺巷七号。"

回到家中，孤灯凄雨，天色也是郁郁寡欢的样子，郁达夫立刻提笔给王映霞写了一封信，按照孙百刚给他的地址，连夜寄了出去。

王女士：

在客里的几次见面，就这样的匆匆别去，太觉得伤心。

你去上海之先，本打算无论如何和你再会谈一次的，可是都被拒绝了，连回信也不给我一封。

这半个月来的我的心境，荒废得很，连夜的失眠，也不知是为了何事。

你几时到上海来，千万请你先通知我，我一定到车站上去接你。有许多中伤我的话，大约你总不至于相信他们罢。

听说你对荇溪君的婚约将成，我也不打算打散这件喜事，可是王女士，人生只有一次婚约，结婚与情爱有微妙的关系，但你须想想你当结婚年余之后，就不得不日日夜夜做家庭的主妇，或抱了小孩，袒胸露乳等情形，我想你必能决定你现在所应走的路。

你情愿做一个家庭的奴隶吗？你还是情愿当自由的女王？你的生活，尽可以独立，你的自由，绝不应该就这样的轻轻地抛去。

我对你的要求，希望你给我一个"是"或"否"的回答。

我在这里等你的回信。

达夫

十二月廿五日

徐荇溪也是杭州人，郁达夫在日本留学时也与他熟识，他俩和孙百刚三人既是同窗，也是好友。

这次孙百刚把徐苕溪推出来，对郁达夫说他与王映霞即将完婚，亦是想让郁达夫知难而退。而徐苕溪尚未婚配，孙氏夫妇想来虽然是拿来抵挡郁达夫的谎言，若是能够将错就错成就王映霞和徐苕溪的一段姻缘，总好过让她在郁达夫的感情中越陷越深。

可是，感情是怎么都不可能将错就错的，如果没有遇见王映霞，郁达夫或许会过着另一种生活。与他的妻子儿女生活在平静安稳的北平。但他注定做不了这样的一个人，他遇见了，就有了盛放的渴望，他在乱世烽火之间活得肆恣洒脱，不管身边的人怎样反对阻挠，也依然我行我素，这才是郁达夫。

王映霞离开上海，乘着火车回到西子湖畔的家中，与阔别已久的家人团聚。

一踏进家门，只看见妈妈正在为王映霞的生日供奉菩萨，虔诚地保佑她一切平安顺遂，供桌上放了四盘点心，四盘水果。看着母亲微微有点驼的脊背，曾经乌黑的头发里也生出了缕缕银丝，王映霞不觉一阵难过，时间让自己成长为一个窈窕的女子，却偷去了母亲的年华。

王映霞忙奔上前去叫了声："妈！我回来了。"

母亲回过头来，欣喜地拉着王映霞，上下打量，眼中满是慈爱："噢！你回来了，把妈给想死了。快去看看外祖父，他一整天念叨你。"

王映霞欢喜地应了一声，正准备进去，她的外祖父就已经闻声出来了："锁锁，快过来，外公好好看看。"两位老人拉着王映霞问长问短，关切地询问她在温州的生活怎么样，虽然她在写回家的信里已经讲过了。但王映霞看着老人殷切的目光，还是耐心地一一回答。两位老人问了许多，王映霞说了许多，但是一句也没有提起郁达夫。

从去温州谋职，到上海避难，再经历了郁达夫的热烈追求，王映霞顿时觉得回家是件十分愉悦和轻松的事情。和家人在一起的时光让王映霞这半个月来的紧张情绪渐渐冲淡，但是郁达夫的信件寄到杭州来，完全打乱了她的情绪。

　　此时的王映霞心想，假若没有这些纠缠烦乱的往事两个人或许可以做一双秉烛夜谈的好友，她将这个愿望隐晦地表露在回复给郁达夫的信件里。她曾在自传中说："我到嘉兴以后就给郁达夫写了封信，表明我们只能做一般的朋友，不应再有进一步的发展奢望。"两颗心的距离，不是生拉硬扯就能结合在一起的，而是需要接纳真实的彼此，如果只是凭借幻想去爱一个人，得到的永远都是假象。

　　郁达夫对于王映霞渐渐冷淡的态度十分忧心，但是王映霞从嘉兴寄来的信件又表明了，在她的心中，还是对郁达夫怀有惦念之情的。假如这份感情只是郁达夫一个人的猜想，那么他也不会有如此纯粹的力量继续追逐，之所以伤感忧愁，都是因为她的略过，若王映霞肯停息下来听听他的心声，郁达夫也不至于在四季流转中荒废了岁月。

　　他曾在日记中写道：

　　　　昨天探出了王女士的住址，今晨起来，就想写信给她。可是不幸午前又来了一个无聊的人，和我谈天，一直谈到中午吃饭的时候。

　　　　……

　　　　晚上在周家吃饭，饭后在炉边谈天，谈到十点多钟。周太太听了我和王女士恋爱失败的事情，很替我伤心，她想为我介绍一个好朋友，可以得点慰抚，但我总觉得忘不了王女士。

　　文字是最有灵气的东西，它能传达出人心的欢乐，也能治愈思念的痛苦，甚至可以穿透灵魂、扭转人心。郁达夫所做的一切，已经在王映霞心中烙下了不可磨灭的痕迹，这是不用刻意维系的纽带，像一盏清茶，饮到梦回时分，自然回甘。

别离不似相逢好

在漫长的时光里，无数的契机会一遍一遍地改变人生以为不可逆转的未来，让陌生的人相爱，让虚无的回忆填满誓言，让岁月的风沙积上年少的诗情画意，让空荡的耳边听见未知的风景。

本以为，离开上海后就可以无忧无虑的王映霞，在郁达夫的回信中，渐渐起了不平静的波澜。在她的自传中，王映霞曾描述过：

> 我回到杭州后平静的心情被这封信搅乱了，信写得似乎很动人，看上去还有人情味，我读了又读，思想斗争了又斗争，还是决定不了是否要回信。我若回了信，则当时四周的环境都是封建气氛，我怎么对付？对方接二连三地来信，我又怎么办？我马上想到了两句古谚：
>
> 落花有意随流水，
>
> 流水无情恋落花。
>
> 做一次"流水"又有什么不好。再一想，若有来而无往，不

会被人说不懂礼貌？还是复他一封让他捉摸不定的信吧。我独自坐着想着，就这样，我写了一封淡而无味的信。

时光苍绿，那是因为我们都还年轻，都还没有经历一岁一枯荣，如今再看当年的纠葛情怀，在那样的乱世硝烟，都被锁在一座叫作过往的城池里，不管曾经掀起过怎样的惊涛骇浪，如今更是一片寂静安然。

无尽的倾诉很容易改变一个人，任何承诺都抵不过一个瞬间的相守。在王映霞看来，郁达夫能给她的，仅仅是隔着万水千山，流于纸上的惶惶不得安枕的思念，她想要一个更长远、更光明的未来，而这个未来，她羞于对郁达夫开口。然而感情若是能在理智中被撕碎，就不会有那么多在心底沉默再沉默的难言之隐了。

王映霞心中已经有了郁达夫的一席之地，一到嘉兴，她就写了信给郁达夫，接到回信后，她却犹豫了，到底该不该复信。无数的念头和猜想在她的心头辗转了又辗转，她还是提笔写道：

> 终于，我决定写回信，就算是出于礼貌吧！
>
> 我信中告诉他，我是阴历十二月二十二日早晨离开上海回杭州的，但对于郁达夫信中提出的"希望你给我一个'是'或'否'的回答，"我避而不谈。

王映霞的回应让郁达夫十分激动，虽然在心中对于自己的请求只是模模糊糊带过了，但她毕竟没有对自己置之不理。郁达夫很快就写了信给她：

> 接到了你的回信，我真快活极了。你能够应许我来杭州和你相见么？时间和地点，统由你来决定，希望你马上能够写一封信来通知我。
>
> 信的往复，总需三天，若约定时日，需在阴历的来年正月初

二以后。你的回信若能以快信寄来最好。

字句里已经失了一个潇洒文人的理智，王映霞就这样让郁达夫无法自拔，他愿意在这个乱世烽火间为她升华，哪怕粉身碎骨也愿意。也许我们更应当理解和接受，这时候郁达夫对王映霞那种赤诚的渴望是发自内心的。他对于她，不仅仅是尚贤坊初次相见的惊艳，也不仅仅是杭州城站大雪纷飞中的苦守，而是带着张扬又热烈的灵魂，一次又一次地轻轻叩响着王映霞的心扉。

紧接着第二天，他又急切地发了另一封信：

昨晚上发出一封快信，今天又想了一天，想你的家庭，不晓得会不会因此而起疑心。我胛下若有两只翼膀，早就飞到杭州来了。I think you should have understood me, you should have understood!

因为天冷的原因，今晨起来竟伤了风。一个人睡在客里，又遇到了一年将尽的这一个寒宵，想起身世，真伤心之至。

我病了，我在候你的回信，无论如何，我想于正月初二或初三搭早车到杭州来养病。

平常回杭州来总住在西湖饭店，这一回我想住在城站，因为去你那里近些，不晓得你以为如何？

今晚上已经十二点了，我一个人翻来覆去在床上终于睡不着。明朝一早打算就去请医生看病，大约正月初二三总能起床向杭州来的，我只在这里等你的回信。

时值新年，除夕的烟火是那样一场神光开万户的盛景。

上海寄来的信件一封又一封，王映霞却只是回复寥寥数句，满以为郁达夫察觉到自己的无心应付会慢慢消减他的热情。孙氏夫妇的反对，自己的好友也表示出不满与反感，如果自己还是与郁达夫纠缠着，或许还会背上"破坏家庭"的骂名，下定决心后，王映霞按捺住内心的矛盾和不安，打算置之不理，接到郁达夫的信件也是扔在一边，"下决心再不给上海复信了"。

此时郁达夫心之所向，全在于找到她、见到她，他们之间已经隔了太多的时光，他不想等下去了。迟迟没有回音的信件让郁达夫很是难过，午后的雨还是淅淅沥沥地下着，他看着房间里繁乱的书籍也没有心思去整理，费去了很多时间和精力，还是没有头绪。

蔼蔼停云，蒙蒙时雨。连绵的细雨在楼宇之间的上海倾泻而下，世界遁入幽暗之井。本想去杭州看王映霞，这样的雨中，也让人情思昏沉。原因或许是，我除了爱你，这个心里一无所有，他的信件石沉大海，杭州没有任何回音，郁达夫看着一路流转在上海滩上空的暮色，感到一阵令人心碎的悲凉。

那天的日记中，他写道：

> 一路上走回家来，我只在想我对此刻所进行的一件大事。去年年底我写了两封信去给王，问她以可否去杭州相会，她到现在还没有回信给我。
>
> 啊！真想不到到了中年，还曾经验到这一种Love的pain。
>
> 到家之后，知道室内电灯又断线了，在洋烛光的底下，吸吸烟，想想人生的变化，真想出家遗世，去做一个完全无系累，无责任的流人，假使我对王女士的恋爱能够成功，我想今后的苦痛，恐怕还要加剧，因为我与她二人，都是受了命运的捉弄的人，行动都不能自由。
>
> ……

郁达夫一边埋怨王映霞的"薄情"，一边为自己的无法忘怀而气闷不已。晚上九点前后他就上床睡觉去了，但是翻来覆去，总是无眠，又只好披衣坐起来看书，那些字落在眼睛里，却总也是看不进去。这两三个星期中间，情思混乱。郁达夫感到自己为了女人，都把自己有生命的工作丢弃了，以后想振作起来，努力把这些扰乱心思的情绪驱赶出去。

到了2月7日，还没有接到王映霞的回信，郁达夫已经失了希望，他一个人游荡到创造社出版部的餐厅里，如同一个白惨惨的幽魂，这缕幽魂的心中燃烧着一团巨大的火焰，闷闷地燃烧着，即使火光迸溅，也终究无法打动一潭湖水。

餐厅很大，只是他一个人坐着，想想这半年单恋王映霞的结果，眼泪竟然无声地落下来。

"……我所要求的东西，她终究不能给我。啊啊，回想起来，可恨的，还是那一位王女士，我的明白的表示，她的承受下去的回答，差不多已经可以成立了。谁知到了这为山九仞，功亏一篑的时候，她又会给我一个打击的呢？

"大约我的时候是已经过去了，Blooming season是不会来了，像我这样的一生，可以说完全是造物主的精神的浪费，是创造者的无为的捉弄。上帝——若是有上帝的时候——（或者说命运也好）做了这一出恶戏，对于它究竟有什么意义呢？"

今天出版部里的酒也完了，营业也开始了，以后我只有一个法子可以逃出种种无为的苦闷——就是拼命地让自己忙起来，让自己陷在出版社的事物里，干出一点东西来，以代替饮酒，代替女人，代替种种无为的空想和嗟叹。

郁达夫处在思念的煎熬的同时，王映霞身在杭州却是思绪纷乱。白天，她与亲人朋友相聚，沉浸在一片幸福之中。窗外缓慢慵懒的日光，她看着一只只飞鸟从五彩缤纷的广告牌间飞速掠过，仿佛一场风暴，肆虐而无声。王映霞站在窗前，手中白色的信件被一点点攥紧，大概是郁达夫要来杭州相会的意愿让她无法安神，越是安静的夜里，越是难以平复，明明是不那么在意的人、在意的画面，怎么一幅幅全浮上心头了呢……

爱就是这样，天涯明月共此时，留恋的也全是这一刻的惴惴不安。

漫漫人生，我们的脚步总是蹒跚稚嫩，在路途上荆棘满布，看不到曙光，也看不到荒凉的尽头。岂不知，命运之神早已在冥冥之中注定了一切命数，逃不脱，挣不断，猜不透，这就是人生。而铭记一个人，最好的方式不是爱，而是恨，可是恨，也是因为爱着。郁达夫就这样感到了由衷的哀凉。

2月10日，他再次写了一封信：

> 十日早晨发了一封信，你在十日晚上就来了回信。但我在十日午后，不晓得你也接到了没有？我只希望你于接到十日午后的那封信后，能够不要那么狠心拒绝我。我现在正在计划去欧洲，这是的确的。但我的计划之中，本有你在内，想和你两人同去欧洲留学的。现在事情已经弄成这样，我真不知道如何是好。我接到了你的回信之后，不明了你的真意。我从没有过现在这样的经验，这一次我对于你的心情，只有上天知道，并没有半点不纯的意思存在中间。人家虽则在你面前说我的坏话，但我个人，至少是很Sincere的，我简直可以为你而死。
>
> 沪上谣言很盛，杭州不晓得安稳否？我真为你急死了，你若有一点怜惜我的心思，请你无论如何，再写一封信给我！千万千万，因为我在系念你和你老太太的安危。啊啊，我只恨在上海之日，没有和你两人倾谈的机会，我只恨那些阻难我、中伤我的朋友。
>
> 百刚那里，好几天不去了。因为去的时候，他们总以中国式的话来劝我。说我不应该这样，不应该那样。他们太把中国的礼教、习惯、家庭、名誉，地位看重了。他们都说我现在不应该，（损失太大）不应该为了这一回的事情而牺牲。不过我想我若没有这一点勇气，若想不彻底的偷偷摸摸，那我也不至于到这一个地步了。所以他们简直是不能了解我现在的心状，并且不了解什

么是人生。人生的乐趣，他们以为只在循规蹈矩的刻板生活上面的。结了婚就不能离婚，吃了饭就不应该喝酒。这些话，是我最不乐意听的话，所以我自你去后，尚贤坊只去了一两趟。

此外还有许多自家也要笑起来的愚事，是在你和我分开以后做的。在纸笔上写出来，不好意思，待隔日有机会相见时再和你说罢。

我无论如何，只想和你见一面，北京是不去了。什么地方也不想去，只想到杭州来一次。请你再不要为我顾虑到身边的危险。我现在只希望你有一封回信来，能够使我满意。

疑是梦，又犹在，一年之间，多少事随怨连上海。 一个人，即使心里如同放置着一盏琉璃镜，人情世事纤尘不染，表面上还得做出碧海无波的样子来，一颗敏感脆弱的心，那些搁放不下的旧场景涌上心头，越是在寒雾朦胧的夜里，越是与理智做着温柔的抗争。

想当时伊人回顾

立春，春来长风送行舟。夜里偶尔还会有点点星星的飞雪从月光朦胧的气色里飞舞下来，像是去年寒冬的一场葬礼，又像是末日的开幕。

1927年，郁达夫已是而立之年，青春的年少时光本该无忧无虑的他却是度过了压抑苦闷的岛国十年，但是在他心中，还是带着一份朝圣者般圣洁的灵魂来爱慕着王映霞的。当收到王映霞拒绝他去杭州相会的信件时，郁达夫提笔写了这样一封信：

> 两月以来，我把什么都忘掉了。为了你我情愿把家庭、名誉、地位，甚而至于生命，也可以丢弃，我的爱你，总算是切而且挚了。我几次对你说，我从没有这样地爱过人，我的爱是无条件的，是可以牺牲一切的，是如猛火电光，非烧尽社会、烧尽己身不可的。内心既感到了这样热烈的爱，你试想想看外面可以不可以和你同路人一样，长不相见的？因此我几次的要求你，要求你不要疑我的卑污，不要远避我，不要于见我的时候拉一个第三者在内。好

容易你答应了我一次，前礼拜日，总算和你谈了半天。第二天一早起来，我又觉得非见你不可，所以又匆匆跑上尚贤坊去。谁知事不凑巧，却遇到了孙夫人的骤病和一位不相识的生客的到来，所以那一天我终于很懊恼地走了。那一夜回家，仍旧是没有睡着，早晨起来，就接到了你一封信，——在那一天早晨的前夜，我曾有一封信发出，约你今天到先施前面来会，你信里依旧是说，我们两人在这一期间内，还是不见面的好。你的苦衷，我未始不晓得。因为你还是一个无瑕的闺女，和男子来往交游，于名誉上有绝大的损失，并且我是一个已婚之人，交游容易使人家误会。所以你就用拒绝我见面的方法，来防止这一层。第二，你年纪轻轻，将来总要结婚的，所以你所希望于我的，就赶快把我的身子弄得清清爽爽，可以正式的和你举行婚礼。由这两层原因看来，可以知道你所最重视的是名誉，其次是结婚，又其次才是两人中间的爱情。不消说这一次我见到了你，是很热烈的爱你的。正因为我很热烈的爱你，所以我可以丢生命，丢家庭，丢名誉，以及一切社会上的地位和金钱。所以由我来讲，现在我所最重视的，是热烈的爱，是盲目的爱，是可以牺牲一切，朝不能待夕的爱。此外的一切，在爱的面前，都只是和尘沙一样的价值。真正的爱，是不容利害打算的念头存在于其间的。所以我觉得这一次我对你感到的，的确是很纯正，很热烈的爱情，这一种爱情的保持，是要日日见面，日日谈心，才可以使它成长，使它洁化，使它长存于天地之间。而你对我的要求，第一就是不要我和你见面。我起初还以为这是你慎重行事的美德，心里很感激你，然而以我这几天自己的心境来一推想，觉得真正感到热烈的爱情的时候，两人的不见面，是绝对不可能的。若两个人既感到了爱情，而还可以长久不见面的话，那么结婚和同居的那些事情，简直可以不要。尤其是可以使我得到实证的，就是我自家的经验。

  ……

这封长信，是郁达夫难得的内心剖白，他一生刀笔峥嵘，对于自己感情的定义却是下笔犹疑。但是在这封信中，他坦承自己的爱情观，那就是郁达夫愿意为了爱一个人付出自己的家庭，地位，名誉……这样一切的一切，在他的眼里，都是可以丢弃的，他只想抱着这样一颗燃烧殆尽的决心，将这滚滚红尘的一切来往都毅然切断，只求她的一个回应。"都只是尘沙一样的价值，真正的爱，是不容利害打算的念头存在于其间的。"

这封长信抵达之后，同样让王映霞不能平静，她独自一人坐在阳台上，脑海里浮现着这些日子以来的种种，上海虽然没有带给她刻骨铭心的过往，但是郁达夫的出现却是续写了她的人生。她的眼神看向辽远的晴空，带着捉摸不清的情绪，而视线的那头春山如黛，白云卷舒。

也许是真情总是纯真美好的，任凭时光打磨，也能在漆黑的夜里熠熠生辉，王映霞的回信不断，却难以揣测在她的心中，到底怎样看待这段感情，郁达夫仿佛陷在幽巷雨中，怎么也看不到晴天。这段时日，他时常去周勤豪那里，和周氏夫妇谈论自己的离愁别绪，这一腔哀怨，郁结于心，难以纾解。

每到夜深人静的时候，他常常咳嗽，身体每况愈下，他想"啊啊，若在现在一死，我恐怕我的一腔哀怨，终于诉不出来。我真恨死了王女士，我真咒死了命运之神，是我们两人终于会在这短短的生涯里遇到了。"

郁达夫朦胧地躺在床上，想起王映霞在信中表露出来的，向往两人之间可以做一对挚友的美好愿望，心里一阵酸楚。他起身拧亮了灯，拿起笔写下了那夜沉重的心思。

> 晚上又接到映霞的来信，她竟然明白表示拒绝了。也罢。把闲情付与东流江水，想侬身后，总有人怜。今晚上打算再出去大醉一场，就从此断绝了烟，断绝了酒，断绝了如蛇如蝎的妇人们。
>
> 半夜里醉了酒回来，终于情难自禁，又写了一封信给映霞！我不知这一回究竟犯了什么病，对于她会这样的依依难舍。我真下泪了，哭了，哭了一个痛快。我希望她明天再有信来，后天再

有信来。我还是在梦想我和她两人恋爱的成功。

　　而那时我们有顾虑，有迟疑，唯独没有拼死一搏的勇气，不知道这一脚踏出去，是柳暗花明又一村，还是万劫不复长渊里。所以我们慌张、迷茫，在充满爱情的欢愉的挣扎中，反生出一点点不能克服的咬噬性的忧伤。就像王映霞身在杭州，窗外却全是上海在天光云影下的景致，底下人生繁杂，电车铛来铛去，心里全都是信件上的字句在徘徊。

　　王映霞拒绝了郁达夫去杭州相会的请求，却没有说断了和郁达夫的往来。时而飞回的信件，像一只只翻飞的白鸽，于郁达夫来说，这样若即若离的回音，更是让他备受思念的折磨。

　　这跌宕起伏的感情，走得如此不平顺。他再次去信杭州：

　　　　二月八号的信，今天才接到，我已经了解你的意思。杭州决定不来了，但相逢如此，相别又是如此，这一场春梦，未免太可惜了。

　　　　中国人不晓得人生的真趣，所以大家以为像我这样的人，就没有写信给你的资格。其实我的地位，我的家庭和我的事业，在我眼里，便半分钱也不值。假如你能Understand me，accept me，则我现在就是生命也可以牺牲，还要说什么地位，什么家庭？现在我已经知道了，知道你的真意了。人生无不散的宴席，我且留此一粒苦种，聊作他年的回忆吧！你大约不晓得我这几礼拜来的苦闷。我现在正在准备，准备到法国去度我的残生。王女士，我们以后，不晓得还有见面的机会没有？

　　写着写着一阵腥甜涌上喉头，郁达夫又厉害地咳嗽了起来。似乎已经感受到自己身体上的颓败，因为王映霞，这几日创造社的事情也不曾料理，本想把自己放浪的行为改变一下，锐意于创造社的革新，然而不料如今又面临感情的死局。

半夜里又去喝酒，喝得半醉，忍不住想放声大哭，郁达夫对着冷月，寒雾缭绕，连月色都昏然看不清晰，更何况人心呢？郁达夫由衷地叹了口气："唉，可怜我这一生孤冷，大约到死的那日止，都不能够和一个女人亲近。我只怨我的命运，我以后想不再做人家的笑柄。"

十多天的书信往来，王映霞也渐渐感受到了自己对郁达夫的依恋，虽然春风化雨，并不是多么强烈澎湃的感情，但却在不知不觉中，让王映霞隐隐有了去上海的期待。依着木栏杆，看着桌面上安放的才寄到的上海来的信件，王映霞诧异于自己竟感到了一阵煦暖的心安。信中说：

> 二月十三日晚上的信，今晚上我才接到。这一个月中间，我也不知怎么的，仿佛又回到了做梦的时代去的一样，一点事情也不能做。自从那一天和你见面之后，天天总觉得心里不安静所以弄得早应该发出去的稿子，都还没有写好。你劝我的话，我都铭刻在心坎儿上了。我总想得到你一点真诚的表示，所以每想到杭州来会你，现在你既在这样劝我，我也只好暂时忍住，努力去做你所嘱咐的事情罢。
>
> 我所怕的，就怕你不了解我，你既然能够了解，那我还有什么话说？你今年上半年打算怎么的过去？有一定的计划没有？你愿意再去教书么？你可不可以出来到上海来住？上海学校很多，我的朋友也很多，你若想教书，我可以为你介绍，只教你将条件提出来就对了。譬如教什么，每星期多少点钟，等等。你愿不愿意再读书了？若愿意再进大学。我也可以为你设法。譬如南京的东南大学，武昌的中山大学，北京大学等，我都有熟人在那里。用费一切，你可以不管的。
>
> …………
>
> ……这一个月中间，我也不知怎么的，仿佛又回到了做梦的时代去的一样，一点儿事情也不能做自从那一天和你见面之后，

天天总觉得心里不安静，所以弄得早应该发出去的稿子，都还没有写好。你劝我的话，我都铭刻在心坎儿上了。我总想得到你一点真诚的表示，所以每想到杭州来会你，现在你既在这样劝我，我也只好暂时忍住，努力去做你嘱咐我的事情罢。

…………

我对你完全是一种purepure，affection，and strong enough to be everlasting，绝不是一时的flirtation。这一点请你相信我，我是不撒谎的。

我平生做事情，都是光明正大的，因为这一个原因，倒经历了许多失败。这一回我也在怕，怕因为我太frank的原因，致受你despise。王女士，我前回已经说过了，说过我这一回的心事了，"我从来没有这样的sincerely L—e过人。"

从明天起，我想开始工作了，我想实行你所吩咐我的话了。不过我觉得总还不能捉摸到一点reality，总还缺少一点味之不尽的回忆。在这一个中间，我总还希望你能够答应我一个相见的机会，赐我一个interview，三分钟也好。五分钟也好。

…………

一个月来的相思，似乎也耗尽了两人的心力，郁达夫放下笔，又是一阵不平的咳嗽气喘，他想："大约此生总已无壮健的希望了，不过在临死之前，我还想尝一尝恋爱的滋味。"

然而，他并不知道，王映霞此时已经决定回上海来了。

几回魂梦与君同

原来有些时间，会在感情的渐行渐远中流失；有些感情，会在时间的沧海桑田里回首，只是他们彼此之间的执着，还是会被流年钻一个空子，郁达夫对王映霞的执念太过拥挤，以至于她看到他的时候如此陌生，以为那个人是被一时的冲动蒙蔽了心智。被那些自己描绘失真的回忆套上了枷锁，锁紧到自己不能远离也不能逃避。

这一个月以来，王映霞曾对郁达夫说起过自己的家庭，自己对于在上海教书和继续读大学的打算，郁达夫都很放在心上，字里行间也明白表露出想要为她竭力而为的心意。沪杭之间书信往来如同翻飞的白鸽，如此频繁，王映霞尽管在回信中时常寥寥数言，并不如郁达夫那样洋洋洒洒，言辞恳切，却也是用了心思的。或者说，她已经渐渐明白了郁达夫对自己的心意，也已经下定决心，要与他做一个永久的朋友。

然而，一个人要完全进入另一个人的世界，仅仅是停留在纸页间是不够的，爱情的玄妙就在于："是要日日见面，日日谈心，才可以使它成长，使它洁化，使它长存于天地之间。"我们需要面对面的长久地凝视着彼此，用眼神，用语言，用情绪太坦率而诚实地将我泄露给你。在爱情里，每一个动作，每一句娇嗔，都是艺术手法，郁达夫的内心就是万万字的文章，早已列出明线与暗线，也拟好了藏头诗，只等王映霞来一语道破。

郁达夫坐在创造社的办公室，沉浸在自己的思绪里暗自唏嘘。突然门口有人叫道："先生，您的信。"

郁达夫接来一看，居然是王映霞的来信，原来她已经回到上海来了，此时正在尚贤坊，想要约自己去相见。郁达夫捏住信纸的手几乎难以控制地颤抖起来，他忘了外面此时正下着雨，就那么跌跌撞撞地冲了出去。一阵寒风扑面而来，顿时将他满脑子的热情冷却了一半。

他失声笑着摇了摇头，自己居然如此激动以至于失去了理智啊，他回到办公室拿上外套和雨伞，又折返到大街上，挥手招呼了一辆汽车就向尚贤坊开去。此时郁达夫的心情仿佛是飞在云端之上，这一个月以来，他多少次在暗夜中试图平息胸中的惊涛骇浪，即使酣睡中耳边也仿佛是流动着王映霞的气息。他只想在芸芸众生中做一个普普通通的人，相守一段细水长流的爱情，一起看闲庭落花，尤胜岁月风霜。

到了尚贤坊，郁达夫恍若隔梦，这段感情让他宁愿退隐到最隐秘的角落里去，献上所有有价值的东西，他有满腹的哀怨与思念，有热情而炽烈的冲动，在此时，即将见到王映霞的时候，统统化作了无声的凝望，他只是长久地看着她，却不知从何说起。

郁达夫看着这令自己朝思暮想的女子，王映霞还是那样的轻柔纯净，安静地在那里好像一弯月亮在迷蒙的水面上缓缓发出微光，还是一袭旗袍，还是长发绾青丝，还是在嘴角的梨涡边微微漾起的一个笑。这场景，每到午夜梦回，便在郁达夫的脑海中缓缓浮现……

真正的思念，不是狂喜，也不是痛哭，而是就这样无声的凝望，千言万语在空气中流动，整个世界都寂静无声。王映霞一时之间竟不知如何相对，看着有些消瘦却依然英气的郁达夫，自己竟说不出一句寒暄的话来。如此默契，竟让人无端生出"花开花落不长久，落红满地归寂中"的感慨。

这一个月以来，两个人之间的感情已经与一个月前，还是天涯陌路人的时候，有了更加深厚的含义。王映霞能感受到郁达夫深邃如大海的爱意，那些流于纸上的剖白，如此真实而又虚妄。它们既是实实在在感情的表达，可又不是触手可及的实体，以至于此时此刻，看到久违的他和她，空气中渐渐浮动起压抑难言的气息，郁达夫和王映霞都长久地沉默着。

王映霞曾在自传中描述道："2月25日，是我与郁达夫分别后的第一次见面。两人在房间里坐了几个小时，竟然说不出一句话来。和一个月前的初相识相比，在彼此的心灵里，都有着不同的感受。我和他一起散步，一起谈笑，我仿佛把他当作一个大人。向他问这问那的；而他也降低了年龄，压住了原来的个性，凑合上我好动好玩的脾气，和我谈笑。"

席间，孙百刚夫妇各自寒暄着，询问王映霞这些时日在杭州过得如何，家里人可还康健……王映霞不时看一眼郁达夫，时而眼神相撞，仿佛有许多话在眼波间流转，郁达夫这一个月以来的焦灼与不安，顿时烟消云散，心里感到一丝丝微凉的蕴藉。吃过饭后，王映霞递给郁达夫一张纸条，上面写着一个她的地址：梅白克路坤范女中。

郁达夫看了看王映霞，说道："王女士要搬出去？"

王映霞轻轻点了点头，解释道："我要搬去这个新的地址，梅白克路坤范女中。可以与同住的陈女士一起温习功课，准备考大学了，以后郁先生与我通信，就用这个地址吧。"

这一举动算是对郁达夫透露了心迹，她此次回到上海来，已经打算从尚贤坊搬出来，住到她师范时的同学陈锡贤任教的小学里去。这样做的意图已经很明显了，孙百刚夫妇一直比较反对王映霞与郁达夫过多的接触，如果继续住在尚贤坊，又不听他们的劝解继续和郁达夫往来，必然会影响到自己与孙百刚夫妇的关系。而王映霞更舍不得的，其实正是郁达夫。而王映霞这一举动，无疑是为了与郁达夫更加方便地来往，这对郁达夫来说，无疑是个好消息。

尽管在杭州的时候，王映霞曾经狠下决心要和郁达夫疏远，免得日后闹出许多笑话来，惹来众人的嘲笑。可是若真的能够弃郁达夫的热烈追求于不顾，王映霞就不会如此牵挂与犹豫。她自己也不知怎么的，感情上似乎起了什么变化，每当收到郁达夫从上海寄来一封封情深意长的信件，王映霞都会立即拆开来看，看过之后又非写信回复过去不可。写了寄出，寄出之后又后悔，像这样的心情起起落落，一天之内不知道有多少遍。

王映霞在自述中说：

> ……时而想打算后退，时而想抛除了一切大胆地前进。同情与顾虑充塞着我的心胸。我不想去告诉谁，但同时也希望有人能够了解我，同情我，帮我分析。有时想到我从前读过的他写的小说《沉沦》，"知识我也不要，名誉我也不要，我只要一个能安慰我体贴我的心，一副白热的心肠，从这一副心脏里生出来的同情……"书中那一个孤零得可怜的"他"，现在仿佛在我眼前摇晃。"他"实在是足以同情的。我为什么怕？我为什么不敢同情呢？"他"不是还立过誓么？

王映霞清楚地知道，如今能给予郁达夫这样同情的只有自己了，王映霞内心深处，是不希望再另外有人，来与她争夺这同情的付出。但她亦是清楚地知道，这不是一个简单的处境，郁达夫所处环境的复杂时常让王映霞陷入彷徨之中无法抉择。那些周围人的纷纷流言，家庭的怜惜，社会的弃绝，一切亲朋好友的耻笑。她苦闷，她无以排遣，她也在不知不觉中，穿过过往的喧嚣，走进郁达夫的世界。

那天回到寓所，郁达夫在日记里这样写道：

> ……无论如何，我总承认她算是接受了我的爱了，我以后总

想竭力做成一回的Perfect Love，不至辜负她，不至损害人。跑回家来，就马上写了一张字条，相约下星期一见她的时候，亲交给她。约她于下星期一（二月廿八日）午后二点半钟在霞飞路上相见。啊啊！人生本来是一场梦，而我这一次的事情，更是梦中之梦，这梦的结果，不晓得究竟是怎样，我怕我的运命，终要来咒诅我，嫉妒我，不能使我有圆满的结果。

天气依然是沥沥小雨，已经下了很久，雨丝带着未尽的凉气扑进窗里来，洇湿了放在书桌边上的书页，窗外依然是水淋淋的月夜，路灯下浓雾不散，被雨水淋过之后，只是漂浮着一团朦胧的光晕。感情的道路上，我们从来都是舍近求远的。人心的忧郁软弱，却时常表现出坚韧的执念，本来是荒凉冬天的世界，因为有了这样的执念，仿佛铺满了柔软丰富的雪。王映霞的出现让郁达夫的情感不再流于肤浅，从少年时代起，他就一直追求纯洁爱情的梦想，似乎就快要实现了，郁达夫简直不敢相信自己了。

相遇和错过只在一个细微的瞬间。而这个世界上有太多的生死离别，一场一场，在滚滚尘世间上演，不缺少看客，不缺少眼泪。但那时的相遇，只要在人群中与你对望，世界就黑暗得只看得见你眼中的微小光芒。

那些遥遥相隔的想念看似轻浅不着痕迹，寂静无声也常常擦肩而过。彼时我们已经无人在意那个迷人的午后他们的相遇，时间便定格在那一刻，心间也有了明晰的决定。

富春江上神仙侣

郁达夫与王映霞

万千心事难寄予

彼时的上海还有着春寒料峭的娴静，雪已经晒化，还看得出去年青叶匆匆凋生的齐整痕迹，整个上海都是齐整的，日色映空连朝霞，又映照彩色的广告牌上，楼宇之间的白墙天光显得越发鲜明了。天已经放晴，但依然很冷，大好的清晨里四处都是露水瀼瀼的。这样的上海，四处都是恋爱的故事，因为青春本身就是一种天性，像溪水作响，像杨柳新发，充满着天真的意味。

见过王映霞的第二日，郁达夫在家中编《洪水》的稿子，午后又上周勤豪家去，见过了徐之音，郁达夫又心神不宁了。出来便是白日当头的中午，脚步不知不觉就去向了尚贤坊的方向。王映霞此时不在尚贤坊，家中只有孙夫人杨掌华一人。

家中是寻常的风景，铁丝上晾着主人的衣物，带着一种脚踏实地的欢喜，和灰色幽静的弄巷相辅相成。郁达夫生怕打扰了这样安静细腻的气氛，想寒暄几句便告辞离开，然而杨掌华却喊住了他。

"郁先生，有些话作为朋友，我必须跟你说清楚。"杨掌华说着招呼郁达夫坐下，这些话她思索了很久，不光是作为朋友必须说的，也是受了王映霞的委托："映霞的心迹，你都明白吗？"

郁达夫联想到自身，不免有些伤感，他赶紧解释道："我知道我的病状，她是在嫌我的身体吗？我的病没有什么危险的。"

杨掌华轻声笑了笑，道："我指的不是这个，你的身体要自己保重好……"她沉吟片刻，语气顿时严肃起来："映霞的意思是说，你们在这样一个特殊的时期，还是少见面的好。你想想：一个无瑕的闺女和男子交游来往，于名誉上也是有着绝大的损失的。再说您已经是有家室的人了，这样更容易使人误会。映霞还很年轻，将来总是要结婚的，像她这样出身名门的小姐，总不能不明不白地，给人填房做姨太太的吧？如果郁先生考虑和映霞结婚，总要赶快把自家身子弄得清清爽爽……"

郁达夫一听，便已经明白了杨掌华的意思，他也觉得十分为难，但心里总也放不下王映霞："孙太太，您的意思是……"

杨掌华已将王映霞的意思传达得非常清楚了，如果说他们两人的恋爱关系已经确立，并且至死不渝，那就必定得先解决郁达夫和孙荃的婚姻问题。

杨掌华点点头，道："希望您能和北京的太太离婚，然后才能迎娶映霞——这……不光是我的意思，也是映霞的意思。"

郁达夫此时也明白了，恨不相逢未娶时，原来在王映霞心中，郁达夫已经有发妻孙荃这件事才是两人之间最大的隔阂，他们之间兜兜转转这么久，这才相互明白彼此的心意，王映霞此时提出要郁达夫离婚的要求也不是多么的过分。可是，糟糠妻不可欺，郁达夫回过神来，便觉得有种难言的苦衷。

郁达夫恍恍惚惚离开了尚贤坊，天气带着上海特有的潮湿，让人的心思不肯安静下来。他眼前浮现出王映霞丰腴的体态和澄净的眼神，仿佛在句句追问着他，索求一个回答；一边又是自己在北京的儿女和为自己独自照料母亲的荃君，"寸灰惜花心事终何用，一寸柔情"郁达夫的眼泪含在眼中，心中无限的寂寞、失落和苍凉，涨得他一阵难言的酸痛。

郁达夫的妻子孙荃，原名兰坡，字潜媞，小郁达夫一岁，是1897年生于富阳县一家书香门第的大家闺秀。在当时，孙荃的家境作为江南小县的农村来说，也算是亦工亦商亦农的经济大户和诗书礼仪传家的门第世家了。孙荃之父孙孝贞曾寒窗苦读十年，屡试不中，随后放弃功名，振兴家业。长子孙灏是孙孝贞已故前妻之子，精通诗书医理，医术更是名扬一方，被当地人赞誉为"阿水先生"。

孙荃是孙孝贞的续弦所生，她还有一个弟弟和一个妹妹。其弟孙锦川，和郁达夫一样曾游学日本，回国后善于结交朋友，文笔也十分出色，在富阳一带很有威望。孙荃从小耳濡目染，在父亲的教导下饱读诗书，后来父亲又为她请来老塾师李宴春指导她读《女四书》《烈女传》等古文书籍。李先生教学严谨，古文造诣颇高，再加上孙荃聪颖好学，很快便能和父亲、兄长吟诗作赋，在那样一个诗词浸润的环境中，孙荃渐渐地成长为一个沉着、内向、温厚谦恭而又知书达理的才女。

旧中国的婚俗，尤其是江南这样的富庶之乡，儿女们通常五六岁就已经定下亲事，二十岁还未嫁娶的情况是很少见的。在这样旧风俗的影响下，孙荃二十岁的时候，父亲就渐渐开始为女儿的终身大事焦虑和忧愁了。就在孙荃对于登门求亲者疲于应对的时候，一个个求亲者都被她婉言拒绝的时候。孙家的一位远方亲戚带来了消息：县城中已故中医郁士贤家的三公子荫生正在东洋岛国留学，年逾二十还未婚配，说给孙家小姐正好。这位三公子荫生，就是郁达夫。

然而当时正是名流大户的孙家，颇有些看不上郁达夫孤门独户的家境。孙孝贞不愿将自己从小生活在富甲一方的家庭中的女儿，下嫁到一个没有恒业的家庭中去，他只好推脱说："这件事需要征求一下女儿的意见再作答复。"

孙孝贞与家人一次闲聊，无意中描述起郁达夫，言辞中不乏对其才华横溢又勤奋上进的称赞，说他很有发展前途，又在东洋留学，只是遗憾家境贫寒，否则和孙荃倒是般配。孙荃听了，心中暗起波澜，当下竟毫不掩饰地对父亲说，她对于这门亲事欣然同意了。

远在东洋岛国的郁达夫，此时此刻正深陷在苦闷和压抑的泥淖中，突然接到家中的来信，要他回国定亲，对方是富阳一带有名的佳人，这无疑是给郁达夫带来了面对生活的新的勇气。

初见孙荃，并没有多么的惊艳，但她学识广博，谈吐不凡，让郁达夫惊讶不已，1917年8月9日，他在日记中写道：

> 薄暮陈某来，交予密信一封，孙潜媞氏手书也，文字清简，已压倒前清老秀才矣！

一代文豪郁达夫，能给予孙荃的才学如此高的评价，又不是出于阿谀奉承之口，说明孙荃的才情盛丽，已经打动了郁达夫。初次相见，他既没有看重她的容貌平平，也不在意她的赫赫家业，而是对她的才学赞不绝口，只是孙荃出身旧式家族，并没有新式女性的热烈奔放，郁达夫的态度只是轻描淡写。他随即写了一封信寄予长兄曼陀先生：

> 文来日本之前一日，曾乘辇至宵井与未婚妻某相见，荆钗布裙，貌颇不扬，然吐属风流，亦有可取处。

郁达夫顿生雅兴，立即赠给"孙荃"之名，朗声道："荃，出自楚辞。荃与荪同，似石菖蒲之情显而易见。盖亦香草，且与你孙姓相偕相符，故以喻君。"虽是如此，两人之间的身份悬殊注定了这段婚姻的无疾而终：一位是满腹才情、肆意风流的留洋学子，一位是三寸金莲、沉默寡言的县城小姐；一位是家道中落的孤门独户，一位是富庶一方的名流世家。

就郁达夫来说，他对这段"父母之命，媒妁之言"的旧式婚姻是有些难以取舍的，在东洋留学的那几年，日本的新式女性已经让他心猿意马，情窦初开时期的莲仙、倩儿等天真的城市姑娘已经让郁达夫目不暇接，他自然是无法接受孙荃这样从小在乡下长大，温厚淳朴的小县城里的姑娘的。

矛盾中他只好寄信孙荃说："此身未许缘亲，请守清闺再五年。"孙家再次敦促时，郁达夫提出了更为苛刻的要求："婚礼一切从简，不拜堂，不鸣锣擂鼓，不闹洞房。"如此令人为难的条件，孙家竟然答允下来。于是1920年，郁达夫在那年的暑假回国与孙荃完婚。

新婚之夜，没有银红的喜烛，没有凤冠霞帔，也没有热闹的喜宴，甚至连几声震天的花响也不曾点燃。孙荃就这样乘着一顶小轿来到郁家，在凄清的夜里，独自摸上了楼。那天她罹患疟疾，见到自己的新婚丈夫时，正面颊通红，大汗淋漓，然而郁达夫羞于询问，一句熨帖的暖心话也没有，新嫁的妻子默默看了自己一眼，便独自睡去，每每想起那个新婚夜，郁达夫便羞愧难当。

从7月初相识到完婚，郁达夫与孙荃也并不是全无感情交流，他再次离开祖国远赴日本前夕曾寄赠孙荃几首小诗：

> 许侬赤手拜云英，未嫁罗敷别有情。
> 解识将离无限恨，阳关只唱第三声。
>
> 梦隔蓬山路已通，不须惆怅怨东风。
> 他年来领湖州牧，会向君王说小红。
>
> 杨柳梢头月正圆，摇鞭重写定情篇。
> 此身未许缘亲老，请守清闺再五年。
>
> 立马江浔泪不干，长亭判决本来难。
> 怜君亦是多情种，瘦似南朝李易安。
>
> 一纸家书抵万金，少陵此语感人深。
> 天边鸣雁池中鲤，且莫临风惜尔音。

"白喜新词韵最娇，小红低唱我吹箫"写的是南宋姜白石和小红，也寄托了郁达夫对于和谐夫妻生活的美好愿景。

好事只愁天妒我

同年10月1日，郁达夫客居他乡，遥思故土，故成诗一首：

> 旧历八月十六夜观月
> 月圆似笑人离别，睡好无妨夜冷凉。
> 窗外素娥窗内客，分明各自梦巫阳。

当时月明夜深，郁达夫梦醒时，刚打过三更，月光自窗缝内斜射至帐上，兹兹生凉，"余疑天已曙，拥被坐起，始识为嫦娥所弄。呆坐片刻，上诗即成，所谓枕上微词者是矣。"以"天边鸿雁池中鲤"相应和的二人，转眼就分隔两地了。然而返回日本的郁达夫，对孙荃的去信时常疲于回复，音信亦是时断时续。那时的郁达夫，更是站在时代的浪尖，俯瞰芸芸众生和时代浪潮，字字句句都是对昏暗统治阶级的控诉和鞭笞，同时为激起人们"自新"和奋发向上的勇气而努力，他在心中劝说孙荃不要把目光禁锢在两人生活的小圈子里，更多的将自己的视野放大到广阔的社会空间和人类的现实生活中去，以求与瞬息万变的时代一同进退，只有这样才能摆脱独居深闺的情怀和寂寞。这就是为什么在订婚之初，郁达夫更注重将自己的未婚妻从一个乡下女子培养成新时代文坛上的新才女。

富阳与京都，云海相隔，寂寥万里的晴空将他们阻隔在天际的两端，到1919年他们之间竟以鸿雁传书度过七百多个日日夜夜，虽然没有经历秉烛夜游促膝长谈，但彼此间的书信来往却没有中断过。

1922年，郁达夫顺利通过了日本东京帝国大学的毕业考试，学成归国。孙荃对于郁达夫的爱是真挚纯净的，与丈夫分隔两地的时候，她便独自一人在故乡兢兢业业操持家务，侍奉婆婆，恪守妇道，然而郁达夫对孙荃则不然。彼此远隔山水茫茫并没有思念刻骨的感受，回国后也没有红袖添香的浪漫。

当时的人们追求进步，倾向革新，在热爱新文学的学子眼中，郁达夫是创造社的中坚，峥嵘笔坛的文学家，是青年人顶礼膜拜的偶像，而在封建礼教的遗老遗少眼中，郁达夫无异于洪水猛兽，诗歌海淫海盗，教唆新时代的年轻人走向歧路。这样异样的眼光如芒刺在背，让郁达夫感到窒息般的压抑。这样苦闷的情绪难免影响到郁达夫与妻子孙荃之间的感情，过去的异地分居鸿雁传书还有着"雾里花，水中月"的美感，如今朝夕相处，郁达夫对孙荃的美好幻想早已化为乌有，孙荃的存在对他来说，已经如同一盏过夜的清茶，索然无味。

暑假在家中小住，孙荃因为有着身孕，时常懒懒地躺在床上茶饭不思，郁达夫在那三四个月里，态度也渐渐粗暴起来。在社会上虽是一个懦弱的受难者，在家庭中却是一个凶恶的暴君，在社会上备受种种歧视、欺凌、侮辱，他都回到家中一一向妻子发泄。

郁达夫时常在外面受了心灵上的虐待，带着满腹的牢骚和气闷无处发泄的他，回到家就责怪孙荃做的菜不好吃，责怪孙荃是害自己吃苦的原因，一想起将来失业的苦闷状况，神经激动起来郁达夫也会骂着说："你去死！你死了我方有出头的日子。我辛辛苦苦，是为什么人在这里做牛马的呀。要只有我一个人，我何处不可去，我何苦要在这死地方做苦工呢！

只知道在家里坐食的你这行尸，你究竟是为了什么目的生存在这世上的呀？……"

孙荃被骂得哑口无言，只是愣愣地看着郁达夫，眼泪无声无息流淌下来，像暗夜里的星辰。直到安庆期间，郁达夫和孙荃的第一个儿子龙儿出世了，这让风雨阴晦的夫妻生活看到了黎明的曙光。郁达夫似乎是有了重新燃起火种的希望，挥斥方遒，激扬在五四战场。

从安庆辞职以后，郁达夫便决定孑然一身北上，孙荃是个性情十分温良的女子，在丈夫的决断面前从来都是顺从，她便独自带着六个月大的龙儿回到了富阳老家。月台上，郁达夫看着自己的妻子抱着年幼的孩子在车窗里凝视着陌生行人来来往往的景状，大约是想起和郁达夫在一起生活的种种，一阵阵从心底泛出来的寒凉让孙荃不敢也不愿再向郁达夫多看一眼。

来到北京的郁达夫，抛家弃子，孤军奋战，本想在五四文化的发祥地与他所敬仰的《新青年》的撰稿人一起探讨艺术的沿革，肩负起文学救国的伟大使命，然而形式并非他所料想的那样，那段光荣的时期已经去向难辨了，郁达夫顿时又陷入迷茫和悲哀的境地。想到自己身上还肩负着一个家庭的未来，郁达夫觉得有必要把妻子和龙儿接到北京来。

孙荃来到北京后搬到什刹海北岸租屋而居，这算是郁达夫和孙荃真正的家了。院中有两棵枣树，一架葡萄藤，夏天的时候，凉风有性，习习吹来都是悠然的时光。郁达夫的侄儿郁风来小住，穿过门前柳荫去什刹海，有许多传统的北京吃食：撒白糖的莲藕，荷叶粥，冰冻的柿子酪，凉粉，还有各种江湖艺人在那里耍宝卖艺。晚上吃过晚饭，郁达夫与长兄曼陀谈诗论画，孙荃就搬出凳子和一众小辈在葡萄架下捉萤火虫……

且行且悠然的时光总是如同白驹过隙，那些听着飒飒风声，闻着入秋后的枣香方能入睡的日子，在妻子的照料下泛出游丝般的甜意。

郁达夫在《一个人在途上》曾描述过：

院子里有一架葡萄，两棵枣树，去年采取葡萄枣子的时候，他站在树下，兜起了大褂，仰头在看树上的我。我摘取一颗，丢入了他的大褂兜里，他的哄笑声，要继续到三五分钟。

"他"便是妻子孙荃。

当时为创造社和太平洋社合作的事宜奋力奔走的郁达夫热情不减，踌躇满志，正为创造社的前景初显而欢欣的时候，郁达夫带着妻子和龙儿回到故乡小憩，"到家的头两天，总算快乐得很，亲戚朋友，相逢道故，家庭之内，也不少融融之乐……"然而郁达夫的个性十分的阴晴不定，他把退稿和周氏兄弟之间的误会，事业上的不平顺，都纷纷责怪在孙荃身上。

在这样一种多事之秋的动荡时局之中，创造社脱离太平洋社恢复了活动之时，正是全国人民准备声讨北洋军阀的重要时刻。各地区群众纷纷奋起反抗军阀的专横统治，广东省已经成为革命发展的策源地，在为即将开展的北伐战争做最后部署。而北洋军阀政府，为了挽救其摇摇欲坠的反动政权也在垂死挣扎着。郁达夫满怀热情，想要以自己的实际行动为新文学的发展做一番丰功伟业，与郭沫若南下广州一同到广东大学任教。"改变旧习，把满腔热忱，满腹悲愤，都投向革命中去……"（郁达夫《鸡肋集·题辞》）

"山雨欲来风满楼"，正在郁达夫准备为自己的理想大展宏图的时候，北京传来了儿子病危的消息，等到自己千里迢迢赶到北京的家中时，那个昔日里天真活泼，总是在父亲膝下承欢的龙儿，已经去世了。

郁达夫对自己的这个儿子有着很深厚的感情，他在《一个人在途中》曾说起过：

想起来，龙儿实在是一个填债的儿子，是当乱离困厄的这几年中间，特来安慰我和他娘的愁闷的使者！

自从他在安庆落地以来，我自己没有一天脱离过苦闷，没有一处安住到五个月以上。我的女人，也和我分担这十字架的重负，只是东南西北的奔波漂泊。当然日夜难安，悲苦得不了的时候，只教他的笑脸一开，女人和我，就可以把一切穷愁，丢在脑后。

龙儿罹患"脑膜炎"，这种病症在那个时期，即使是扁鹊再世，也无力回天，何况一个年幼的孩童，更是必死无疑。从小在母亲的陪伴下的龙儿，性情和孙荃也有几分相似，为了医好自己的病，从来都是忍耐着，对医生百般配合，平日里娇宠的脾气也乖顺了不少，叫他吃药，他就大口大口地吃，叫他用冰枕，他就一声不响地躺上去。

病后还能说话的孩子，只弱弱地问他的娘："爸爸几时回来？爸爸在上海为我定做的小皮鞋，已经做好了没有？"

独自承担这一切的孙荃，时常深思困惑，每次幽幽地问起那个病中的孩子："龙！你晓得你这一场病，会不会死的？"孩子只是很不情愿地回答说："哪儿会死的哩？"谈吐之间，全然不像一个五岁的孩子。

濒死的那一天，孙荃看孩子实在难受，反倒冷静了下来："龙，你若是没有命的，就好好地去吧！你是不是想等爸爸回来？就是你爸爸回来，也不过是这样地替你医治罢了。龙！你有什么不了的心愿呢？龙！与其这样抽咽受苦，你还不如快快地去吧！"

听了母亲这样的话，龙儿眼角上的眼泪，更是涌流得厉害，到了旧历端午前的午时，等不到郁达夫回来，孩子已经断气了。在这与孙荃生活相伴的六七年的时光里，聚少离多，爱子的病逝，让这个本就风雨飘摇的家庭更是岌岌可危，郁达夫与孙荃的情谊也如同将尽的灯火，看不到重燃的希望了。

新的旧的悲伤在内心的更迭最易让人心碎，就好像一场寒雨未尽，又听见可怖的隆隆雷声，旧的悲伤是爱子龙儿的离去，对于这个本就基础单薄的家庭，是一场致命的不幸；新的哀愁，则是为家为国，为民族的前途担忧，这样的忧思在郁达夫心底一点一点滋生出来，像是雨后绵绵的潮气，蚀骨锥心。

守得云开见月明

一个人的途中，渐渐远离故土，远离本真，远离自己当初追寻的初衷，可能人的这一生，就是在不断地告别和不断地清理之中缓缓流失。告别过去的人或事，告别少不更事的自己，清理残存的妄念和记忆，倒空灵魂，将新的来客安置进来。

也许碧雨晴空之后，对未来的人生际遇有多幻想憧憬，仍站在苍茫荒野之中，耳边松鹤齐鸣，许多美景都是萦绕心头。于是郁达夫最终还是离开了京城，有些时候，怀念一座城池，还是因为城中的人和事，而急不可待地离开和逃避一座城池，那一定是城中的悲伤在背上增添了太过沉重的负担。

郁达夫这一生，长子的去世对他造成了不可磨灭的伤痛。1927年到广州的时候，那里的情形可谓令人欢喜，宽广的马路，高大的洋房，新建的公园，威严的衙门，郁达夫如同一个初来广州的人一般眉飞色舞地看着这一切。然而在这一条条宽广的马路底下，曾经牺牲了多少民众的骨血，新政府的膨胀之下，广州的路上，只是平添了许多无立锥之地的清苦百姓。

郁达夫曾填诗一首，来祭奠爱子和自身的遭遇：

> 生死中年两不堪，生非容易死未甘。
> 剧怜病骨如秋鹤，犹吐青丝学晚蚕。
> 一样伤心悲薄命，几人愤世做清谈。
> 何当放棹江湖去，浅水芦花共结庵。

往事历历在目，如同来自记忆深处恒久不绝的绕梁歌声，在心头反复吟唱，你扑不灭，它是飘然的烛火；你打不落，它是遥望的长月；你逃不掉，它是在心底阵阵碾碎的声音。一幕幕闪现在郁达夫脑海，即使还有一双儿女尚在襁褓之中，也不能让郁达夫逃脱这种塌陷的无力感：

荃君，我想爱而不能爱的女人，你是那样的孱弱，没有我，你又怎样过了杏花春雨般的日子，怎样看着春老花残，度那残阳凄清的午后，去年今夜，不是同她在皓月之下相拥叙别吗？那时的叹息和伤感，使我们无心月儿的娇媚，我的泪只是往肚子里流，如现在的月儿照灵，哪一种无法派遣的苦痛，今夜月儿下的你，知道我的绝情，会不会泪如雨下呢？重洋之波流不去我的思恫啊，我深知她是最哀痛的一个失恋者，在枯黄的生命中她何曾有过什么愉快，所有的幸福都充满了忏悔和哀怨。她的娇柔的生命之花，在我手里已见凋残了，而我，在她最需要关怀的日子里，竟要说绝情地远别，生命的残忍于她是何其的酷烈啊！而自己正是这伤痛的施予者，怎么忍心，怎样下手呢？脑海中，荃君的呜咽音容都尽含着悲哀。

人生真的不敢去预想未来，可回忆过去，原也这般这般痛苦心伤。世事纷繁，怕也只能合眼放步随造物的驱遣。一切希望与烦恼，都可归于命运的括弧下，又能作何挣扎呢？积极方面斗争过去，到头来终归于昙花一现，依然一样的流水落花，人生如沉醉的梦中，在梦中的时候，哭了笑了伤心了，回过来不一样是了然无痕。到如今我还有什么话好说，还有什么留恋的痕迹呢！他祈求万事都像惊鸿的疾掠，浮云的转逝。荃君，长夜漫漫，转侧呜咽之中我当如何？《楞严经》中云：

汝负我命，我还汝债，以是姻缘，经千百劫常在生死。

汝爱我心，我爱汝色，以是姻缘，经千百劫常在缠缚。

寂灭的世界里，让我常存负你之心，在灵魂的深处永为你默默忏悔。

荃君，对不起，如果有来生……

虽然与孙荃并没有刻骨铭心的爱火，但在那些年月里，两人共同经历了人生不可磨灭的欢乐和苦难，郁达夫对原配孙荃既矛盾又愧疚，良心上的不安让他寝食难安，想起王映霞稍稍流露出的动摇的爱意，这段终于让自己看到曙光的感情太过珍贵，郁达夫左右为难了。1927年2月27日，他在日记中写道："想来想去，终觉得我这一回的爱情是不纯洁的。被映霞一逼，我的抛离妻子，抛离社会的心思，便动摇起来了……"

日本著名的作家谷崎精二的作品《恋火》中曾写到过一个中年男子，在经历了与结发妻子雾霭重重的无爱婚姻之后，梅开二度遇到了另一个女子，主人公在新欢旧爱之间既欢愉又痛苦的情绪在细腻的笔触间表达得淋漓生动。郁达夫在灯下细细读着这本书，竟觉得主人公与自身何其相似，那样的境况，让自己在矛盾情绪的交织下，忍不住泪湿双襟。

我时时刻刻忘不了映霞，也时时刻刻忘不了北京的儿女。一想到荃君的那种孤独怀远的悲哀，我就要流眼泪，但映霞的丰肥的体质和澄美的瞳神，又一步不离的在追迫我。

夜幕时分的时候，天色向晚，如同一席幕布，郁达夫乘着微暗的天色，坐电车回来，过天后宫桥的一刹那，想起从前自己经历的苦难，想起进退维谷的境况，想起《恋火》，他竟忍不住哭起来了，脑海中全是对命运的诅咒，对人生的怨念："啊啊，这可怖的命运，这不可解的人生，我只愿早一天死。"

如果与孙荃解除婚姻关系，那么就可以与王映霞光明磊落地在一起了，然而让郁达夫痛苦的是，一边是王映霞不明不暗的态度，一边是自己的妻子及其儿女的安置问题。结合六个春秋，如今一纸协议就要将孙荃与儿女抛弃，这未免太不公平了，自己的母亲深受孙荃照顾多年，是无论如何不会同意的。郁达夫为自己的选择深深自责，辗转反侧，寝食难安。

也许这就是人在爱情中的迷失，就像在迷途找不到出路的旅人，恐惧犹疑该不该踏出那一步。郁达夫在与妻子孙荃的婚姻问题上始终没有取得实质性的进展，此时王映霞却主动传来了消息。

那是一场春雨过后，新鲜的树枝悠然舒展，散发出浓浓的绿意。上海的春天渐渐有了复苏的意味，白天慢慢地变得清新明亮，也有了让人不想睡去的情绪。清晨的鱼肚白开始在天际渐渐满上来的时候，郁达夫在晨曦照亮窗棂的光芒间、从昏沉沉的睡梦中醒来，他就在不经意间看见，窗外开着一簇簇的白玉兰。

就在这时，创造社来了电话，说是遇到了一些问题，务必请郁达夫去解决一下。郁达夫来不及迟疑，急忙到出版社去办完了自己的事情，就匆匆去了孙百刚夫妇的住处，那里王映霞约定了这天上午与郁达夫的相会。

> 我真是中了她的毒箭了，离开了她，我的精神一刻也不安闲。她要我振作，要我有为，然而我的苦楚，她一点儿也不了解，我只想早一天和她结合。
>
> ……
>
> 好容易，等到十二点钟过后，她来了，就和她上江南大旅社去密谈了半天，我的将来的计划，对她的态度等，都和她说了。自午后二点多钟谈起，一直谈到五点多钟。

室内温暖得很，窗外面浮云四蔽，时而有淡淡的阳光，射进窗里来。我和她靠在安乐椅上，静静的说话，我以我的全人格保障她，我想为她寻一个学校，我更想她和我一道上欧洲去。

……

在电灯照着的空空的霞飞路上走了一回，胸中感到无限的舒畅。这胜利者的快感，成功的时候的愉悦，总算是我生平第一次的经验。在马路中也看见了些粉绿的卖妇，但我对她们的好奇心，探险心，完全没有了，啊，映霞！你真是我的Beatrice。我的丑恶耽溺的心思，完全被你净化了。

在街路上走了半点多钟，我觉得这一个幸福之感，一个人负不住了，觉得这一个重负，这样的负不了，很想找几个人说说话。

这是郁达夫在笔下所流露出来的最明媚、最安然的一页。这些年对于爱情，对于事业，对于理想的追寻，从来都是踽踽独行的郁达夫，很少感受到如此真实，如此圆满的幸福感。他梦寐以求的希望，终于来临的时候，怎么能不让他感到欢欣鼓舞。那天的晴空万里，风和日丽，街道上车水马龙，人头攒动，也是上海最美好的景象了。

就连郁达夫自己也不知道怎么了，对于王映霞的一举一动，自己竟有如此大的情绪波动，在她身边，郁达夫就觉得欢欣异常，一旦离开了她，就觉得沮丧万分，悲痛欲绝。又过了几日，那天午时之后，郁达夫想和王映霞出来同玩，痴坐了一两个钟头，也没有能等到王映霞，本来海阔天空的心情一瞬间乌云密布，失望，愤怨悲痛的心思，突如其来地压住了他，令人窒息的苦闷笼罩住他每一条神经。

夜晚降临的时候，郁达夫一个人在灯前坐着，香烟的迷雾袅袅升起，心事更是如翻涌的潮水难以平静。第二天，郁达夫就匆匆赶去梅白克路坤范女中去看王映霞，一夜未睡的他心事重重。他知道王映霞寄住在坤范的一位女同学那里，郁达夫寻人便打听细问，才找到了那个外观比小学还小的女子中学，门房通传后，郁达夫只看见一位清秀的女士走了出来。

这是王映霞的女同学陈锡贤，见郁达夫一脸愁容，她抱歉地说："映霞一大早就出去了，我也没有仔细问。"

　　郁达夫闻言，立刻显得有些失落，他匆匆告辞离开了坤范女中，街上的人群熙熙攘攘，有神色各异的行人，有匆匆驶过的车流，有人坦然，有人慌乱，有人笑靥如花，有人深思倦怠，简直是一幅人事百态的画卷。那些在岛国的日子，忽然在郁达夫脑海中闪现出来，宽阔的街道两旁是粉白的樱花树，随着微风轻盈地飘洒下来，迷迷蒙蒙的一场花雨，远远的阁楼歌声缥缈，像是海上传来的靡靡之音。这景致让郁达夫有一种身在异乡的错觉。

　　真心总是蒙蔽在情感的迷雾中的，而命定要走向一起的人，总能拨开迷雾望见明朗的曙光，郁达夫也不甚清楚自己能不能等到那一刻。

江边聚首更难忘

　　午后的街口幽静严谨，老宅错落安然。靠着一排排白色的围墙，院内可以看到清瘦疏落的竹子，隐隐透着灵淑之气。郁达夫顿感上海淡淡的书卷风雅，他拐进一家酒馆，靠窗自饮自斟起来。一幕幕在他的脑海里闪现，所有美好的憧憬和愿望都如同飘飞的柳絮，带着初春的朦胧甜香的气味在他的四周笼着一层莫名的哀愁。

　　郁达夫想着，一种"从此天涯孤旅又何妨"的思愁涌上心间，他回到旅店，写下了这样一封长信：

　　　映霞：
　　　这一封信，希望你保存着，可以作我们两人这一次交游的纪念。
　　　两月以来，我把什么都忘掉。为了你，我情愿把家庭、名誉、地位，甚而至于生命，也可以丢弃，我的爱你，总算是切而且挚了。我几次对你说，我从没有这样的爱过人，我的爱是无条件的，是可以牺牲一切的，是如猛光电火，非烧尽社会，烧尽自身不可的。内心既感到了这样热烈的爱，你试想想看外面可不可以和你同路人一样，长不相见的？因此我几次的要求你，要求你不要疑我的卑污，不要远避开我，不要于见我的时候要拉一个第三者在内。好容易你答应了我一次，前礼拜日，总算和你谈了半天。第二天一早起来，我又觉得非见你不可，所以又匆匆地跑上尚贤坊去，谁知事不凑巧，却遇到了孙夫人的骤病，和一位不相识的生客的到来，所以那一天我终于懊恼地走了。那一夜回家，仍旧是没有睡着，早晨起来，就接到了你的一封信，——在那一天早晨的前夜，我曾有一封信发出，约你今天到先施前面来会——你的信里依旧是说，我们两人在这一个期间内，还是少见面的好。你的苦衷，我未使不晓得。因为你还是一个无瑕的闺女，和男子来往交游，于名誉上有绝大的损失，并且我是一个已婚之人，尤其容易引起人家误会。所以你就用拒绝我见面的方法，来防止这一层。第二，你的年纪还轻，将来总是要结婚的，所以你所希望于我的，就是赶快把我的身子弄得清清爽爽，可以正式地和你举行婚礼。由这两层原因看来，可以知道你所最重视的是名誉，其次是结婚，又其次才是两人中间的爱情。不消说我这一次见到了你，是很热烈的爱你的。正因为我很热烈的爱你，所以一时一刻都不愿意离开你。又因为我很热烈的爱你，所以我可以丢生命，丢家庭，丢名誉，以及一切社会上的地位和金钱。所以由我来讲，现在我所最重视的，是热烈的爱，是盲目的爱，是可以牺牲一切，朝不待夕的爱。此外的一切，在爱的面前，都只是和尘沙一样的价值。真正的爱，是不容利害打算的念头存在于其间的，所以我觉得这一次我对你感到的，的确是很纯正，很热烈的爱情。这一种爱情的保持，是要日日见面，日日谈心，才可以使它成长，使它洁化，使它长存于天地之间。而你对我的要求，第一就是不要我跟你见面。我起初还以为这是你慎重将事的美德，心里很感服你，然而以我这几天自己的心境来一推想，觉得真正的感到热烈的爱情的时候，两人的不见面，是绝对的不可能的。若两个人既感到了爱情，而还可以长久不见面的说话，那么结婚和同居的那些事情，简直可以不要。尤其是可以使我得到实证的，就是我自家的经验。我和我女人的订婚，是完全由父母做主，在我三岁的时候定下的。后来我长大了，有了知识，觉得两人中间，终不能发生情爱来，所以几次想离婚，几次受到了家庭的责备，结果我的对抗方法，就只是长年的避居在日本，无论如何，总不愿意回国。后来因为祖母的病，我于暑假中回来了一次——那一年我已经有二十五岁多了——殊不知母亲祖母及女家的长者，硬的把我捉住，要我结婚。我逃得无可再逃，避得无可再避，就只好想了一个恶毒的法子出来刁难女家，就是不要行结婚礼，不要用花轿，不要用种种仪式。我以为对于头脑很旧的人，这一个法子是很有效力的。哪里知道女家竟承认了我，还是要结婚，到了七十二变变完的时候，我才走投无路，只能由他们摆布了，所以就糊里糊涂的结了婚。但我对于我的女人，终是没有热烈的爱情的，所以结婚之后每到如今将满六载，而我和他同住的时候，积起来还不上半年。因为我对我的女人，终是没有热烈的爱情的，所以长年的漂泊在外，很久很久不见面，我也觉得一点儿也没什么。从我这自己的经验推想起来，我今天才得到了一个确实的结论，就是你现在对我所感到的情爱，等于我对于我自己的女人所感到的情爱一样，由你看起来，和我长年不见，也是没有什么的。既然是如此，那么映霞，我真真对你不起了，因为我爱你的热度愈高，使你所受的困惑也越愈甚，而我现在爱你的热度，已将超过沸点，那么你现在所受的痛苦，也一定是达到了极点了。

爱情本来要两个人同等的感到，同样的表示，才能圆满的成立，才能有好好的结果，才能使双方感到一样的愉快，像现在我们这样的爱情，我觉得只是我一面的庸人自扰，并不是真正合乎爱情的原则的。所以这一次因为我起了这盲目的热情之后，我自己倒还是自作自受，吃吃苦是应该的，目下且将连累你也吃起苦来了。我若是有良心的人，我若不是一个利己者，那么第一我现在就要先解除你的痛苦。你的爱我，并不是真正的由你本心而发的，不过是我的热情的反响。我这里燃烧得愈烈，你那里也痛苦得愈深，因为你一边本不在爱我，一边又不得不聊尽你的对人的礼节，勉强的与我来酬酢。我觉得这样的过去，我的苦楚倒还有限，你的苦楚，未免太大了。今天想了一个下午，晚上又想了半夜，我才达到了这一个结论。由这一个结论再演想开来。我发现了几个原因。第一我们年龄相差太远，相互的情感是当然不能发生的。第二我自己的风采不扬——这是我平生最大的恨事——不能引起你内部的燃烧。第三我的羽翼不丰，没有千万的家财，没有盖世的声誉，所以不能使你五体投地的受我的催眠暗示。

说到了这里，我怕你要骂我，骂我在说俏皮话讥讽你，或者你至少也要说我在无理取闹，无理生气，气你不肯和我相见，但是映霞，我很诚恳的对你说，这一种浅薄的心思，我是丝毫没有的。我从前虽则因为你我不愿见面而曾经发过气，但到了现在——已经想前思后的想破了现在，我是丝毫也没有怨你的心思，就是现在我也还在爱你。正因为爱你的原因，所以我想解除你现在的痛苦——心不由主，不得不勉强酬应的苦痛。我非但衷心还在爱你，我并且也非常的在感激你。因为我这一次见了你，才经验到情爱的本质，才晓得很热烈的想爱人的时候的心境是如何的紧张的。我此后想遵守你所望于我的话，我此后想永远地将你留置在我的心灵上膜拜。我这一回只觉得对你不起，因为我一个人的热爱而致累及了你，累你也受了一个多月的苦。我对于自己所犯的这一点罪恶，认识得很清，所以今后我对于你的报答，你也仍旧是和从前一样，你要我怎样，我就可以怎样。

映霞，这一回我真觉得对你不起，我真累及了你了。

映霞，你这一回也算是受了一回骗，把我之致累你的事情，想得轻一点，想得开一点吧！

我还希望你不要因此而断绝了我们的友谊，不要因此而混骂一班具有爱人的资格的男人。

这一回的事情，完全是我不好，完全是我一个人自不量力的瞎闯的结果。我这一封信，可以证明你的洁白，证明你的高尚，你不过是一个被难者，一个被疯狗咬了的人。你对我本来并没有什么好恶之感，并没有什么男女的私情的。万一你要证明你的洁白，你的高尚，有将这一封信发表的必要发生的时候，我也没有什么反对的抗议。不过若没有这一种必要发生的时候，我还是希望你保存着，保存到我的死后再发表。

最后我还要重说一句，你所有望我的，规劝我的话，我以后一定要牢牢地记着。假使我将来若有一点成就的时候，那么我的这一点成就的荣耀，愿意全部归赠给你。

映霞，映霞，我写完了这一封信，眼泪就忍不住地往下掉了，我我……

这封信件，直到许多年后王映霞也时常拿出来翻看，字里行间的情深义重，总是容易把一个人的思想感情，拉回到初见的时候。那时秋寒微雨，我站在那个开满玉兰花的窗前，为一个人念念不忘的心境，以为可以天长地久的承诺总是格外的笃定，而人这一生，谁又能料想未来的走向，我们只是在恰好的时间真诚地吐露心意，字句锥心，连自己都被感动落泪，可是千帆过尽物是人非，当初的心意与现今的境况，已是大大的不同了。能够留下的只是对当初那份真心的感怀和不舍罢了。

此情深处与君同

那天晚上，月色仿佛笼罩着淡青色的罗纱，水流九曲，夜色朦胧，蒙蒙的迷雾之中也看不见远处安静的灯火，郁达夫就这样扶栏不语，那人的眉目就在脑海中自由地出入，像残月飞于无边的黑暗里，隐隐的流光照亮他内心的一座古城，城内蓬草丛生，无砖无骨，细听之中有脚步声传来山川河流的温厚之音，在她的背影出现的时候，有竹笛开始反复吹奏，日夜不歇。

又或许那不是山川之音，细听之下，只是自己的幻觉，郁达夫叹了口气。不料此时耳边突兀地响起门外的响动……郁达夫一惊，急忙应声，自己脸上还带着未干的泪痕和愁容，他自嘲道："此时还能有谁来找我呢，不管是谁，我都定是不理的。"

他尽力地稳定自己的情绪，缓缓开了门。

是王映霞！她就这样从杭州回到上海来了，她在深思熟虑之后，专门为了抚慰郁达夫的感情而有备而来的，所以，对郁达夫的感情发生了不可逆转的变化，甚至对于他的一次次感情进攻，也都默然接受了。

门外的她穿着水清色的旗袍，依然是眉清目秀的模样，一张脸缓缓漾起细碎的微笑，她轻声说："我想过了，达夫，从今以后，我只爱你一个人，至死不变。"

残月高悬，微微地透出晕后的醉态，在斑驳的树影下面，王映霞的脸庞散发着圣洁的光芒，她的眼睛亮晶晶的，如同一枚枚缤纷的、闪烁的星火，她深深地低下头，轻声细语道："昨天下午，我们约好见面，但我听锡贤说你上午就来找过我了，所以我就和她一块去出版社找你了，不想我们都扑了一个空。是我不好！"

王映霞见郁达夫定定地看着自己，只能不好意思地绯红了脸颊："我……只是有些疑心。"

郁达夫心下一动，连忙握住王映霞低垂的双手，说道："我自今天起，要把生活转换，庶几可以报答你的好意。我对你如此真诚，你若还不能信我，那是你多疑，你要把这一种疑心丢掉才好。"

王映霞轻轻地挽了挽长发，轻声笑道："这些天以来，我仔细想过了，我不是玩弄你的感情，只因为我们之间有太多的不同。"

王映霞本人是非常矜持且涵养的女性，尤其在同郁达夫交往的方面，更是谨慎得体，十分注意分寸的把握，郁达夫在与她相处的时日，时常感服她如此令人可望而不可即，但又让人十分舒心。她的家庭出身和丰富学识，使她具备了一个知识女性的主见和独立的个性，这正是她能够让郁达夫另眼相看的原因，她与许多世俗的女性都不相同。这样的王映霞，骨子里有着与众不同的桀骜不驯，一旦是她认定的事情，便会带着义无反顾的决心坚持下去，对待和郁达夫的感情更是如此，就像是热烈燃烧的火焰，你知道点燃它并不容易，同时也知道，点燃后的熊熊火焰，要熄灭它更是不易。

此时的王映霞已经确定了自己的心意，她的不露声色之下，翻涌着对郁达夫澎湃而又炽烈的感情："不是我多疑，因为你这样的作家，与我这样的女子来往，别人会怎样看待呢？而且很多人都在说，我的同乡孙先生就好几次提醒我，说是像你这样罗曼蒂克的文人，感情的流动性是很大的，这些让我怎么能不犹豫呢？"

郁达夫听王映霞这样说，马上辩白道："映霞，请你相信我，都说文人轻浮无情，可是又怎可以那样一概而论？而且像我这样为生活的窘迫四处奔走的人，又哪来文人的闲情逸致，竟可以去称作文人呢！我是一个矛盾的人，自信自己有时都难以捉摸，何况我的朋友呢？我不知道你怎么能够听信他们的话。我的这些往事，到处浸满痛苦的泪痕，所以平生总做玩世不恭样子，所以到现在，也许你仍对我存有怀疑，一位是在玩而不当正经。可是，映霞，要我怎么说，这些都是我不可改变的死症，其实，我的内心却是十分诚恳的，你如果要是真的那样疑我，真还不如让我死在你的面前。"

王映霞被深深触动，眼角也有泪点闪动，她说："我的婚姻在我父母那里得不到同意，在朋友那里又饱受非议，但我自己认为只要和你在一起，踏上了这一条路，总希望委曲求全，抱着百折不回的大力，在荆棘丛中，勇往直前地走去，我对你的爱，也请你不要怀疑。"

第一次听到王映霞这样坦率的剖白，郁达夫心里无比激动，他失声叫了一声："映霞！"情感的流火一时间点燃了他全部的热情，再也控制不住自己，将面前的女子揽进怀里。

王映霞安静地依偎着郁达夫，听着他在自己的眼前将自己的心意一寸一寸不惜疼痛地剖离给她看，感到从心底涌现出来的安然和满足。她知道，此生不必再千里地探寻那个人的消息，那个人的心意已经不会轻易在岁月中走失。两人的爱情在这一天，带着浓郁的春的气息，在泛绿的枝头萌发，在清澈的湖面荡漾，在玲珑的瓦檐轻响，漫山遍野都是彼此的身影。

那天的日记郁达夫写道：

> 窗内兴很浓，我和她抱着谈心……今天是她允许我Kiss的第一日。
> 她激励我，要我做一番事业。她劝我把逃往外国去的心思丢了。她更劝我去革命，我真感激她到了万分。答应她一定照她嘱

咐我的样子做去，和她亲了很长很长的嘴。今天的一天，总算把我们两人的灵魂融化在一处了。

夜间，郁达夫独坐窗前，看着如同铜镜一般高悬的明月，写下了这样的两首诗：

朝来风色暗高楼，偕隐名山誓白头，
好事只愁天妒我，为君先买五湖舟。

笼鹅家世旧门庭，鸦凤追随自惭形，
欲撰西泠才女传，苦无椽笔写兰亭。

王映霞的誓言，仿佛是空谷的一阵足音，平地的一声春雷，让郁达夫分不清这是梦境还是现实，对王映霞的种种埋怨也都烟消云散了，只剩下宁静的欢愉和爱意。两人从早晨九点谈起，一直到晚上，将彼此间的猜疑，对未来的计划都倾吐了出来……天上浮云缓慢游走，凉风微微拂动，树林间都是簌簌响动，吹上王映霞的衣襟，郁达夫伸出手环抱住她，眼前是上海的夜景，隐隐闪动的灯光没有一丝刻意，没有一点修饰，就是这玲珑有致的夜色。

王映霞张开手想把这点点星光捧在手中，指间疏漏点点闪亮的粉尘，映照在她清澈的眸色之中。郁达夫知道，怀中这个娇小可人的女子就是自己一生的挚爱了，他指着远处立在月色中的高大建筑给王映霞看，怀中的女子展开轻盈的笑颜，就像一个天真烂漫的孩子，带着对郁达夫由衷的崇拜，听着他诉说，听着他解答，心下感到前所未有的满足。

3月5日的午后，郁达夫又接到王映霞的来信，实在按捺不住对彼此的思念之情，就跑到坤范去看她。窗外是淋淋雨声，敲打着屋檐如同一首协奏曲，曲声悠然活泼，带着草木间都为之振奋的喜悦，那处盛开的白玉兰，也听着那阵时幻时真的雨声，悄悄地舒展自己的蓓蕾。

当郁达夫得到了王映霞的爱之后，他决心从今日开始戒烟戒酒，努力工作。他计划在两个月之内，把但丁的《新生》翻译出来，作为和王映霞结合的纪念，也作为自己一生的转机的目标。此外，自编的《达夫全集》第一卷也提上了日程，还有两本德国的小说，也在今年之内翻译出来。

晚上到法科大学去授课。学生们要郁达夫讲时事问题和德国文学史，他都一口答应了。过去，他之所以萎靡不振，苦闷颓废，大半是因为与王映霞失恋的缘故。现在有了同心爱之人圆满的爱情，他还有什么事做不了呢？

然而这样的幸福又伴随着淡淡的焦虑。王映霞时常会问及郁达夫的家庭、他的妻儿，她只是轻轻地说起，带着一丝丝的怨艾，轻柔得如同飘落的羽毛，她说："达夫，我无论如何是理解你的苦境的，我也并非蛮不讲理的女子。但是，我毕竟要为自己的感情争取一个相应的位置，也要为自己的将来索要一份承诺，这样的要求，算不算过分？"

谈及孙荃和孩子，郁达夫和王映霞一样痛苦。

"啊啊，可诅咒的我的家庭。"

"啊啊，我这不幸的人，连安乐的一天幸福也不敢和平地享受，你说天下还有比我更可怜的动物吗？"

千丝万缕的生活之中处处有她，剑雨烟花般的愁绪也是因她而起。当岁月的风铃不经意间被风声撩动，敲打着我们心间彼此的声响，夜夜相同的蝉声，每日枕着的睡梦，凌晨安然的书的扉页，也都因心里多了一个人而显得格外不同。我们每个人都在懵懂时被赋予一颗真挚和缠绵的心，这个心里只有一个世界，只有一片绚美天空，只有一条无尽的长廊，当出现那个人的半个身影，就再也容不下他人描绘。

> 横阴漠漠
> 似觉罗衣薄
> 正是海棠时候

纱窗外
东风恶

惜春春寂寞
寻花花冷落
不会这些情味
无不是
念离索。

珍重别捻一瓣香

郁达夫与王映霞

为谁栽此相思树

也许是应了那句诗词中坚贞不渝的相遇，"金风玉露一相逢，便胜却人间无数"，人间却有无数的颜色，无数的温度，无数的欢欣，然而这一切都不能让我忍心将对你的爱意弃之身后，它存在于你我的心中，就好像夜来天欲雪，你的出现便是冬季里那一味红炭，或是炭火上的温酒，我不忍心将这漫天的白色，来破坏你缓缓燃烧的完美。

在这样的爱里，郁达夫第一次深切地感受到，思念是如此销魂蚀骨的东西。

3月11日上午左右，杨掌华和王映霞一同来到创造社找郁达夫。因为最近孙百刚夫妇有些钱款周转不开，所以此次专程来向郁达夫借些钱。杨掌华拉着王映霞来，是希望郁达夫看在王映霞的面子上慷慨解囊。

郁达夫听闻她们俩的来意，没有丝毫的犹豫迟疑。立刻就拿出钱来给了掌华，拍了拍她的肩膀，轻声开解道："我很珍重与孙百刚之间多年的同窗情谊，能为你们做点事情是应该的。"

这倒不是在王映霞面前充阔气，而是为着前不久与王映霞之间的关系，影响到了自己与孙百刚夫妇之间的友情。尽管自己手头其实一点也不宽裕，但他还是愿意尽力而为。

天色阴沉沉的，似乎预示着一场大雨的来临，窗边郁郁葱葱的树都在空气里静默着，仿佛时间的一切都不在风中，连空气都纹丝不动。郁达夫和王映霞、杨掌华二人一同吃了午饭，看着天色阴郁，郁达夫拉住王映霞道：“你们若是此时走，怕是会在路上淋雨，不如同我一起回创造社，等雨后天晴再走也不迟啊。”

王映霞笑了笑，羞赧地看了杨掌华一眼，杨掌华登时心领神会，原来映霞是想多些和郁达夫相处的机会啊！两人觉得这样也好，便欣然答允，三人回到创造社，创造社里事物繁杂，早已经有好几个人在等郁达夫了。最近郁达夫工作的热情高涨，而工作似乎也越来越多了。

“你们先上楼去休息一会儿吧。我要处理一些急事，就不陪你们了。楼上我的亭子虽然小，不过里面有些书和杂志，你们可以随便看。”郁达夫指着楼梯对掌华和王映霞说。

王映霞挽着杨掌华的手就上楼去。

郁达夫的办公室在阁楼上，里面摆满了各式各样的书籍，杨掌华四处张望了一会儿，转身对王映霞说：“郁先生现在真是变了一个人呢！”

“他也应该忙一忙了，老这样下去，怎么行呢？”王映霞笑吟吟道。如今郁达夫这样勤奋有为，她知道是自己在他身上起了作用，让他能够为彼此的未来去努力去争取，这让王映霞内心生出阵阵喜悦和欢欣。

杨掌华打趣道：“看看，男人还真是不会收拾屋子，这里乱得一塌糊涂。”她说着在床边腾出一块地方，随手拿了一本新出的杂志翻看起来。王映霞在屋内环顾一番，看到到处都是堆积的书籍和信件，只是略带嗔怪地摇了摇头，就开始弯下腰，一本一本地为郁达夫整理起来。这样的事情，这样为郁达夫整理他的私人物品，让王映霞感觉两个人的关系渐渐密不可分起来，她觉得很新鲜，也有些莫名的兴奋。

桌上的书籍和杂志被分类整理好，一些已经拆封的信件也齐整地放在一旁，王映霞收拾停当，忽然瞥见桌角有一个厚厚的笔记本，王映霞随手打开这个笔记本，哪知道翻开一看才知道，这本厚厚的笔记原来是郁达夫的日记。

王映霞思前想后，还是没能抑制住自己心情，她轻轻翻动手中这本通向郁达夫内心世界的日记，这原本是没有人探究和涉足的城池，她也清楚自己在郁达夫心中的分量，一定不至于不能让她知道他平日里是怎么评价自己的吧？

然而看着看着，王映霞只觉得眼前一黑，那本日记也仿佛生了温度，烫的她差点拿持不住，让日记从手中跌落出去，她的一双眼眸慢慢从纸页间抽离，只觉得一颗心仿佛遁入海底，慢慢沉下去，海水渐渐没过她的头顶，光芒也渐渐消失在水面，她只感到一阵令人心痛的窒息，王映霞将那本笔记重重放在书桌上。

纸页在桌面上缓缓掀动，可以看见在光影中缓缓移动的细小尘埃。那本记录了郁达夫全部爱意的日记，但同时也记录了他所有的埋怨和痛苦：

"啊啊，回想起来，可恨的还是那一位王女士……"

"女人终究是下等动物，她们只晓得要金钱，要虚空的荣誉，我以后想和异性断绝交际了。"

"今晚打算再出去大醉一场，就从此断绝了烟，断绝了酒，断绝了如蛇蝎的妇人们。"

"我想女人的心思，何以会这样的狠，这样的毒……"

"……"

王映霞愤恨地想："他居然用这样刻毒的话骂我咒我，并且连带着把天下所有的女人都骂进去了！可是就是这个人，当着面时却那样的夸赞我，追求我，赌咒发誓愿意为我而死……我怎么可以相信这样一个人？"

王映霞想到认识郁达夫以来自己在亲人、朋友面前受到的种种非议、耻笑，却还是义无反顾地接受了他的爱，结果竟被他这样地误会和责骂，心里真是感到万分地心寒。王映霞竭力控制自己的情绪，不让眼泪流出来，她当即提笔写了一封信，信虽简短，却言辞锋利，痛责郁达夫的不真诚，没有良心，而且明确表示要与他断绝交往。写完之后，王映霞用空白的信封将这份绝交信装好，放在桌上，她缓缓站起身，稳定了一下情绪，对杨掌华说道："掌华姐，我们现在就回去吧。"

"可是外面在下雨呢。"杨掌华有点莫名其妙地问道，"怎么突然要走呢？"

"我们出去叫一部车，不会淋到雨的。"

"好吧。"掌华见王映霞脸色十分难看，也不曾多问，只好起身陪着她一同离开，下楼时正遇上郁达夫迎面过来。

"怎么了，这就要走了么？"郁达夫疑惑地问道。

杨掌华正要答话，就被王映霞硬生生拉住了，她压抑着愤怒地看了郁达夫一眼，便一言不发地离开了创造社。

直到郁达夫来到楼上，拿起那封绝交信，这才醒悟过来，原来是自己的日记惹恼了王映霞，郁达夫感到万分委屈。日记里的话是他写给自己的，从来没有想过公开，无论当时的情绪如何，所思所想也就写在了日记中。当自己面对王映霞的冷漠、疏离时，感到的恐惧、悲伤和憎恨，言无不尽地表露在字里行间时，她就以为自己没有真心、没有良心，而那些对她的赞美、迷恋和深切的爱意，她却没有看到，她怎么能不看这些，而单单只看到自己对她的埋怨和责备呢？

郁达夫只有提笔写了一封信，来解释这一切：

……我真莫名其妙，我们两人到了这一个地步，难道还能抛离得开吗？我的日记是决不愿意生前发表的。日记上有几处是在骂你怨你，那是的确的，我当时是因为（一）我对你这样热诚，你却对我毫无表示，（二）你既说愿意和我交往，而又不愿意和我时常见面，（三）我是一个既婚的人，我要离婚，谈非容易，而你竟不谅我的苦衷，时时以不可能的事情来和我说，因而借口于此，想和我生疏，所以我一个人在无事的时候，前后想将起来，就不得不怨你骂你了，尤其是那一天我约你到先施来，你非但不来，连回信也不给一封，所以晚上我对你真气得了不得，想写一封信给你，和你绝交。我之所以要写这一封信，所以要和你绝交者，正因为我爱你之切，不忍一刻不见你，不忍一刻要抛离你的原因，你竟以为我有别意，而出此疑惧之举，我真不懂你的心思。我的日记，是丝毫不假的把我的心事写在那里的，你若有功夫，仔细一看，就可以看出我待你的真意如何。你看我的日记，要从头至尾看了才可以说话，断不可看了一节两节（这时候，我心里怨你，也许去找另外的女人的，但这并不是我的真心。），我在骂你怨你的时候的气话，就断定我待你的心思。并且我平常写东西，是不打算发表的，尤其是我这一两年来的日记。映霞，我和你的关系，是已经进了无可再进的地步了，你以为还可以淡淡的分开来么？我的一死本来也不足惜，我不过怨自己的命运太差，千年逢闰月，却又遭着了像你这样的一个多心的女子。我觉得你对我太没有信用了，你这没有信用对我，就是你对我的爱情还不十分热烈的表白，映霞，你竟能够这样的狠心，把这一回的事情，当作一场噩梦，想丢了我而远去吗？我想你是不至于的，你竟能够毫不动心地看一个男子死在你的面前么？我想你是决不能够的。映霞，我此刻对你的心思，若有半点不诚，请你把我写给你的信全部公开出来，使社会上的人大家来攻击我，可是映霞，我爱你到了如此，而你对我，仍旧是和平常一般的男子一样，这叫我如何能够安心下去呢？

你所嘱咐我的事情，我事事都遵守着。我万不会把你我的事情，于不完全解决之先，公表出去。我对你也没有什么卑鄙的奢望。你若错解了我的意思，那我就不能不向天叫屈了。我那一封和你绝交的信，系在气愤的时候写的，你看了当不至于怨我罢，因为我爱你太深，所以我不见你的时候，气愤亦自然猛烈，因而有那一封信的写出。现在事情已经过去了好久，而你又要拿了那封信来生是非，映霞，我看你是还在疑我。

我现在是怎么也不能再说了，觉得要说的话都对你说了。再说些好听的话来骗你，是我所万不能做到的事情。

　　我的日记上也记着些关于我的女人和旁的女人的话。可是映霞，你总不会因此而疑我吧！你若还不能信任我，请你再来一趟，我把我的日记从头至尾地让你看，使你的疑心能够解去。否则我们两人中间的爱情，竟因这一点小事而发生风波，未免太不浓厚，太容易摧折了。映霞，我这几天来精神也不好，你不要再来这样的苦我，我实在再不能尝这一种阻难的苦味了，映霞，我只希望和你两人能有早见面的机会，得早一日把你这一种无缘无故的疑心病除掉。

碧波清酒漾双鸥

再坚固的爱情也经不起猜疑和消耗，当郁达夫在追逐王映霞的道路中迷失了方向，日记就成了他唯一可以寻回的道路。他的懦弱，他的愤怒，他隐秘不为人知的情感都藏匿在那本日记中，可是一直以来，唯有王映霞，让他能够在寒冷的时候，找到升腾的暖意。

外面还是寒雨泠泠的天气，街道上可以看到没有星光的客店，听着敲打着窗沿的冷雨，郁达夫辗转难眠，他放下笔，将手中的第二封信件细细读了一遍，就赶紧出去把信邮寄了。

信中这样写道：

映霞：

今天晚上大约又要累我一夜的不睡了，你何以会这样的多心，这样的疑我？你拿一把刀来把我杀了倒容易些，我实在再也受不起这种苦了。

晚饭之前，冒雨去发了那一封信，现在吃完晚饭，坐在灯下吸烟，想起你那封奇怪的信来，我心里真是难过。……映霞，我的日记，你要从头至尾看了才对，你只看了一页两页，就断定我没有真心，那你太冒失了。

映霞，本想冒雨来看你，向你解释的，但又怕你骂我，骂我不听你的话，所以终于不敢来，可是我的心里啊，真正难受得很！

我们中间，若有缘分，我只希望早些成功，再这样的过去，我怕不能支持了。映霞，你今天究竟为了什么？究竟因为你看见了些什么，要这样的动气？我真莫名其妙，你真不了解我。做人做到这样，我真觉得没趣，映霞，你愿意和我死吗？让我们一块儿死了，倒落得干净，免得再这样的来受煎熬。大约我想你恨我的有两种原因，一，因为日记上记有一段我没有抛离妻子的决心。二，因为我恨你的时候，说了你许多坏话。或者因为我恨你的时候，去找了一位名之音的朋友。她和我丝毫没有关系，不过在无聊的时候，去找她谈谈话罢了。至于我的决心，现在一时实在是下不了，一时实在是行不出去，因为她将要做产了。可是将来我一定可以做到，并且在未做到之先，你也尽可以不睬我，你又何必这样的生气呢？这也值得这样的生气么？映霞，我对你真没有法子，可以使你相信，但我想根本还是因为你还不十分爱我的缘故。你若爱我，那我的做错的事情，或者少有一点不对的事情，就不会使你说出这样的话来了。

映霞，我在等你的回信。

达夫

3月11日晚上

雨还在窗外敲打着瓦檐，郁达夫再次跑出去寄信，浑身都被雨水淋湿了，他茫然地站在街口，看着来来往往雨幕中的车流行人，突然有种想冲进雨里洗刷掉一切的冲动。视线模糊不清的时候，总是能够回忆起清晰的过往，斑驳的天色里摇曳着一丛丛的游云，他只觉得脸上湿湿的，那寒意顺着衣襟直渗进心里。郁达夫突然有种想和王映霞当面解释的冲动。信件里的话虽然已经把自己要说的都表明清楚了，但他害怕王映霞误解了自己的意思，万一她一怒之下压根不看自己的信呢？郁达夫想："无论如何，就算当面被她骂，也要把道理说清楚。"他擦干净脸上的雨水，拦了一辆车匆匆赶往坤范女中。

远远来到坤范女中的宿舍楼下，郁达夫看见王映霞房间里的灯还亮着，他喜出望外，想来这次可以见到她了，于是急忙踱步上楼去敲门。

开门的不是王映霞，而是与王映霞同住的陈锡贤，一见郁达夫浑身湿透，长衫毫无规矩地褶皱着，脸上也全都是湿淋淋的雨水，这般狼狈不堪的模样让陈锡贤禁不住一愣，支支吾吾道："郁先生，你这是？"

"王映霞女士在不在？"

"她一早出去了，还没有回来呀。"陈锡贤回答道。

"那你知不知道她去哪了呢？"郁达夫又赶紧问。

陈锡贤抱歉地摇了摇头，郁达夫沮丧地垂下了手，语带悲声地说："能否请你转告映霞，我曾来找过她。"语罢，他也不想多做停留，便转身告辞了。陈锡贤看着郁达夫那瘦削的身影消失在淅淅沥沥的滂沱大雨之中，有种说不出的气闷和落寞。

……映霞，我今天吃的苦，总也算不少了。你以后如何对待我，我不知道，但你若要是使我吃这样的苦，我觉得还是死了倒好过些。

映霞，我恨极了孙某，以后不想再和他见面了……你若还有一点爱我的心，请你以后也不要去孙氏那里，以后请你绝对不要再上尚贤坊去。

映霞，我不晓得你今天何以会发这样大的脾气。我们的事情，像这样下去，我想终究是不能解决的，我第一要疑到你的爱。你若真在爱我，你就不该这样的苦我。

总而言之，今天的事情，统是由孙某弄出来的。我恨死了
她，我不愿意再说旁的话了。

想念真的是一种游离的状态，一种绝望的幸福。郁达夫在雨中踽踽独
行，用身体制造的疼痛，远远比不上内心的不甘与落寞。他将这一切都归
咎于孙百刚夫妇，若不是他们，或许就不会生出这次的变故。
郁达夫一回到寓所，就立刻再次提笔写了信：

映霞：
我今天的一天，完全为你那封信所搅乱，连自己都不明白自
己在这儿干什么？那封信是你回到坤范之后写给我的，说死说
活，又说只能和我长做朋友。映霞，你仔细想想看，到了现在，
你还能说这一种话么？我究竟有什么地方待你不好，你不妨直
说，就是你要去死，我也赞成，我愿意和你一道去死。旁人中伤
我的话，你何以会这样的相信？你难道只知道有旁人，不知道有
我么？那么你又何以要为了我而生这样的气？
…………

……我自家想想，待你毫没有错处，并且对你的心思，始终
没有变过，你何以会这样的发脾气呢？映霞，你究竟是为了什
么？我想拿几页日记，就是烧毁了也没有什么，你总不是单为了
这几页日记而发这样大的脾气的吧？至于旁人的话，你若在爱
我，决不至于使你能够如此的发气。
映霞，这一种苦，我真受不了，请你不要这样，你有什么
话，尽可以对我直说。假如你不能爱我，也可以直直爽爽的说，
我也决不至于要硬拖你下水的。我只需吃我的苦，你的这一种烦
闷，却可以免去的。我知道你明天一定还有信来，但我今晚的一
晚，可真受不了。昨天晚上，已经有一晚不睡了，今天再一晚不
睡，我怕我的身体，就要发生异状来。明天若是天气好，我打算

一早就到坤范来看你，也许在这一封信未到之先。孙家我是决意不去了，我也不愿意你去。

搁下笔，郁达夫觉得这封信必须要快点送到王映霞手中，让她看到自己的心意，明白自己的苦衷："我已经在日记中表明了自己抛离妻儿的决心，只是心中踌躇，一直没有付出行动罢了，可是即使现在，我也依然不能给我那个妻子一个好的回答啊，她为了我生儿育女，含辛茹苦这么多年，每每想起她，都令我辗转反侧，难以成眠，这可如何能够狠下心来呢？如果映霞真的不理解我，我该怎么办呢……"

郁达夫站在邮筒旁，平信实在太慢，然而邮局又关门了，郁达夫索性攥紧了手中的信，再次往坤范方向走去。

远远看见王映霞房间的灯火，郁达夫在心中默默祈祷此时的她正在窗前伏案写作，他幻想那张脸庞此时正安静地笼罩在昏晕的灯光之中，好像一幅油画一般恬静。于是郁达夫鼓起勇气抬手敲了敲门，此时开门的竟是王映霞。

王映霞淡淡看了郁达夫一眼，一副拒人于千里之外的样子，郁达夫不敢多说，把信递到她中后，轻声嘱咐她一定要看，信件轻轻地被塞进王映霞手中，郁达夫的言辞恳切真诚，还带着一丝丝无奈的恳求，他知道此时说什么都会激起面前这个女子的反感，只能叹了口气道："你看过信，如果还愿意相信我，或者愿意听我进一步解释的话，明天来创造社找我好吗？我明天一天都会在那里等你。"

王映霞沉默良久，终于抬起双眼看着郁达夫，眼神中是无尽的哀怨与离愁，一双妩媚的双眉此时也是颦蹙着，平日里温婉秀气的她，此时被一种淡淡的哀怨的气息笼罩着。她的声音在夜色之中缥缈不定，在郁达夫听来像是蓬莱仙境的歌谣，他太想念这个声音了，一直到离开，那声轻轻的"好……"依然萦绕在他的耳边。

得到了王映霞的首肯，郁达夫就如同遇赦的死刑囚一般欢欣雀跃，脚步也不由得轻快了许多。这时候，天上的疾风骤雨，在他看来都可以统统不管了，只希望黎明的曙光快一点到来。回到家中，他忍不住拿起笔向王映霞倾诉自己的内心：

今天的一天，总算把你的误解，消除了一部分，但我怕你离开我之后，又要想起心事来，又要疑我的人格，疑我的心地，所以总想把你多留一刻，多对你说几句话。两天来没有睡觉，今天又走了一天，身体疲倦得很。到了出版部里，就想往床上躺下，可是你的信还没有写，仿佛心里还有什么牵挂的样子。现在草草写了这封信，希望你能够将我今天对你讲的话，牢牢记住。并且请你用全副精神的爱我谅我，勿使旁人的离间，得有虚隙可乘。你应当多看一点书，少想一点心事，身体第一要保重，我以后也要保养身体了。万一下星期有好天气，我愿意和你们一道上吴淞去看海。

第二天，王映霞和陈锡贤一同来到创造社，当着旁人的面，郁达夫将自己日记中的误会做了说明和解释，他的态度诚恳，让王映霞也觉得，自己对于郁达夫的真心，似乎有点小题大做了，也有了渐渐打算原谅他的意思。见两个人的气氛稍稍缓和了些，陈锡贤轻松地打着圆场，也明白他们之间有很多话是要讲给彼此听的，就借故告辞了。

夜色中还是飘洒这蒙蒙的雨丝，郁达夫无论如何也要送王映霞回坤范女中去，在弄堂口的灯光下，两人依依不舍地分别，郁达夫看着王映霞转身离开，刚想叫住她，便见她自灯光下缓缓回身，眉目间都是流转的情意，王映霞咬了咬唇，有些不好意思却还是轻声细语地嘱咐道："你——要早些睡呀。"

回到房间，郁达夫还沉浸在王映霞的宽宥带来的感动之中，这样历经波折、坎坷不平的爱情，大概是不再会动摇了。

执手携君入湖山

窗外刮着凛冽的夜风，可以听见树枝间气息的呜咽，除了风声再没有其他声音了。时间在一点一滴中悄无声息地溜走，郁达夫坐在昏黄的灯光之中，连日来的工作让他心力交瘁，他搁下笔，望着窗外，沉沉地想："一年之后，我这样的工作必定会有效果，创造社若能够弄好，我若有几万块钱在手头，那我与映霞的事情是一定很容易解决的。只希望以后她不要再伤心，再疑心我，还是好好儿的帮我工作吧。"

第二天清晨，晨雾未散，天边的朝霞在晴天里显得格外的铺张华丽。郁达夫又接到王映霞的来信，王映霞在信中说："……事情到了今天，我也清楚地向你说出我的情感也无妨，我所在意的，是你现有的婚姻，因为你的原配孙荃的存在，就无法使我和你真正的结合，而没有这种承诺和保证，也就没有办法保证我的未来。正是因为你并不如我想象的那么积极地解除你的婚姻，所以我要疑心你的诚意。……周围一些人也对我说，你并不想破坏自己的家庭而迎娶我，对我，可能只是一时的冲动，而非长久的爱情。"

郁达夫看了王映霞的来信，内心也久久没有办法平复。王映霞这种若即若离、喜怒反复的性情就是令他惴惴不安的源泉，他于是又提笔写了一封回信：

> ……我今天早晨又接到了你的来信，才知道你忧闷的原因。我想对你说的话，也已经说尽了，别的话可以不说，你但须以后看我的为人好了。那事情若不解决，我于三年之后，一定死给你看，我在那事情不解决之前，对你总没有比现在更卑劣的要求。你说怎么样？
>
> 旁人中伤我的话，是幸灾乐祸的人类恶劣性的表现。大约这个对你讲那些话的人，在不久之前，也对我讲过。她说离婚可以不必，这样的话，我的牺牲太大的了，她又说，你是不值得我这样热爱，这样牺牲的人。映霞，这些话并非是我所捏造出来，是她和她的男人对我讲的。另外更有那些同住的男人，对我说的话更是厉害，说出来怕要是使你生气，但我对她及他们的话，始终还没有理过。映霞，我的现在，你要我证明永久不变的话，我想没有别的法子，只能和你一道死。因为我说的话，你始终总以为是空话，始终总以为是捉摸不定，马上可以变更的。
>
> …………
>
> 总之，你对我所说的话，都存在我的肺腑里，以后的一行一动，我都愿意照你所乐意的方向做去。若旁人硬要来中伤我，我另无别法，就只有一死以证我对你的情热。我想你若真在爱我，那旁人的中伤是毫不足虑的，而我现在也相信你，决不至于因旁人而就抛弃了我……

郁达夫对于孙百刚夫妇失望之极，再也不愿王映霞与他们多来往，而陈锡贤的善解人意让郁达夫觉得更适合同王映霞交往。当下他就决定请陈锡贤来创造社出版部做事，这样王映霞就可以一起搬来同住了。当天下午，郁达夫约来了蒋光慈，同王映霞和陈锡贤四人一起吃晚饭，接着又一道坐汽车到卡德路夏令配影戏院看一场新出的电影，郁达夫见蒋光慈和陈锡贤在一起轻声密语地交谈，便在黑暗之中轻轻握了王映霞的手，低声道："若陈女士有功课不能出来，你可否说一个谎，到外面来住一晚？因为明天晚上，我在法科大学仍旧有功课的，若教得迟的时候，就可以上永安或先施去宿，不再回中国界内来了。你若能信任我的话，就请你那么办，否则我也不来勉强你，由你自己决定好了。"

大东是一个处处流露着英国新古典主义形式的旅馆，成排的拱形窗户流光溢彩，在阳光下闪动着耀眼的光泽。阳光淡淡洒着的街道上，郁达夫和王映霞坐车向永安的大东旅馆去了。

那一天，他们就在沙发上躺着，渐晚的日光由这窗沿和密集的雕花窗漏间穿洒进来，那个晚上，郁达夫感觉就好像是在异地他乡度过了一个漫长无边的梦境，一切都还像在梦境之中，无尽地延续下去，王映霞那雪白的瓷样的脸庞，在灯光的照耀下显得格外白净精致。

他们在沙发上谈论了些今后的命运和努力，哭泣复尔欢笑，仍复是连续不断地变迁消长。一直到泪水渐渐流尽，郁达夫和王映霞只能孤立无援轻声默叹，被眼下的处境折磨得无可奈何，出于对彼此的尊重，郁达夫丝毫没有冒犯，直到天明，两个人才就那样昏昏睡去。

第二天早晨，不到十点钟的时候，一夜的畅谈让两人的精神都很衰落，王映霞懒懒地起身，看着郁达夫眼底的黑眼圈笑道："你看起来很倦怠呢。"

郁达夫抬手揉了揉自己的额头，看着王映霞纯洁动人的面庞，郁达夫忍不住搂住她说道："映霞，此时此刻，我与你真的已经结合了。我只真的这样想。假如你身上有一点病痛，我也一定能够感同身受。所以这些天来你的愁闷，也同样让我寝食难安。这几天，你的愁闷除掉了，我也才觉得舒服一些，所以事情也办得很多，饭也比平时多吃了。映霞，以我自己的经验推想起来，大约你总也是和我一样的。所以我以后希望你能够时常和我见面，时常和我在一块，那么我们两人的感情，必定会一天深似一天！"

时光无声，转眼就到了阴历的二月末了，空气里还微微透着寒意，抬头可以看见稀薄的日光，在树影之间影影绰绰地闪动，路边的瓦檐上呼哨飞过几只云雀，似乎也在追寻若即若离的暖春。

郁达夫站在街头，手中紧紧捏着一封信，那是北京的妻子送来的快信，孙荃现在的处境十分艰辛，她孤身一人在家中照料母亲，又怀着自己的孩子，可怜孙荃还不知道自己即将成为被弃之妇的命运，种种这些让郁达夫自责不已。想要马上到银行给她电汇一二百块钱去，可是街上十分混乱，四面都是租界的外国兵，将他的去路死死堵住，他看着街头慌乱的人群，禁不止痛苦地自责道："荃君啊荃君，这又是我的大罪！……请你怨我，请你饶恕我吧！"

郁达夫几经自怨自艾，终觉内心烦闷难安，见到王映霞之后更是心事重重。王映霞见郁达夫始终心不在焉的样子，于是关切地问道："你怎么了，出了什么事呢？"

郁达夫看着王映霞真挚的面庞，实在狠不下心肠来隐瞒她，于是便把自己家中寄来信件，荃君在心中诉怨诉恨的境况全都讲了出来。他哽咽道，"我的北京的女人，要她不加你我的干涉，承认我们的结婚，是一定可以办得到的。所怕就是你母亲要我正式的离婚，那就事实上有点麻烦，要多费一番手续。"

王映霞沉吟片刻，还是松了眉头，语气缓和了下来："你不该如此不负责任的……也许不像你想的那么简单……"说着王映霞拿出一封信，道："我母亲来信，责怪我太过大意了……"

"映霞！"郁达夫见王映霞忧郁闪躲的眼神，急忙把她的手紧紧地握在胸前，用恳求的语气对她说道，"映霞，我们的精神在已经是结合了的，我只希望不要困囿于形式，我们能否早一日同居，好让我早一日安定。"

王映霞忧愁地低开双眼，看着窗外不明朗的天气，沉沉道："我的母亲……她要是不同意呢？你打算怎么办？"

"我想你母亲若是真正爱你，总不至于这样的顽固！只要你的心坚，我的意决，我们两人的事情，决不会不成功。我也一定想于今年内，把这件大事解决。"

王映霞动情地看着郁达夫，突然绽开一个倾城的笑颜来，她把手轻轻抚在郁达夫的掌上，轻声笑道："我决意回杭州一趟，只要你真心待我，我母亲那里由我去说好了。"

郁达夫在异常的困倦之中听到王映霞的这番言语，顿时觉得自己心中熨帖了不少，他感动地揽住眼前这个温顺如水的女子。王映霞则在心中默默思量着，两天后回到杭州，到底要怎样同家里人交代呢，外祖父是个惜才爱才之人，郁达夫的才情一定能得他赏识，如果外祖父同意，母亲想必也没有什么意见了吧……想着，她嘴角渐渐浮起欣慰的笑容，仿佛有情人终成眷属的愿景就要实现了。

郁达夫此时正在动手翻译一本书，自己的《达夫全集》也在交给印刷所印刷中，即将收入一笔可观的稿费，这样一来和王映霞组织家庭的经费就不用发愁了。郁达夫一边拥着王映霞，一边想着北京的妻儿——他那还呻吟在产褥上的妻子，她的艰辛，她的痛苦，都让郁达夫感到无能为力又牵肠挂肚。

马路上都是来来往往的车辆，忽闪而过的流失的时光如同擦肩而过的陌生人，不能找到回首的踪迹，郁达夫正在出神地想着妻子与王映霞之间的抉择时，忽然听见有人喊了一声："三弟！"

郁达夫疑惑地回过神，看见马路对面，站着自己的二哥郁养吾，正不停地和自己挥着手。

"二哥！你怎么来了！"郁达夫见二哥一直看着自己，有些不好意思地收回了放在王映霞腰际的手，郁养吾见状，仔细打量了一下王映霞，眼前的女子年轻美貌，也颇有气质，王映霞微微一笑，便借故同郁达夫道别，转身离开了。

见王映霞走远了，郁养吾拍了拍郁达夫，说道："三弟，去我住的地方坐一会儿吧，有些事，想跟你说说。"

上海的街头，只见这两个颀长的身影渐渐远去。从鳞次栉比的屋顶边望过去，天空好像是一片温柔的绒毯，家家户户都有明亮的玻璃窗，窗窗都要热闹鲜艳的海棠花。

闻琴解佩神仙侣

郁养吾毕竟是郁达夫的二哥，在街头的那一幕已经让他心下分明，猜出了七八分，他把外套轻轻搭在椅子上，装作不经意地问了一句："二弟啊，刚刚那个女子是谁？"

"她叫王映霞，是杭州王二南先生的孙女……我们现在，是恋人的关系。"郁达夫笑了一笑，没有丝毫的隐瞒。他之所以如此言无不尽，也是为了使自己的兄长早有准备，以好得到家里人的谅解和接受，不管家人的态度是如何，对于王映霞，他已经下定决心不离不弃了。

"那么，三弟媳那里，你打算怎么办呢？"郁养吾见郁达夫支支吾吾说不上来，只好叹了一口气道，"你也知道，三弟媳现在正在坐月子，你现在告诉她，未免太过于心狠了……我知道你对于这一段婚姻一直是不满意的，但是无论如何不能对不起人啊，你好自为之吧。"

郁养吾再次离开上海去到北京的时候，带去了郁达夫捎给孙荃的三五十元钱。关于他和王映霞的事情，不久就能得到家里人的态度了。

已经决意离开孙荃的郁达夫，在4月3日清晨，驱车赶往王映霞寄住的坤范女中，今天是她回到杭州去的日子，郁达夫打算去火车站送行。

人群拥挤起来，郁达夫很快被乱涌的人潮挤得站不住脚，他看着王映霞和陈锡贤跌跌撞撞地进了车厢，竭力举起手来挥了挥，再三叮嘱道："路上要多小心啊！"

王映霞十分不舍得离开上海，离开郁达夫，但回杭州这件事，她已经打算很久了。一方面是杭州的局势始终不明朗，自己家里人的状况让王映霞十分挂心，最重要的是，她希望亲自回家说明自己和郁达夫交往的情况，以取得他们的同意。王映霞这样一个新式独立的女子，在对待爱情和婚姻这样的问题上，还是有自己的想法和原则的。

王映霞的额发在晨风中有些凌乱，双眼也是红红的，她从口袋里拿出一封信，递给郁达夫，说道："这个，你回去一定要看。"

火车在这时候缓缓启动，身边的人群又是一阵骚动，许许多多的哭声、道别声好像来自尘世间的喧杂，远得缥缈不定，郁达夫看着王映霞渐渐远去的身影，感觉好像有什么东西从身体里被慢慢地抽离。他转身挤出人群，拦了一辆洋车，闷闷地回到了创造社，眼中一时是难以控制的泪水涌了出来。

映霞：

现在大约你总已经到了杭州了吧？你的外祖父，母亲，弟弟，妹妹都好么？你或者现在在吃晚饭，但我一个人，却只坐在电灯的前头呆想，想你在家庭里团圆的乐趣。

今天早晨，我本想等火车开后再回来的，但因为怕看见了那载人离别的机关，堂堂地将你搬载了去，怕看见这机器将你从我的身边分开，送上每天不能相见的远地去时，心里就更不快乐，更要悲哀，所以就硬了心肠，一挥手就和你别了。我在洋车上，把你的信拆开来看，看完的时候，几乎放声哭了起来，就马上叫车夫拉我回去，回到南火车站去，再和你握一握手。可是走到了蓬莱路口，又遇到了一群军队的通过，把交通都断绝了，所以只好闷闷地回来。回到了闸北，约略睡了一会，就有许多事务要办，又只好勉强起来应付着，一直的忙到了现在。现在大家在吃晚饭，我因为中午吃得太饱，不想下去吃饭，所以马上就坐下来写这封信。

映霞，你叮嘱我的话，我句句都遵守着，我以后要节戒烟酒，要发奋做我的事业了，这一层请你放心。

今天天气实在好得很，但稍觉凉了一点，所以我在流清鼻涕，人家都以为我在暗泣。映霞，我若果真在这里暗泣，那么你总也应该知道，这眼泪是为谁而流的。

映霞，我相信你，我敬佩你，我更感激你到了万分，以后只教你能够时时写信给你，那我在寂寞之中，还可以自慰。我只盼望我们的自由的日子到来，到那时候，我们俩可以永远地不至于离开。……映霞，这一回的小别，你大约总猜不到要使我感到多苦楚。但你的这一次的返里，却是不得已的，并且我们的来日，亦正长得很，映霞，我希望你能够利用这个机会，说得你母亲心服，好使我们俩的事情，得早一日成功。

……

总之，映霞，我以后要努力了，要好好儿的做人了，我想把我的事业，重新再来做过一番，庶几可以不使你失望，不使人家会笑你爱错了人。

我以后不跑出去了，绝对不跑出去了，就像拼命地著书，拼命地珍摄身体，非但是为了我自己，并且是为了你。

……

人常说，不曾歇息的情涛，总难免落得一身萧索，过往的记忆不是不在，而是故地重游，如见故人，令人如坠回忆深渊。尚贤坊，电影院，东亚旅馆……每一个熟悉的地方，都能够充分听到回忆过往的声音，只是现在，物是人非事事休。和暖的阳光在长空里渺渺可见，郁达夫忍不住心驰神往，想抛去这社会上的一切繁累，净着长衫，一支笔，一丛书，到西湖边上小住，把这城市当成无边的旷野，只需要一人陪伴，就能施施然度过这菲薄的流年。

然而外面局势动荡，军队调动频繁，郁达夫心中又生出许多生不逢时的感慨。

果然，4月12日，上海就发生了大规模的事变。

东天未明，郁达夫就听见窗外枪声四起。起来洗面更衣，寒冷丝丝透骨。郁达夫披上外套就去房间，街上乱成一团，来来往往的都是惊慌失措的行人，他向驻在近旁的兵队问询，这才知道总工会纠察队总部，在和军部内来缴械的军人开火。路上无辜行人，受伤者不计其数，死者一二人，郁达夫想冒险突出封锁，上南站去坐车，却被中途戒备森严的士兵拦了下来。

一心记挂这外面的时局，郁达夫午后冒着流弹的危险出去访友。谈及蒋政府方面的高压政策，大家均是敢怒不敢言。郁达夫似乎产生了这样的一种感觉，蒋介石发动的"四·一二"反革命政变，是又一次地将中华民族推向了灾难的深渊，打破囚牢的革命壮举瞬间便化为一场噩梦，而令人毛骨悚然的白色恐怖则使郁达夫力竭。

天黑时，到处都还是零星的硝烟，郁达夫接到了王映霞从杭州发来的电报，问他的情况怎么样，可还安然无恙。郁达夫接到电报十分感怀，这样的关切询问对他来说无疑是精神上最丰盛的给养，他在心中默默对王映霞说："自古好事多磨，这样一个动荡的时局就是对我们真情的考验……映霞，我是一定要去杭州见你，无论如何，我都要争取到坐船去杭州见你。"

第二天早晨，浓雾还未散去，郁达夫冒雨回到了闸北，前一天战火的痕迹还未被雨水冲刷，四处都还可以看得见，仿佛怒目而视的佛眼，从墙头，从街角流于青天，无声地斥责这个狰狞的纷乱的社会。郁达夫也曾在日记中感慨道：

　　　　连日的快晴，弄得我反而悲怀难遣，因为我有我一己之哀思，同时更不得不加上普世界的愁闷。时局弄成这样，中华民族，大约已无出头之日。

　　此时此刻的郁达夫，只想赶快到杭州去找王映霞，他来到外面，街道上人人关门闭户，唯恐惹祸上身，郁达夫在战后的一片狼藉中穿过街道，一直回到家里，将行李打点妥当，就急忙打车上天后宫桥招商局内河轮船码头去搭船赴杭州。

　　想来那夜的海上，也是一样的波涛暗涌，在白昼与黑夜的交替轮换之中，幽幽吐露的心声又有多少人能够听懂，在你我的心中，又有多少往事值得赔付一生去铭记。郁达夫此时已经把自己的世界交付给王映霞，连同他的思想，他的未来，他的安危。越是硝烟弥散，越是一出乱世痴情。

　　天明的时候，船到了嘉兴，天上还飘着细细的雨丝，明明将世人锁于这尘世之下，任其受尽苦楚，然而这片青天，却自顾自地放晴了。水漫桥头，船缓缓驶过塘口，已经是下午四点多了，到杭州时，已经是傍晚五点了。

　　天气晴好，郁达夫在九点安顿好以后，就匆匆驱车赶往金刚寺七号王映霞家。本来是打算好要登门拜访的心情，郁达夫此刻却分外忐忑，分别的日子虽然难挨，但对于郁达夫来说，他更希望得到王映霞及其家人的肯定和接纳。更何况，战火之后的重逢，更觉生离死别不再是纸页间的一句空话，许多事若不及时握在手中，便会想随风扬起的沙尘一般消逝，再也寻不到任何踪迹了。

风云乱世儿女情

　　独行在悠长的石阶上，很快就到了王映霞家的巷口。水声泠泠的江南，只听着这凡俗的风声，直觉似乎是来自前世佛座下的杳杳禅音，郁达夫甚至想在这个地方，独守一间庭院，一条河流，一窗檐雨，在懵懂无知的四季里，和王映霞一起相约白头，从容老去，安然度过此生。

　　站在王映霞家门前，郁达夫又胆怯了，"近乡情更怯"之感尤盛，心里只有一阵一阵的恐慌，怕王映霞的母亲，也怕她的外祖父，若是他们并不接受自己与映霞恋爱，这可怎么办呢？不知自己此次贸然来访，会不会遭到映霞家人的辱骂呢？郁达夫看着那扇古朴的大门，犹豫着抬起了手……

　　郁达夫鼓起勇气敲了敲门，只听见门内一阵窸窸窣窣的脚步声，便有一个妇人的声音回应道："谁呀？"

　　随着声音，门缓缓开了，一个和蔼的中年妇女探出身来，她眉目慈善，同王映霞颇有几分相似，郁达夫想这大约就是映霞的母亲了吧。只见她温厚地笑道："请问您是？"

"我是从上海来的郁达夫，请问王映霞在吗？"郁达夫谦恭有礼地回答说。

"映霞出去了，您还是进屋里来等吧。"

这几句话，让郁达夫感到一种不可名状的欢愉，他朗声道："没有关系，我等她回来吧。本来早就应该来看望你们，可是因为工作的事务太多，一时也不能脱身，所以一直拖到了今天。事先也没有跟映霞约定，就到杭州来了，这样贸然打扰，还请您不要见怪。"

王映霞母亲见郁达夫着一袭长衫，浑身散发着知识分子特有的文质彬彬的气息，风度谈吐都十分出众，心里感到非常满意，道："郁先生太客气了，映霞回来就整日地念叨你的，快进来吧。"

王映霞的母亲给郁达夫倒上茶，关切地询问他："郁先生，路上都还顺利吧？"

"现在的局势很混乱，通航也不是那么便利，劳伯母费心了。"郁达夫接过茶，心想：看来，映霞的母亲是应该不会成为我俩爱情的阻挡者了。

环顾四周，屋里的陈设十分古朴雅致，几案上的茶盏安静地摆放着，袅袅生烟，带着书香门第特有的气韵悠长弥散在周身的空气中，郁达夫坐下等了十来分钟，电灯亮了，映霞还是没有回来，郁达夫忍不住有些局促焦急起来，他几次起身道："我看我还是回旅馆去，不叨扰了……"

"郁先生既然来了，怎么这么急着走？映霞一会儿就回来，总要一起吃过晚饭才走。"

直到吃晚饭的时候，王映霞这才回来，一看到她的身影欢快地出现在门前，郁达夫的心就陷入了喜悦和沉醉，自己的突然来访，本还觉得太过于唐突，哪知王映霞看见郁达夫，竟像个孩子一样天真烂漫地叫起来："哎呀，达夫，你怎么来了？不是说火车断了吗？我以为你不能来了！"她惊喜地奔上前来，脸庞散发着花朵般馨香的气息，像一只欢快的云雀一般说开了。

郁达夫笑着说道："我坐船来的啊。"

王映霞拉着郁达夫一起出去吃了晚饭，便来到一家旅馆坐下谈天。彼此这么些天以来的分别，就如同梦泽之中凭空劈下的丘壑，仿佛天南地北地分割了许久，恋人之间的相逢总是觉得格外短暂，而分别则是分外难熬，等了太久的时间，才等到这次相见，王映霞看着郁达夫，眼前的人眉目间依然是熟悉的廓然朗清，心里便如同有清泉拂过一般一阵阵的新甜。

王映霞拉着郁达夫的手关切地问道："上海的局势怎么样？这两天都要担心死了。"

"我知道，所以我这就到杭州来了，好让你放心。"郁达夫握着王映霞的手，笑道，"本来我还是担心，不过见到你的母亲，看来她是不会反对我们了。"

"不过你还没有见到我的爹爹吧？"杭州人称自己的外祖父是爹爹，王映霞害羞地低下了头，有些娇羞，又有些不安地蹙起了眉头，对郁达夫轻声道："明天你一早来家里吧，我爹爹想见见你，他是我从小到大最敬重的人，也是对我的终身大事最严格的，他这一关可是很关键的呀。"

这么一说，让郁达夫唯一担心的，就是王映霞的外祖父王二南先生。王二南先生是杭州的名士，声望极高。郁达夫想：此次一定要让王二南先生同意和支持，才能促使我与映霞爱情的成功……

两人一直在旅馆谈到深夜，郁达夫把王映霞送到家门前的巷口，这才在路灯下依依不舍地分别。入夜后的杭州温和恬静，如同伏案小憩的仕女，在湖光水色为其红袖添香的画卷中，将人轻轻卷入悠长的梦境。

郁达夫第二天一早就来到王映霞家，同王映霞的兄弟保童、双庆聊了很久，也渐渐相熟识了。此时正看见王二南从里屋踱步出来，郁达夫只见他童颜鹤发，笑容可掬，举手投足间显见名士风度，一点也不像是一位古稀老者，内心不由得肃然起敬。虽说是初次相遇，但两人对彼此的大名都颇有耳闻，王二南见郁达夫也是风流倜傥，器宇不凡，两人一见如故，立刻投缘地攀谈起来。

从时政谈到诗词，从国事谈到家事，郁达夫和王二南越来越投机，这位老人甚至把郁达夫当作自己的忘年交，而不是一个即将成为自己孙女婿的年轻人。

看两人的外在，郁达夫和王映霞是极不般配的，但王二南是个惜才爱才之人，他十分看重郁达夫的才情，所以选择孙女婿的问题上，王二南对郁达夫和王映霞的结合，并不持反对态度。但郁达夫和原配的婚姻问题，依然是横亘在两人之间的巨大鸿沟，郁达夫知道，王映霞的家人最关注的便是自己如何处置映霞和孙荃的关系这个问题。

王二南对郁达夫说："只是有一件事，我希望郁先生给予明确的答复，素闻郁先生是留洋人物，新派作家，推崇婚姻自由，恋爱自由，我也能理解，但是在前妻的家庭问题上，我还是希望不要让我的映霞受委屈才好！"

于是郁达夫主动说道："我的北京的女人，要她对我和映霞的事情不加干涉，承认我们的结婚，是一定可以办得到的，但要正式离婚，在手续上则多麻烦一些。"

王二南笑道："那就好，那就好……不过，我看郁先生气色不太好啊！"

当时时值蒋介石叛变，南京成立了他的独裁政府，上海的创造社也是朝不保夕，岌岌可危，郁达夫在这种紧要关头，因为忧心创造社的前景，加上自己妻子孩子的赡养问题，又因着现款无着落，祖产未分，陷入进退两难的境地，郁达夫心力交瘁，生了严重的黄疸病，几经辗转就医，但仍无法痊愈，关于这段往事，他曾在《王二南先生传》里有过这样的记载：

> 当时，我在经营的创造社出版部，因政治关系而进入了停滞的状态。……我也受到了当局的嫌疑，弄得行动居处，都失掉了自由。

在这一种四面楚歌的处境之下，孑然一身，逃到杭州的时候，我的精神的委顿，当然可以不必说起。就是身体，也旧疾复发，夜热睡汗等症状，色色俱全。痰里头更重见了点点的血迹。又因为在上海租界乱避乱躲的结果，饥饱不匀，饮酒过度，胆里起了异状。胆汗溢满全身。遍体只是金黄的一层皮和棱棱的一身骨，饭也吃不进，走路也提不起脚跟来了。

先生一见，就殷殷以保养身体为劝。

而王二南爱屋及乌，对于郁达夫的现状，当然不会袖手旁观，而是积极地帮他在杭州介绍医生，寻求秘方，劝说郁达夫到杭州来养病。虽然郁达夫在和原配孙荃的婚姻问题上没有给出一个实质性的答复，但依他的为人和性格，还是得到了王家人的青睐和信任。这也是郁达夫想到的一个两全的办法，希望既不和孙荃解除婚姻关系，又同时与王映霞结合，他希望能够让王映霞的家人，出于对映霞的疼爱，认可自己，认可他们的关系，而不坚持逼自己离婚。

一连好几天，郁达夫都和王映霞一家人一同在杭州游览西湖胜景，天气十分晴朗，下午趁着晴好的时光，去过了三潭印月，上刘庄，到西泠印社和孤山。彼此之间增加了不少了解和情感，后来在王映霞家人的要求下，郁达夫索性将自己的行李物件搬来住进了王家。

四月天里的杭州，是最清爽可爱的时候，那天郁达夫和王映霞难得的二人出游，路过于坟，石屋洞，烟霞洞这些旧迹，访古幽思之情尤胜。郁达夫和王映霞两人走着走着，来到西湖最为清净的一块，好像把所有的世事纷扰都弃之脑后，两人坐在理安寺前的涧桥上，看着晴天里的九穹碧落，同人世间滴沥的泉水是一样的清泽，郁达夫拥抱着王映霞，只觉得这是世界上最快乐，最尊贵的经验，他对她说："我好像在这里做专制皇帝。我好像在这里做天上的玉皇。我觉得世界上比我更快乐，更如意的生物是没有了，你觉得怎么样？"

王映霞开心地掩住朱唇，轻声笑道："那我就是皇后，我就是玉皇前殿的掌书仙,我只觉得身体意识,都融化在快乐的中间,我连一句话也说不出来。"

郁达夫一时兴起,随口便是一首七言绝句:

> 一带溪山曲又弯,秦亭回望更清闲。
> 沿途都是灵宫殿,合并君来隐此间。

桥下泉水泠泠,只映照着晴天里幽浮的白云和桥上的一双丽影,在日光的轻抚下,王映霞的脸颊散发着婉柔的女泽,水波一样的眼流似乎在诉说着衷肠,一句"合并君来隐此间",是对感情最好的笃定。郁达夫轻声道:"这里不远处便是白云庵了,我们去求求签吧!"

在白云庵下,香雾缭绕,敬虔的诚意往往可以得到神灵最灵验的回应,经签在经筒中轻轻摇动,得第五十五签,上面题着:

> 永老无离别,万古常团聚。
> 愿天下有情的都成了眷属。

郁达夫激动地拥住了王映霞道:"这样看来,我俩的婚姻大约是可以成功的了!"他拥着王映霞,只希望人生这样一场萍水相逢,永远没有尽头。

纵使西湖美景尤胜,那段时光是郁达夫心中比拟胜景的梦境。当云淡风轻,山水共天一色的时候,他们就这样依偎着,交付彼此的心迹,一切的纷扰都不再是彼此间的隔阂,时光寂静无言,仿佛不忍这一双碧影,哪怕一阵微风,一朵落花,都会将他们惊扰。

怎样的一场落叶匆匆,才能配得上这样一段风花雪月的往事,人们都说韶华易逝,年华易老,然而能得一人看闲庭落叶,秋风西扫,能有过一段美丽的相逢相识,人生的戏本又何惧老去。然而在一切凋亡之前,就算岁月无涯,就算山穷水尽,也不枉有过这样的一段沉迷。

惊残好梦无处寻

郁达夫与王映霞

岁岁情深岁岁长

在苍绿的年华之中，任何一个不经意的擦肩都可以获知一段不为人知的心事，任何一次不期许的回眸都会换来一段刻骨铭心的守望，我们在那些歌舞青春的日子里，沉迷于一个人的高山流水，执着于一段往事的爱恨别离，却不知道，走过人生之后的我们，自以为情深义重，最后也只能是坦然放下。

但是，热烈的爱情来临的时候，谁又能保证，自己在这段年岁中，不会碾碎所有的自尊，倾尽所有的激情，对着长虹落日，对着草长莺飞，许下一句句惊世骇俗的誓言。

王映霞和郁达夫的订婚仪式定在了6月6日。

王映霞家在杭州当属名门，她的外祖父王二南老先生也是德高望重之辈，在外祖父和母亲的默许下，郁达夫和王映霞决定将他们的婚约向外界正式地公开。由于身在杭州，王家人的大多数亲友都在当地，自然少不了一番热烈的祝贺。

但是在郁达夫看来，事情就不是那么简单了。他与原配孙荃的婚姻问题依然是悬而未决的疑难，当时接到妻子从北京寄来的信件，郁达夫始终难以释怀。孙荃在北平抚养一双儿女，兼顾照料自己的母亲，已是身心疲惫，信中语气哀怨忧愁，郁达夫本想将自己和王映霞的事情向孙荃解释清楚，却迟迟无法开口，更别提亲赴北京同孙荃解除婚姻关系。

　　郁达夫的大哥曼陀为人正派，一时之间怕是不会同意，而二哥郁养吾，当时在上海的街头偶遇，与王映霞有过一面之缘，从他的语气中，郁达夫可以听得出来二哥对王映霞赞誉有加。但是一想到面对孙荃和一双儿女，郁达夫迟疑了，他实在没有办法将自己置身事外。现在必须要用一个女人一生的悲剧来成全另一个女人的美满爱情，而始作俑者，正是那个难以抉择的自己。

　　郁达夫万般无奈之下，找到映霞，将自己的忧虑说了出来："映霞，如今的境况，我们的婚约，怕是得不到我的家人的赞同了……"

　　王映霞抬起头来，定定地看着郁达夫良久，眼神中有忧郁，有迟疑，更多的是一种宁静如水的哀默，她就如同一枝冷梅，不会选择喧杂的季节独放，然而花同佳人，一旦决定了，就不会轻易凋零在别的枝头，她对郁达夫说："达夫，我知道你的难处，我也能理解，我的这份心已经在你的身上了，希望你能珍惜我的这份心。不过我们的订婚仪式，总不能没有你的家人出面呀。"

　　灯火轻轻摇曳，郁达夫陷入了深深的思量，时光在绿草蔓生的窗台上肆意滋生，他只想在这样的时光之中，珍惜此刻和王映霞相依相偎的每一个瞬间。

　　郁达夫当即决定，去请自己的二哥郁养吾出面，作为男方的家长参加自己的订婚仪式。可是到了3日的晚上，郁养吾突然来信说，初六那天能不能来杭州并不确定，这一下王映霞可彻底没有了主意，她对着郁达夫抽泣道："这下可怎么办，我要怎么向爹爹和母亲交代。"

　　郁达夫急忙拥住她，安慰劝解道："不要担心，他不来，我就亲自到富阳去请，无论如何，总要催他来。"

第二天早上，郁达夫赶回富阳去请二兄郁养吾了。

杭州到富阳的一带，依山傍水，山色秀丽，风景之灵性，让无数的文人骚客流连忘返，只可惜孤立船头，郁达夫心事重重，并不能尽心赏玩，此次阔别已久，还乡竟是这等光景，他坐在车中，大有浪子还乡的苍凉感慨。

弃船登车之后还有一段步行的路程，阳光慵懒惬意，近晌午之时，郁达夫才风尘仆仆地赶回了家，看到两年未见的母亲时，郁达夫忍不住百感交集，他迟疑地上前，喊了一声："妈……"

对于母亲，郁达夫在《客杭日记》之中说：

> 十点钟到了富阳，腰也坐痛了。走到松筠别墅，见了老母，欲哭无泪，欲诉无声，将近两年不见，她又老了许多。我和她性情不合，已经恨她怨她到了如今，这一次忽然归来，只想跪下去求她的饶恕。

孙荃和母亲之间的相处并不是十分的融洽，郁达夫离家已久，许多事情母亲已经不再过问，出于对儿子的疼爱和包容，老人忍住内心的怨言，淡淡地说："你的事情我也听说了，你二哥都告诉我了。如今我老了，什么事还不是由着你们年轻人的性子来。但是做人要做到问心无愧，多想想别人的难处吧。"

母亲的意思已经是不会强加干涉了，郁达夫即使心中有愧，也不敢再耽搁。二哥此时也答应了出席杭州的订婚仪式，他十分理解郁达夫的心情和处境，加上自己最近也纳了第二房夫人，对于这样的事，他也并不是十分介怀了。

吃过午饭之后，郁达夫只在故园的旧地去走了一遭。傍晚时分，日落西山，他便和二哥辞别了母亲，踏上了回杭州的行程……

聚丰园的订婚仪式上，郁达夫请来了自己的二哥郁养吾，作为郁家唯一的男宾参加郁达夫与王映霞的婚礼，同时作为"证婚人"。可是谁来担任"介绍人"的问题，一时之间让郁达夫左右为难起来。

郁达夫和王映霞的相识是在尚贤坊孙百刚夫妇的家中，理所应当是让他们来担任介绍人，但是自从他们二人交往以来，孙百刚夫妇一直持反对态度，因此郁达夫曾在他们的感情问题上对孙百刚夫妇心怀埋怨。无奈之下，王映霞只好出面请来杨掌华担任婚礼的介绍人。对此，孙百刚在《郁达夫外传》中有所记载："那天到的人，主要都是王家的朋友，达夫方面的非常少，仅来了二哥养吾。这位二哥还是达夫花大力去硬邀来的，因为他是作为男方的主婚人身份出现的。这样男女两家各有主婚人，掌华姑且算作男女两家的共同介绍人，所以这顿订婚酒虽则没有什么正式形式，也吃得热热闹闹的……"

那天的王映霞红衣映面，带着新婚妇人特有的娇态，显得格外柔美动人。郁达夫穿着几天前才赶制成的夏衫，显得风流倜傥，温文尔雅。他看着身边的映霞，云鬓之下露出的一段粉颈显得格外细腻，昔日范蠡曾携西施隐居西湖，而如今，身边明眸皓齿的佳人，不知胜却西施多少倍。

觥筹交错的宴席上，众人热闹纷纷，频频举杯向郁达夫道喜，郁达夫一时春风得意涌上心头，当即赋诗一首：

> 走马重来浙水滨，
> 歌舞西湖最有名。
> 由来春兴夸三月，
> 风流还许到红裙。
> 诗酒纵难追白也，
> 毕竟倾城是美人。
> 相思傥化夫妻石，
> 便算桃园洞里春。

知否梦回能化蝶，

富春江上欲相寻。

郁达夫在1927年6月5日的日记上这样写道：

六点钟上聚丰园去，七点前后，客齐集了，只有蒋某不来，男女共到了四十余人。陪大家痛饮了一场。周天初——映霞的图画先生，——和孙太太——我俩的介绍人——都喝得大醉。

这一次的杭州之行，郁达夫受到了王映霞一家人的热情款待，本来打算很快就回去上海处理创造社的事务，由于王家人的一再挽留，却让他在杭州逗留了许多天。王映霞对于郁达夫的首次拜访，在日记中也有这样的记载："4月13日郁达夫坐船急急地赶到杭州来了，他想直接跟我外祖父见面，母亲是个极其善良的人，心中再怎么不愿意，但看到郁达夫来了，还是把他当成客人，以礼相待。而外祖父自己是读书人，与郁达夫谈诗论文，边喝酒边聊天，大有酒逢知己千杯少的气势。"

而郁达夫离开杭州之后，他很快寄来了一封信：

我自昨天和你别后，平安到了上海。一路上并无所苦，只是迟到了一点。晚上在火车站过夜，今天早晨才到出版部来。此番来杭州，我们的事情，总算已经定夺了一半，以后是我这一方面的问题了，请你放心，我总至死不变，照初定的计划做去。

你们的一家人，自老祖父起，一直到双庆为止，对我都十分的要好，我心里真感激到了万分，此信到后，先请你递给他们看一看，好表明我的谢意。

现在刚从车上下来，心神未定，暂写了这几行，报你平安。好请你放心，老祖父的信，及其他的琐事，明天再写。

…………

今天写了一封信给你们爹爹，大约你总也能见到。我此番来上海后，精神百倍，心里也安定得多了。以后，请你不要再为我担心思，我以后要拼命地去干，好早日完成我们的心愿。昨天从车上下来，因为一天一夜没有睡觉，疲倦得很，到了午后，喝了一斤黄酒，从五点钟睡起，一直睡到今早的六点多钟，总算睡足了。早晨一早起来，就写了一封给你爹爹的信，现在顺便再写这一封信给你。我昨天发出的快信，你大约总已经接到了罢？以后想不天天写信了，因为我要翻译书，还想做一点文章。可是你不要因为我不写信而为我担忧，我在上海，绝没有危险的。一礼拜中间，出版部里积下来的文摘杂务很多，今天又要忙一天了，再见。

有些人，注定是要相伴一生的，就如同那一双喜烛的光辉在窗棂的间隙之中隐隐闪动，历经了跋山涉水，沧海桑田的两个人终于完成了生命之中最重要的仪式，这曾是郁达夫的梦境之景，梦中不曾有世事惊扰，只有至美的风景，和风景中的一双璧人。

对诗对酒对伊人

烟花四月，美丽的风景依然如旧，情思如同盘结的罗网，将人紧紧套牢，悠然自得的生活或许就是这样了吧，两个人在一朝一夕的时光之中相扶着安然度过此生。春燕艳羡，低烟袅袅，静看西湖的垂柳落日，是对这梦里水乡最真实的写照。

第二天，王映霞在清晨的阳光之中缓缓睁开双眼，前一天的热闹与喜悦还萦绕在她的心头久久不能消散。她只希望这样的时光能够永远不要逝去，即使在轻轻阖上双眼的睡梦中，也能闻见暖阳般幸福的味道。

王映霞赫然想起以前读书的时候看到庐隐，石评梅曾这样写过的文章，唯恐这才刚刚得到的幸福会从自己的手中溜走，她忍不住多愁善感起来，对郁达夫说："我记得，从此大事定也，总是一句让人莫名伤感的话，我以前读书的时候。看到的庐隐，石评梅写过这样的话，有时候甚至会大声地哭泣，原来太过于快乐，会唯恐这快乐的流逝啊。"

"那个年代的苦闷女性走出家庭的藩篱，才会迸发出对人生的无奈呐喊，尤其是面对不可预知的未来的时候，但是我们不一样……"郁达夫对王映霞保证说："我们会一直在一起的，相信我，映霞。"

王映霞一听这话，不由得粉面低垂，语气也不禁欢快起来："不过达夫，我马上就要回嘉兴去了，那边的学校即将开课，我不能在这里陪着你……最让我担心的是你的身体，你可一定要答应我，好好照顾自己啊！"

郁达夫笑着点点头，道："一定。"

这天一早，郁达夫就陪伴着王映霞的母亲和外祖父王二南先生把王映霞送上了开往嘉兴的火车，碍于长辈在场，郁达夫也只是和王映霞简单地嘱咐了几句，看着彼此依依不舍的眼神，郁达夫只觉得百感交集，所有无声的话语都随着悠长的汽笛声，渐渐消失在挥别的泪水中。

王映霞离开不久，郁达夫一个人苦闷难熬，想早些回到上海去，但是王二南先生一再挽留他先在杭州养病，想到自己也曾答应过映霞要好好照顾自己的身体，并且那时他从好友那里得到的消息，上海的局势很是混乱，嘱咐他在杭州多待几天避避风头，郁达夫万般无奈之下，只好留在了杭州。

又过了一日，王映霞赶回了嘉兴，郁达夫一人在旅馆内，百无聊赖之际，想写一封信给自己北京的妻子，告诉她自己和王映霞订婚的事情。然而，几次提笔，几次搁下，始终难于开口。

晨起一阵急雨，郁达夫见天上黑云未散，但西南一角，已经是莹莹的光亮，他便向那处赶去，一个人登上了六和塔。

六和塔位于钱塘江畔月轮山上，是北宋时期吴越王为了镇钱塘江大潮所修建的一座高塔，气势雄浑，雄伟堂皇。古人曾赋诗云："孤塔凌霄汉，天风面面来。江光秋练净，岚色晓屏开。"说的就是上六和塔登高远望，钱塘风光一览无余的气魄。

郁达夫上六和塔看了一回旧题壁的词，那是他前年冬天赠予一位年轻女性的《蝶恋花》：

客里相思浑似水，

似水相思，也带辛酸味。

我本逢场聊做戏。

可怜误了多情你。

此去长安千万里。

地北天南，后会无期矣。

忍泪劝君君切记，

等闲莫负雏年纪。

岁岁年年花相似，年年岁岁人不同。想来此时的心境和题词之时，早已是物是人非，沧海桑田了，恍若隔世之感油然而生。郁达夫接着看下去，又是一首《金缕曲》，那是寄给北京的两位友人的，墨迹虽淡，但也依稀可辨：

兄弟平安否？

记离时，都门击筑，（丁）汉皋赌酒（杨）

别后光阴驹过隙，又是一年将旧。

怕说与"新来病瘦"！

我自无能甘命薄，

最伤心，母老妻儿幼。

身后事，赖良友。

半生积贮风双袖。

悔当初，千金买笑，量珠论斗。

往日牢骚今懒发，发了还愁丢丑。

且莫问，"文章可有？"

即使续成《秋柳》稿，语荒唐，要被万人咒。

言不尽，弟顿首。

想来人的一生，都宁愿做一个散漫的人，心存善念，在属于自己的山城之中耽迷于纯净清淡的生活，有花开的清晨，有闲云的落日，有清醒自持的举杯，有酩酊大醉的雅兴，即使这样消耗的时光，也是有着敢于接受命运的浩荡洗劫的勇气。郁达夫想起曾经的那些荒唐挥霍的日子，更是觉得如坠梦境，恍若百年，曾经的那些孤独和悲哀，让他一度沉迷荒淫无度，现在想来，王映霞的出现就好像春风化雨，将自己从那样黑暗焦灼的苦闷境地里解脱了出来。他不禁十分感触，立刻写了这样的一首诗来思念王映霞：

扬州慢

客里光阴，黄梅天气，孤灯照断深宵。记春游当日，尽湖上逍遥。自车向离亭别后，冷吟闲醉，多少无聊。况此际，征帆待发，大海船招。

相思已苦，更愁予，身世萧条。恨司马家贫，江郎才尽，李广难朝。却喜君心坚洁，情深处，够我魂销。叫真真画里，商量供幅生绡。

没有王映霞的陪伴，郁达夫在杭州也不愿多做停留，于是，他谢绝了王二南先生和王映霞母亲的再三挽留，匆匆踏上了回上海的路程。

回到上海，郁达夫只觉得精神百倍，除了自己要兼顾创造社出版部的事务以外，同时还担任了法科大学的德文课程，周勤豪的艺术大学他也得时常去光顾，著书译书更是勤奋，仿佛有无限的力量注入，只觉得光阴如飞，实在不能将计划中的所有事情都按时完成。

真正的平静大概就是这样，避开车水马龙的喧嚣，直留心中的一苇独航，袖中流风，不会在纷呈的流言蜚语之中迷失了自己，但是仍然为一朵花的绽放，一阵雨的洗礼而欢欣鼓舞。这种内心的平静更是一种充实和自得，郁达夫的心中有了爱情的填充，如风扬起白帆，更觉得这一切世相都是人间胜景。

同时在郁达夫的建议之下，王映霞也已经由杭州转赴嘉兴，在嘉兴的二中附小任教。虽然分隔两地，但彼此之间的维系都还存在着，两个人各自忙碌生活，为了给彼此更好的未来而竭力奋斗。郁达夫也常在信中嘱咐说："映霞，你以后也要小心一点，当心你的身体，你若事忙，可以一礼拜内写一封信给我，不必天天写信。"

外界对于郁达夫的婚讯早有关注，甚至有一本名为《艺术界》的杂志上，刊登出了郁达夫与王映霞订婚的消息。这样的舆论压力下，他与原配的婚姻也被推上了风口浪尖，到了不得不解决的时候。就在这时，郁达夫接到了孙荃从北京寄来的快信，在信中，孙荃不再善解人意地关怀他的身体和事业。而是异常严厉地指责郁达夫的冷酷无情，甚至以死相逼。这封信，让郁达夫陷入了深深的恐慌，他决意端午节之后就去北京，同孙荃商议此事。

为了让王映霞宽心，郁达夫在信中向王映霞剖明自己的心意：

映霞，请你放心，我这一方面，我总拼命去办。若力量不足，有办不通的时候，我自会和你商量的，因为目下在这个世界上最亲近的就是我和你两个人了，另外还有什么人可以商量呢？

因为无论如何，我们总还不能离开世界，离开中国的腐旧的社会。可是映霞，我希望你能够信赖我，能够把我当作一个世界上的伟大的人看。更希望你能够安于孤独，把中国的旧习惯打破，所谓旧习惯也者，依我看来，就是无谓的虚荣。我们只教有坚强的爱，就是举世都在非笑，也可以不去顾忌。我们应该生在爱的中间，死在爱的心里，此外什么都可以什么都不去顾到。

我对于你所抱的真诚之心，是超越一切的，我可以为你而死，而世俗的礼教，荣誉，金钱等，却不能为你而死。

然而世事难料，就在端午节之际，郁达夫害了严重的伤风，从4月26日起，数十天以来一直不见好转，夜间发烧混乱，常常从梦魇之中惊醒，白天则是头昏眼花，腰酸喉痛，眼睛充血，甚至出现一种异常的黄色。王映霞十分担心郁达夫的身体状况，从嘉兴赶到上海来看望他。

对于王映霞的到来，郁达夫十分感动，夜深独坐时，他拥着王映霞说道："男子的三十岁，是一个危险的年龄。大抵有心人，他的自杀，总在这前后实行的。我今年三十一岁了，回忆起来，在过去的三十年中间，饥寒孤苦，经历也是不少。感情的起伏，更有甚大的浪波痕迹可寻。尤其最近两三年来，这一种内心的痛苦，精神毁灭的痛苦，没有一刻远离过自己的心意。我甚至觉得自己的半生，是白白地浪费去了。对人类，对社会，甚而至于对自己，有益的事，一点儿也没有做过。本来是应该一沉到底，不去做和尚，也该沉大江的了，可是这前后却得到了一种外来的助力，把我的灵魂，我的肉体全部都救度了。总之，在黑暗中摸索了半生，现在似乎才找到了光明的去路……"

郁达夫的这一番话，也让王映霞受到了极大的震撼。

第二天，郁达夫和王映霞一起上新亚印刷所，告以印全集的次序。他把《达夫全集》第一卷取名为"寒灰集"，并在第一页上加上了这样的一段题词：

> 全集的第一卷，名之曰寒灰。
> 寒灰的复燃，要借吹嘘的大力。
> 这大力的出处，大约是在我的朋友王映霞的身上。
> 假使这样无聊的一本小集，也可以传之久远；
> 那么就让我的朋友映霞之名，也和它一道的传下去吧！

王映霞带着那本书，忍不住双眼盈满了泪水。到了嘉兴之后，对郁达夫热烈的深情，王映霞也感到难以割舍，尤其是郁达夫到杭州拜访之后，得到了王家人的首肯，并一同举行了订婚仪式，在她的心中，自己已经是郁达夫的妻子了。但是，郁达夫不仅仅是王映霞的伴侣，他还担任着创造社的扛大旗者，他的一举一动都牵动着创造社的前途和未来，王映霞时常感到自己甚至肩负着救度郁达夫灵魂的责任。她知道，来自自己的爱情是能够把郁达夫心里的寒灰重新点燃的。

一种销魂谁解得

六月到七月的时候，创造社面临着最艰辛的时候。此时有王映霞伴随左右的郁达夫，早已不是年少时期的鲜衣怒马，而是更添了一份历经沧桑的淡然心性。在主持创造社出版部工作期间，是郁达夫的革命思想和战斗热情得以挥洒自如的黄金时期，在这段时间，他以大义凛然的英雄气概一针见血地揭露了蒋介石之流的叛变革命、篡夺政权的阴谋，以及对人民实行法西斯统治的暴行，同时在他的作品之中，也表现出了对战火中的人民、对无产阶级革命事业的忠诚，并公开打出了不与新生的军阀政府、独裁政府合作的大旗。

天风习习，天沉貌貌。郁达夫对于中国，对于将来，对于创造社，都抱着一种悲戚的深愁。郁达夫曾刊登过一篇锋芒直指蒋介石新军阀政府的力作——《无产阶级专政和无产阶级的文学》，在文中极力攻击广州的国民政府，揭露其暗无天日的真实面目。

虽然在郁达夫的内心深处对国共两党领导的北伐战争寄予很大的希望，也始终持着积极的态度来拥护这一次的合作，他所鞭笞的、所揭示的，是一众阴谋家篡党夺权的反革命两面派，并不是把矛头直指整个北伐革命。

在这个中国的民族革命生死存亡的时期，郁达夫积极地认清历史发展的潮流，他并不信任所谓的"英雄主义"，而是认为："真正识时务的革命领导者，应该一步不离开民众，以民众的利害为利害，以民众的敌人为敌人，万事要听民众的指挥，要服从民众的命令才行。"

除了社论，杂文的发表以外，《日记九种》的出版，是郁达夫创作历程上的一件大事，也是他和王映霞之间的一次激烈的矛盾冲突。

在这之前，王映霞因为看了郁达夫的日记中对自己恶意中伤的言论而大发雷霆，郁达夫为了缓解矛盾，曾向王映霞保证日记绝不公开发表。事实上，郁达夫写日记本没有发表的意图，只是为了记录自己的生活和心灵的轨迹。这一年的内忧外患，让郁达夫认为，有必要将对中国革命、无产阶级文艺的真实认识和态度公之于世，而这些，都是记录在日记中的内心世界里。

半年来的生活记录，全部揭开在大家的眼前了，知我罪我，请读者自由判断，我也不必在此强词掩饰，不过中年以后，如何的遇到情感上的变迁，左驰右旋，如何作了大家攻击的中心，牺牲了一切还不算，末了又如何的受人暗算，致十数年的老友，都不得按剑相向，这些事情，或者这部日记，可以为我申剖一二。

文人卖到日记和书函，是走到末路时的行动，我之所以到此地步，也是由于我自己的生性愚鲁，致一误于部下的暗箭，再误于故友的违离，读到歌德晚年叙下Fanst的卷首之诗，不自觉地黯然泪落了。

唉，总之做官的有他们的福分，发财的有他们的才能，而借虎成风，放射暗箭的，也有他们的小狐狸的聪明，到头来弄得不得不卖自己的个人私记，以糊口养生的，也由他自己的愚笨无智。

我不怨天，不尤人，更不想发牢骚，不过想自己说说自己的
倒霉经，请大家不要再去踏我的覆辙。

编完了半年来的日记，茫茫然，悠悠然，写这几笔字好作个
后叙。

然而，当王映霞看到杂志上关于出版郁达夫《日记九种》的预告后，
一股怒火顿时涌上心头，王映霞想起不久前在创造社的阁楼上看到的那本
日记，日记中所做的记录和描述依然历历在目，王映霞想："那些惹得我
生气恼怒的日记居然要公开出版了？这件事不仅不和我商量，甚至都不让
我知道！郁达夫，你究竟是什么意思！"

二话不说，王映霞立刻赶往上海当面质问郁达夫。

这天，郁达夫正在处理稿件，为创造社的事务忙得焦头烂额，情绪也
是十分的低落。只听见门外一阵敲门声。郁达夫起身开门，正看见王映
霞站在门外，他正想开口询问映霞怎么到上海来了的时候，王映霞竟哭
了起来。

"你不是告诉过我，这些日记不打算公开的么？为什么出版的事我一
点都不知道？"

"映霞，你先听我说……"郁达夫急忙安抚道，"这些日记是我半年
来的生活记录，最近事业上的不顺，让我遭受了很多人的误解，我希望将
它真实地展现给大家看，为我自己申剖一二啊。"

王映霞抬起一双泪眼，异常严肃地看着郁达夫说，"你是不是觉得公
开的订婚仪式不够，只有将这样的生活细节公布出来，我才不会和你在感
情上生旁的枝节？——可是你有没有想过别人会怎么看待我？你为什么不
同我商量一下，就把涉及我私生活的日记公布出来，你有没有在意过我的
感受……"

郁达夫叹了一口气，道："文人走到这一步，也实在是无奈之举。映
霞，你怪我是应该的，我没有顾及你的感受，最近风声很紧，昨天光慈来

告知我，提醒我有些人在造谣中伤我，让我注意自己的人身安全。我生怕连累到你……我这次将日记出版，只希望大家不要重蹈我的覆辙，是我形式草率了，映霞，原谅我好不好？"

王映霞虽为日记的事情感到不快，但依然十分担心郁达夫的安危，很快她气愤的情绪就被关心和担忧冲淡了："是什么样的风声，出了什么事情吗？"

郁达夫忧心忡忡地说道："经过上次的风暴，创造社如今收支严重失衡，各项工作都很难进行，我们一直在勉强维持，但是大家都觉得是我的过错，对我意见很大。我正在想，不如不干了，先避一避。"

王映霞仔细一想，现在已经和郁达夫是即将成婚的关系，没有退路可走了，更何况，彼此之间那么深厚的感情又岂是轻易能够割舍的。她顾不上自己情绪消沉，语气渐渐缓和了下来："国难当头，万事不易，但是你还有我们这一个家啊。"

郁达夫一听王映霞这么说，顿时热泪盈眶，他对王映霞说道："如果能和你比翼双飞，做异国永驻之人，自由自在地多好。我对于中国，对于创造社，早已是深切的失望了。但我还想振奋一番，尽自己的力量以求生……等到秋风起时，就想和你一起蹈海东游，远离开故国，好静静地去观察人生，孜孜地去完成我的工作。"

转眼已是1928年初，春草滋蔓，尘世里的聚散匆匆，唯有此刻握在手中的，才是不会流失的永恒。郁达夫和王映霞打点好一切，正准备赴东京正式举行婚礼，行走之前，他们向一些亲朋好友发出了邀请喜帖，为了满足王映霞的心思，郁达夫决定将他们的婚礼定在日本东京的"精养轩"。

喜帖的内容是这样的：

谂吉夏正二月二十一日结蓠候
　　　郁达夫　王映霞　谨订
　席设日本东京上野精养轩

然而当郁达夫的好友蒋光慈接到这样一份请帖时，却是深深地皱起了眉头，忧虑取代了还有新婚在即的喜悦，他警告郁达夫说："达夫，你的行动如此公开，一定要万事小心，现在外面不太平，有很多对你不利的言论啊。"

郁达夫淡淡一笑，不以为然道："是什么样的言论？"

"你没有看报纸上对你的言论吗？南京方面有人在暗算你，说你去日本结婚是投敌叛国，这可不是件小事！听我一句劝，你最近还是不要声张，找个地方避一避风头吧！"

郁达夫的笑容一时之间僵在了脸上，他意识到此事非同小可，他思索片刻道："好吧……那估计只有让一些来参加婚礼的客人白走一趟了。"

对于这次东京婚礼的未能顺利成形，王映霞在《半生自述》中曾做过真实的描绘：

> 在我们将于日本东京上野精养轩举行婚礼的喜帖发出之后不久，达夫就接到了一个秘密的通知，说南京方面有人在计算他，要他马上避一避。去日本的轮船票早就买定了。我原想不顾一切，冒险东行，但达夫是胆怯的，他不但将船票立即退去，而且马上搬出了民厚南里，秘密租了一间郊区旅馆的房间，暂作了他的避难所。连外祖父也没晓得他住往何处去了。他自己，也只在深夜里，才偶尔出去散一回步……

这样在旅馆中蛰居的一个多月，就如同郁达夫对王映霞诉说的："日日痴坐在洞房"，只能从窗户外偶尔吹进的几阵春风里，知道春天已经来了。直到一个多月后，形式才稍稍有了缓和。郁达夫才返回到民厚南里。东京的婚礼没有办成，郁达夫和王映霞于1928年1月在上海南京路东亚酒楼宴请好友，正式宣布了结婚的消息。

那一年，郁达夫三十三岁，王映霞虚岁不过二十岁。

风雨茅庐此时心

时间永远是最沉寂无声的旁观者，它无声无息，无悲无喜，当平湖烟雨，山河岁月在它眼前缓缓掠过，它依然是最冷漠的姿态。而所有的劫数也好，善终也罢，都是需要我们自己来穿过荆棘，独自承担。

婚后三四个月的日子里，王映霞的外祖父王二南先生应聘在上海群治大学担任讲师，因为那时老先生的房屋太过陈旧，于是就在附近的赫德路嘉禾里后弄1442号租住了一间东洋式的单栋住宅。为了和王二南先生相邻居住，郁达夫和王映霞就在嘉禾里前弄租住了1476号，这也是一栋东洋式的住宅，但是没有天井，月租金比王老先生的房子便宜三分之一。

这个地方远离闹市区，相对幽静一些，对面正好是一个电车场，周围居住在这里的居民都是普普通通的老百姓，大部分都是电车司机或者是售票员。在这样的环境之中居住，不仅省去了郁达夫费精力隐藏身份的功夫，也有利于他的文学创作。

有了属于自己的一个家庭，郁达夫和王映霞觉得为以后的生活增添了希望和期待，在精力充沛的两个人的心中，只有和爱，只有欢乐，只有对未来美好的憧憬。虽然是一间不大的住宅，只有楼上的一间正房光线比较充足，但窗户朝北，冬天寒冷，夏天溽热。小屋的前后左右，除一条斜穿东西的大道之外，全都是斑驳的空地。

在郁达夫的文章中是这样说道的：

> 新搬的这一间小屋，真也有一点田园的野趣。季节是交秋了，往后的这一屋的附近，这文明和蛮荒接近的区间，该是最有声色的时候了。声是秋声，色当然也是秋色。
>
> 不晓得在什么时候，被印上了该隐的印号以后，平时进出的社会里，绝迹不敢去了。
>
> 所以断绝交游，搬搬戚串，和地狱底里的精灵一样，不敢现身露迹，只在一阵阴风里独来独往的这种行径。

但是能够这样平静地生活在一起，已经是郁达夫和王映霞最大的心愿了。木窗斑驳，看不清楚历经了多少年的风雨侵蚀，这样的残缺之中反而更显得古美沉静，有时候，他们泡一壶闲茶，悠然看南飞孤雁，从窗口望出去，正好是静安寺公墓，墓地里每一座坟的水泥盖上，竖立着的大理石安琪儿，历历可数，如同那些携手走过的岁月，就在静看人世更迭的瞬间悠悠浮上心头。

郁达夫在那段时光正处于艰难的"两极"境地，当政的人当他是"叛徒"，而朋友们又对他误解重重，郁达夫无处申辩，干脆摒弃了所有社交，和王映霞在这样的小楼之中，过着被人遗忘的从容的日子。既没有亲友的来访，他们也很少外出去探望亲朋好友，有时候在屋子里待得久了，也难免觉得气闷异常，于是郁达夫就带着王映霞在附近的几条人行道上闲步，从过去谈到未来，再谈到尚未出生的下一代的小生命。

这样浸润在欢乐之中的两颗心，觉得没有什么更加让彼此感到温暖的愿望了。太阳的升落就是他们的时钟，气候就是他们的寒暑表。在这大上海十里洋场的一角，很少能够有人体会这样一种满足的。

原来人心就是这样的柔软，时时刻刻都在期待着温暖与幸福。我们始终是执迷不悟的凡胎俗骨，会为了一盏灯，一袅炊烟，一台未完的折子戏而甘愿将自己置身于情海，即使是只有一根浮木的渺茫希望，也忍不住贪心期许。在这样一段寂寞的旅程之中，我们无法承担命运带来的倾轧与凉薄，但我们需要彼此，就如同需要冷雨里的一杯温茶，在我们的生命之中继续着或繁华或寡淡的唱词，让我们在艰难抵抗的芸芸累世之中，找到那一种地老天荒的安宁永驻。

左舜生在《郁达夫和徐志摩》中说："……一直到他和王映霞结合以后，在某次鱼龙会上，我还看到他们俩联袂偕来。其时正是王映霞的盛时，皓齿明眸，愈朴素而愈显其美。当时我心里想，有关郁达夫这样一个个性的文人，居然有这样一段姻缘的成就，足见冥冥中的主宰者还是很公道的，不禁为他们暗暗祝福。"

王映霞以前在杭州的家中，母亲只有她一个女孩子，是从来不会舍得让自己的独女去做粗重的家务事的。所以当和郁达夫有了自己的家庭以后，最感到苦闷的就是家务活这些烦琐的事情。煮饭时候该淘多少米，放多少水。最早的时候，家中曾经买过一座台灶，上面可以放一只菜锅和一只饭锅。王映霞根本不懂得怎样使用这些工具，做饭下厨的时候，常常手忙脚乱，往往做了饭就顾不上做菜，不是把饭烧焦，就是将菜烧烂。

光是两个人的一日三餐，就已经让王映霞自顾不暇，疲于应对了。更何况郁达夫每当写出一段好的文章或者得意的诗句的时候，都会跑到厨房来，王映霞经常在正在做饭的时候，被匆匆跑到灶前一脸兴奋的郁达夫拉上楼去，让她看自己写的东西，看过之后还要读一读，问她顺口不顺口，往往弄得她两头都顾不到……为了学习这些寻常主妇熟识的掌厨琐事，王映霞真的是着急了好几个月。

郁达夫还经常用"孺子可教"这四个字来鼓励王映霞学着做家务。其实最让王映霞头疼的，是每天清早提着菜篮上菜场去买副食品。对于一个从小养尊处优又矜持内敛的女孩子来说，这种既需要抛头露面，又需要讨价还价的任务十分艰难。母亲还在背地里可怜自己的女儿，说她爱去搞这些粗工作。然而王二南则十分豁达开明，他宽解自己的孙女道："这些东西迟早要学会，学会了就是自己的本领了。"王映霞只想硬争一口气，好好地来撑住自己的这个小家庭。

烧菜是一件需要经验的难事，然而对于郁达夫和王映霞这样一对才子佳人来说，恰恰没有经验，但两个人都爱吃。郁达夫喜欢谈论烹调理论，看着自己的小妻子在灶前左右为难，忍不住就凑上前去，充当能手内行。教王映霞某一种菜应该烧几分钟，哪一种肉应该煮多久，这样一来，不教还好，一教起来，王映霞更糊涂了。一顿饭折腾了两三个小时，不是炒得太生，根本吃不动，就是煮得太烂。

看着王映霞对着一桌菜一筹莫展，郁达夫笑着揽过她道："好了，怎么这样愁眉苦脸的呢？要学会烧好吃的菜，就得先出学费，我和你先到大小各式各样的菜馆里去吃它几天，我们边吃边讨论，这样一定容易学会。"于是，两个人跑遍了上海有名的菜馆，前前后后去吃了几十次，把一个月来的稿费倒是吃了个一干二净。

但自那次之后，王映霞开始认真学习烹饪，厨艺也渐渐有了起色，简单的食材也可以烹得飘香可口。关于她掌勺的水平，他们的儿子郁飞最是念念不忘，母亲在厨房劳作的身影，同样牵动着他童年的记忆。以至于他结婚后老是抱怨自己的结发妻子烧菜远没有母亲烧的好吃。因为在他心中，那不只是饭菜而已，在那其中，必定承载了太多的东西。

因为王二南先生爱喝酒，王映霞也能喝上一点，但是自结婚以后，为了让郁达夫少喝酒，王映霞也尽量控制自己不去喝酒。她懂得酒能伤神，亦能乱性，酒后会说出许多不应该说的话，做出许多不可以做的事情，因为郁达夫喝酒的问题，两个人之间发生过几次不大不小的争执。不过这些小的矛盾，并没有伤感情，不至于有切肤之痛，过了一会儿，两个人又和好如初。

寒冬十二月的一天，外面大雪纷纷，一个友人跑来邀请郁达夫去浴室洗澡。王映霞替郁达夫拿过大衣，嘱咐他说："早些回来，在外面不要喝酒。"

郁达夫笑着摆摆手，道："我知道的，你不要担心。"

郁达夫走后，王映霞一直提心吊胆，在空荡荡的屋子里坐也不是站也不是，一双手直绞着衣角，时不时焦急地望着窗外的马路，看郁达夫有没有回来。从阳光明媚的下午直到日落时分的傍晚，再到人声寂寥的午夜，郁达夫仍旧没有回来。王映霞虽然心里焦急，但依然无可奈何，怕他发生了什么问题，但是总是这样干着急又有什么用呢？迷迷糊糊之间，她靠着沙发就睡了过去。

第二天的黎明，天刚蒙蒙亮，只听见一阵急促的敲门声，王映霞突然从睡梦中惊醒起来，她马上起来开门去看，只见一个陌生人扶着满身冰雪的郁达夫，跟跟跄跄地踏了进来，把正醉得不省人事的郁达夫放在了室里。那个陌生人喘着气，对王映霞说："清早我因事路过赫德路，见嘉禾里口的马路上倒着一个人，慌忙扶他起来一看，才知道是醉酒。于是我马上叫醒了他，问明了地址，才把他送回来。"

王映霞十分感激，谢过了这位好心的过路人之后，马上把郁达夫扶到了楼上，他半睡半醒之间，王映霞才知道郁达夫昨夜是在马路的冰雪里昏昏睡过去的。整个人不知道是醉的还是冻的，冷得像个冰雕，王映霞马上煮姜汤，拆洗棉衣，足足忙了一整天。从那以后，王映霞得到了深刻的经验教训，但凡有朋友来邀请郁达夫出去吃饭或者喝酒，她一定要这嘱咐一句："烦请您一定负责送他回来。"这倒成了王映霞对郁达夫下的一道"禁令"。

每当轻寒薄暖的时候，郁达夫和王映霞时常出门逛马路。在路上会碰到人力车招揽生意，他们就坐上去，一路拉着手，和后面推车的人天南地北地聊着天。遇见坐小汽车的友人，就略微点头示意，算是打过招呼了，颇有我行我素的自得之感。沿路遇到的一花一木，一事一物，王映霞都要向郁达夫问个明白。而郁达夫，就像大人对待孩童一般，不厌其烦地讲解得很详细。

这样散步的情形，是当时两个人寂寞生活之中的一种课程，走过洋槐和洋梧桐的人行道，红尘阡陌携手同行，两个人的浮世人生，就是在这样细水长流的时光中，看着斑驳的日光从树影间漏下来，抬头是徐家汇天主教堂的双尖屋顶，这样一来一返，只觉得悠然自得，从来没有疲累过。

怅惘犹道不如初

　　想来由不得人们唏嘘感慨，这个世界上，并不是只有烈酒烫喉，伤情刻骨。有的时候，一份默然相伴的平静清淡，更加历久弥香，萦绕一生。而郁达夫和王映霞就是如此，每到一日的尽头，太阳缓缓落下山去，红霞也渐渐消失在天边的夜幕之中，月亮升起来了，繁星闪烁如同少女的明眸，大地万物有节奏地沉沉入了梦乡。在黄浦江滩的一角，甜蜜的、如胶似漆的夜晚，一个文坛才子，一个多情佳人，在若隐若现的月光中相依偎，当夜色贪婪地吞没了月的微光，他们的身影渐渐和晦暝的夜色融为一体。

　　婚后的王映霞和郁达夫，过着夫唱妇随的美满生活，在王映霞的悉心照料下，郁达夫的身体渐渐好转，也有了比较安逸舒适的创作环境，而他们之间琴瑟和谐的夫妻关系一度为文艺界和朋友们称道。孙百刚在《郁达夫外传》中专门列了一章《美满家庭》来谈论郁达夫和王映霞的生活：

　　吃饭时，谈到达夫那一场大病，映霞说：

"他是已经再世为人了。没有我，他的性命也丢了。"

"到底是什么病？"我问。

"伤寒以后，再变黄疸，连眼白也黄了。"映霞回答说。

"听说病后调护，你着实费心，每天请他吃补品。"

"是啊，你怎么知道的？我托母亲从杭州带来七八斤重的旱地鸭子，一连给他吃了十多只，另外还炖鸡汁给他吃。"映霞说。

"难怪他像填鸭似的吃胖了。"我看着达夫笑了。

"吃得来害我小说也写不出了。"达夫笑着说。

"你的小说原是以郁抑穷愁为基调的。现在有了这样一位太太，精神得有寄托，经济渐趋稳定，试问你还能再写从前那样的哀怨愤激的小说吗？"我认为那几年达夫写不出新作品的原因，完全和他的生活有关。

"生活或许有些关系，但年龄也有关系。"达夫自己再加一层理由。

"我觉得你将来可传达的，不是你全部的小说，而是你的诗。"我率直地对达夫说。

"除你之外，也有好多人如此说。不过当滋乱世，生前也管不了许多，还管什么文章的传不传呢。"达夫三杯落肚，又发牢骚了。

因达夫的牢骚，话题转到当时上海文化界的情形。当时国民党对上海文化人的镇压已逐渐越过警察局和法院，而进入军事法庭或特务机关的范畴。以至达夫有时不得不隐蔽起来，以免意外。映霞告诉我她种种苦心设计；如何使郁达夫躲在一个自己很方便打招呼，而他人不容易发现的所在；如何一日三餐，送茶送饭；如何提心吊胆，伺候门户等等。

从好友孙百刚的描述中，可以看得出，郁达夫和王映霞结婚后的生活还是十分幸福美满的，而王映霞对郁达夫的爱也同郁达夫对她的爱一样，真挚纯洁，没有任何的瑕疵。

　　1928年的冬天，郁达夫和王映霞的第一个孩子出生了。这是他们的第一个男孩，取名叫作郁飞，这个孩子的出生正好在旧历的十月中旬，正是民间所说的"十月小阳春"的时节，带着美好的愿景来到这个世界上，所以郁飞小名叫作阳春。

　　孩子出生以后，郁达夫对王映霞说："我不主张你喂奶，女子一喂奶，身体就要差。"

　　那时候王映霞仍是一个爱玩爱闹的年轻女孩子，若要她亲自照料孩子，便一步也不能离开了，所以他们很快就雇用了奶妈。原本的二人世界，一下子变成了四口之家，在无形之中增添了热闹以外，家庭结构的复杂化，让王映霞在孩子和奶妈面前，俨然是一个主持家务的母亲的样子了。

　　1929年8月，郁达夫和王映霞的第二个孩子出生了，这个孩子叫作静子。在那之前的两个月，郁达夫曾经受聘于安徽大学担任教职，王映霞在他动身之前，想到他的工作不一定十分有保障，所以帮他买了来回的船票。但刚到安庆的时候，就接到了朋友邓君的通知，告知郁达夫有人正布置暗算他，让他立即离开这个地方。郁达夫立刻安排行程登上一条船回到上海，在慌乱之中，行李物品都来不及取用，全部留在了安大，迅速地结束了他极为短暂的安徽之行。

　　不知道是不是因为郁达夫从安庆回来之后情绪一直不好，还是襁褓中的静子似乎也有感知，自出生起就格外爱哭。郁达夫本就是处于事业的低谷期，人身安全尚且没有保证，整日在家听着一个孩子的啼哭，更是不胜其烦。静子满月以后，王映霞就请母亲把孩子带到杭州抚养。这样一去就是三年。

　　静子回到上海的时候，已经是一个会喊爸爸妈妈的小姑娘了，但是从小在杭州长大的她，对于这个陌生的父亲、陌生的家庭，始终不能很好地融入进来。

而对于传统观念根深蒂固的郁达夫来说，眼前这个女孩子，他始终不太喜欢，他几次同王映霞商量，想要把静子送给人家。将自己的亲生骨肉送给别人，王映霞无论如何都不能接受，但郁达夫几次三番地要求，让王映霞拗不过他了，只好同意把孩子抱到松江，交给一个当地的保姆照看。

可是人的生命是如此脆弱得不堪一击，不到两年，还未满五岁的静子就生了一场大病，幼小的生命便被无情地夺去了，她身为一个母亲，孩子的去世一直是心中不能痊愈的伤痕，出于对孩子永远都无法弥补的遗憾和对这个唯一的女儿的思念，王映霞消沉了好一段时间，这样的创伤可想而知有多深，而她，也渐渐对郁达夫当初的行径有所怨艾。

郁达夫的日记和全集，当时全部归由北新书局出版。按照当时的销路来收取版税，郁达夫稿费的收入还是十分可观的。这些收入拿来维持郁达夫和王映霞的生活，虽不能说十分富足，但也是绰绰有余的。但当时北新书局的情况是，有的时候明明已经双方讲妥，书局一个月应当分付给郁达夫多少钱的版税，年终的时候再另外结算清楚，若是不用书信或者电话去催促他们，稿费常常就会被忘记送来，否则就是推迟很久。这是北新的一贯作风，也是北新的方法。当年鲁迅要和北新书局打官司，也是出于北新的这种做法。所以，一到每月需要催款的时候，王映霞就会准时向北新催收版税。嘉禾里口右首一家药材店里有一部电话，王映霞每个月总要去借用几次电话，向北新书局要钱，这成了她必修的功课，逢年过节的时候，则更加打得起劲了。

郁达夫的每种书初版或再版，都照例由王映霞贴上好几千枚"版权所有"的印花送往。印花送去之后，王映霞就月复一月地跟北新催讨版税了。这件事情，王映霞做得非常勤快，也十分辛苦，但是在她的内心深处，却是富足而快乐的。

每个月王映霞催讨来的版税，不管多少，一两百元都是可以拿到手的。这些收入支撑着他们二人家庭的吃穿用度。此外，郁达夫的一些其他的零星稿费，都可以拿来补贴家用。

每次稿费和版税拿到手之后，郁达夫都会拿出一些来买书。身为一个文人名士，对书籍的喜爱可想而知，他嗜书如命，心情愉悦或是烦闷的时候，郁达夫都会到旧书店里去逛一逛，看到自己中意的中外书籍，总是要不顾一切地买下来。

常常发生的情况是，为了买书郁达夫愿意倾囊相向，早晨空手出门的他，时常傍晚回来的时候，王映霞就会看到整整一辆车的书跟在郁达夫身后。顾不上妻子的唠叨，郁达夫就兴奋地举着手中的书对王映霞洋洋得意地说道："这可都是孤本、珍本、绝版书啊，真实不容易到手的呢！"

王映霞对于郁达夫花费大量的金钱去买书的行为，并没有指责，虽然两个人在一起生活，很多时候需要精打细算地过日子。有时候看到郁达夫花钱这样没有计划，王映霞也难免有些担忧，特别是那些稿费，都是郁达夫勤奋写作、呕心沥血换来的，用自己的心血换来一车又一车的旧书，王映霞心底也有一点可惜。

但是，看到自己的丈夫醉心于书籍，王映霞还是忍不住感到自豪和欣慰："比较起来，比用在买酒买烟中，总还略胜一筹呢。"王映霞这样想着，也就不怎么开口责怪郁达夫了。作为女性，王映霞十分细心，有时收到数目较大的进款的时候，她就暗中为家里储备一些，以备不时之需。

在经济方面，郁达夫对王映霞的安排从无异议，在他们的家庭生活中，也从来没有因为经济上的问题发生过矛盾。

那时的上海滩暗流汹涌，危机重重。中国左翼作家联盟和中国的自由大同盟先后成立，在发言人的宣言中，郁达夫第一个签上了自己的名字，并多次出席反对帝国主义和国民党反动统治的示威性集会。在这前后，郁达夫还同鲁迅一起署名发表过不少抗议国内外反动派推行法西斯战争的宣言。

1930年，郁达夫患了急病需要手术，但当时的友人提醒道："现在的租界上风声不稳，黑名单上有你的名字。"于是郁达夫和王映霞立即把家中的书籍和重要文件全部藏匿起来，有的则转移到别的地方去，又在自家住处的附近，租下了一间小亭子，让郁达夫独自一个人移居在那里，对外的解释是乡下来了很多亲戚，家中一时住不下，于是租住了一间亭子。

那段时光，是两人相依为命的时光。郁达夫搬到亭子之后，每一餐都是王映霞送饭送菜，每天陪伴他去老西门的一位中医那里看病，有时还兼顾了"护士"的职责，为郁达夫敷药换绷带……

王映霞对于那段疲惫的时光，却是这样描述的：

> ……家务和孩子，也不得不挂在心上。当时我虽然终日忙得无片刻余地，但是我的心情是愉快的。

这样的幸福，就如同一场不期而遇的花事，徐徐绽放在王映霞最美的年岁里，她守候着这样一份安然宁静，期待与郁达夫一起在阳光下筑梦，在风雨中同行，守着这样一段远离车马喧嚣的光阴，慢慢老去，亦是圆满。

夜来风雨似行舟

郁达夫与王映霞

何苦匆匆不久长

走过这一段记忆之后，明月路照惜花人，记忆中的你和我总是故人如画的。往事如风，当尘封的记忆被雪藏在岁月碾碎的烟粉之下，人们只想要让时间将所有的不平抹去，我们凌厉退却，我们仓皇忘记，我们跋涉前行，却不知，那些时而涌现的往事，就像飞雪一般弥散开来，猝然出现的时候，我们才会清醒，才会回忆，才会心带怅然。

1930年，正值炎炎夏日的一天，郁达夫的二哥郁养吾从老家富阳来到上海来看望他。因为郁达夫和二哥的感情向来不错，再加上婚礼的时候，二哥出面担任男方的唯一代表。一时解了他们二人的燃眉之急，所以这一次郁达夫分外热情，嘱咐王映霞拿出好烟好酒，说一定要好好招待二哥。

王映霞知道郁达夫跟这位二哥的关系十分亲热，并且对郁养吾当年能够代表郁家出席他们的订婚仪式而始终心怀感激。这次郁养吾来到上海看望他们夫妇，王映霞也拿出女主人的热情来款待他，早早就准备好了一套干净的寝卧用品，并吩咐用人要亲自准备酒菜来为二哥接风洗尘。

不一会，门外就响起了敲门声，郁达夫忙起身道："一定是二哥来了！"说着打开房门，阔别已久兄弟见面，场面顿时热闹起来，郁达夫把二哥迎进了房屋，屋子里一早收拾过了，显得干净雅致，井井有条之中透露着简单温馨的气氛。

郁养吾一看便赞许道："看来弟妹是相当能干啊。"

"哪里，哪里"，郁达夫忙笑着摆摆手，道，"二哥还没来过吧，我带你参观参观！"说着兄弟二人便向楼上走去。

"达夫啊，你现在可是只羡鸳鸯不羡仙啊，一儿一女一枝花，阳春那么活泼可爱，只可惜这次我没有见到静子。"郁养吾遗憾地摇摇头。

郁达夫一听，神色有些冷淡地回答说："那个孩子总是哭闹，我听着就头痛，不如阳春听话的。"

王映霞见郁达夫这样说，难免有些介怀，语气中带着些许的不满道："那是你不大喜欢女孩子，我看静子就很乖巧，母亲在杭州照顾她也不怎么费心，家里人都说她懂事又可爱，很讨人喜欢。再说小孩子，哪里有不哭一哭闹一闹的？"

郁养吾见郁达夫脸色顿时有些阴沉下来，便说道："哪的话啊，弟妹，达夫一定是怕你太累了，杭州那边找奶妈应该也方便一些。"郁养吾知道这第二个女孩子一直是夫妻俩之间的敏感话题，他忙笑着打圆场，唯恐因此引起他们夫妇之间的争执。

郁达夫不动声色，没有搭王映霞的这个话头，只是自己岔开了话题："来来来，二哥，今天让你好好尝尝映霞的手艺，都别站着了，再不上桌菜就要凉了。"

王映霞用心张罗了一桌好菜，也拿出了郁达夫平时珍藏的好酒来招待郁养吾，郁达夫招呼二哥坐下，兄弟二人大有开怀畅饮，不醉不休的架势。

酒性渐酣，几个人渐渐越聊越热闹，气氛也活跃起来。王映霞想起当年自己和郁达夫的订婚仪式上，二哥是男方家庭的唯一代表，千里迢迢赶来杭州参加婚礼，王映霞十分感激，她端起酒杯对郁养吾道："二哥，我敬您，感谢您那时候赶来参加婚礼，这杯酒算是聊表谢意吧。"

郁达夫在一旁打趣道："要不是二哥成人之美，她上哪找这么好的男人啊？"

王映霞见郁达夫的话中带着酸意，只觉得分外不中听，她把酒杯重重一搁，不甘示弱地回道："哎哟，难道说你娶了我还是委屈，我倒是赚大了是不是？我才是哑巴吃黄连，有苦说不出呢！"

郁养吾顿时怔忪，在他看来，王映霞一直是一个内敛沉稳，凡事不会过于流露自己感情的新时代女性，但是这一次，即使是有自己这个外人在场，她语气中也难掩不满和激动，说不定是和达夫吵架了？还是夫妻两人之间有什么误会或矛盾没有解释清楚呢？

"好了好了，喝酒喝酒。"郁养吾笑着当了一回和事佬，忙举杯打圆场道。

气氛刚刚有些缓和，郁达夫似乎有些醉了，他对王映霞说："映霞，你也来陪二哥喝几杯。"

郁达夫的语气中有着生硬的命令口吻，让王映霞顿时心生不快。本就是大家闺秀出身的她很少在客人面前饮酒，再加上他们二人曾约法三章，喝酒的时候一定要克制，关于这个问题她也和郁达夫争执过几次，她把筷子重重一放，语气冷冷地说："我向来不大喝酒的，你陪二哥喝就好了。"

"好啊好啊，"郁养吾见气氛有些僵持，忙拿起筷子，道，"吃菜，喝那么些酒做什么呢。"

说着，王映霞便起身收拾酒具，说道："我们大家还是吃菜吧。"

本来是家宴之中的常话，王映霞也觉得并没有什么不妥，郁达夫在一旁默不作声，本以为就这样过去的一场风波，岂料郁达夫当即阴沉了脸，突然起身，把酒杯往桌子上一放，只穿了一件在家中常穿的单衫就打开门扬长而去，直到这顿饭吃完，郁达夫也没有回来。

郁养吾见状，作为兄长也不知道该说什么好，只是宽慰道："弟妹，达夫就是这个脾气，一会儿就回来了。"同时他也是觉得不小心挑起了这场矛盾，却没能调和他们二人的关系而感到抱歉，只能尴尬地表示不介意。

王映霞有些发愣，一时之间也不知道说什么，只好歉意地笑了笑，道："达夫的脾气，的确是越来越奇怪了。二哥不要介意，让您见笑了，实在是对不住得很。"身为主妇的王映霞感到十分抱歉，自己的丈夫就这样在客人面前拂袖而去，留下这样尴尬的局面，让自己怎么收拾呢？再者，郁养吾远道而来，她必须替郁达夫遮掩，不至于失礼，得罪了这位好心的二哥，平白无故地惹人笑话。

曾经即使自己对他冷眼相加，不理不睬，也绝不会招来他的半句怨言。王映霞知道自己不是仙女，从来不奢求为谁谪落人间，但是当遇到郁达夫的时候，那些堂皇的誓言历历在目，仿佛昨夜才说过，还是滚烫的。王映霞对着孤灯落泪失神，她以为郁达夫不会走远，消了气自己就会回来的。然而两个人一等再等，郁达夫还是没有回来。

直到午夜时分，郁达夫还是不见踪影，王映霞只好先安排郁养吾休息，自己来到楼下，夜静悄悄的，她对着一盏孤灯，等了整整一夜。郁养吾第二天就回富阳去了，走的时候还安慰王映霞说："弟妹，我清楚我这个弟弟的脾气，你不要太替他担心了，没事的，你在家还要照料孩子，切记照顾好自己，他过几天就会回来给你赔礼道歉的。"

王映霞只好哂笑两声，强颜欢笑道："二哥不必挂心，我知道的。"

这是郁达夫第一次离家出走。

郁达夫走后，家里空荡荡的，安静得让人害怕，王映霞担心郁达夫的安危，坐立难安。有了之前的一次经历，她担心郁达夫不知道是不是又醉倒在什么地方，不省人事？这么大的上海滩，她一介女流，又能去哪里找呢？担心之余，王映霞忍不住又生起气来："不就是让他少喝点酒，难道是我的错？"越想越觉得气恼，实在是什么事都做不下去，只好在房间枯坐着。

天渐渐黑了下来，楼下忽然传来邮递员的喊声："嘉禾里1476号。王映霞女士，电报！"

王映霞惊跳起来，忙奔下楼去开门，电报是郁达夫从宁波发过来的，当面只写了两句话："钱和手表被窃。速送一百元到宁波新华旅社。"

看到这封电报，王映霞是又急又恼，自己担心了一天，那个人居然一声不吭就跑到宁波去了。生气之余，她又忍不住担心起郁达夫的困境，当即决定赶往宁波。

一百元不是个小数目，相当于他们半个月的花销，王映霞思来想去，她拿出了结婚时母亲送给她的手镯和项链，在手中掂了一掂，估摸着一百元是够了。她立即拿去弄口的一家当铺典当了现钱。把孩子托付给朋友之后，王映霞就立即赶到十六铺买了去宁波的船票。

这一路的颠簸让王映霞苦不堪言，夜间风高浪急，她睡在船舱之中也想了很多，爱如果有那么多的回头路好走，人又怎么会懂得珍惜呢？而此时的自己，在一个个的路口，又该怎么选择呢？

夜渐渐在海上平息了下来，次日船只抵达宁波，王映霞已经疲惫不堪，她强打起精神，按照电报上的地址找到了新华旅社。

见到柜台后面的登记人员，王映霞问道："请问一天前有一位郁达夫先生来这里，他住在哪个房间？"

登记人员翻了翻手中的登记簿，抬头对王映霞说："郁达夫？——没有这个人啊？"

"怎么会没有呢？"王映霞着急地拿出电报来给登记人看："不可能的，您看，他昨天从这里发来了电报。"

"昨天登记入住的先生，只有一个叫作于质夫的。"

"叫于质夫？对了对了，就是这个人！他在哪个房间？"王映霞忍不住喜出望外，"于质夫"是郁达夫好几篇小说中男主人公的名字，有时候他会使用这个化名，看来郁达夫就在这里没错了。

终于找到了郁达夫，王映霞心里总数是松了一口气，她强压住心中的愤怒、焦急、激动的复杂情绪，她明白，这段感情在她的心中只能耕作一次，她等待着花繁叶茂的最终，等待着昙花一现的惊艳，不论如何，她都不会任其凋零。于是王映霞走到房门前，轻轻敲了敲门。

只为风前我忆君

开门的正是郁达夫，见门外站着王映霞，他默不作声地让了让身体，示意她进来，可是脸上看不出任何喜悦的情绪，仿佛映霞的到来一点也不能让他高兴。王映霞探头一看，屋里烟雾缭绕，还弥漫着一股酒气，原来这里不只郁达夫，他同楼适夷、王鲁彦等几个文学界的朋友喝了一天的酒。

不是无情，亦不是薄幸。而是两个人，终究是不同的个体，当王映霞看到屋内的这一幕，她实在不能理解，为什么郁达夫不辞而别，自己历经艰辛来找他，看到的却是他在屋内和朋友对酒畅谈，还是说，自己拿蕴藏在心中的深沉如海的感情，从来都是自欺欺人的呢？

曾经陪同郁达夫夫妇在宁波游玩的楼适夷在《回忆郁达夫》里，对这件事有过描述：

　　一九二九年夏天，我同任钧（那时叫卢森堡）两人跑到宁波普陀岛，住在一个小小的由和尚主持的叫天福庵的庙里，一下子来了好些作家。有王鲁彦夫妇等，后来郁达夫与王映霞也一先一后地到来了。达夫说他一个人在上海街头，喝醉了酒，给扒手掏走了钱包，不知怎样糊里糊涂在十六铺码头上了去普陀的轮船，就这么一个人来了，连忙写信去上海要王映霞寄钱，王就带着钱自己跑来，两人一起留下了。当时只有一个卢森堡不怕炎暑，埋着头写他的中篇小说《爱与仇》，别人只是三三两两游山玩海，过得极为散漫。达夫的特点是每天都得大喝一场。天气热，喝的是啤酒，他一下子可以灌下去六瓶，可把别人吓坏了，即使是喝清水，也没那么大容量的肚子吧。达夫说："没有关系，喝到半场，跑出去小便一次，又可以再喝了。"

我是同达夫夫妇一起离开普陀的，先回到宁波，想好好玩玩天童，育王，东钱湖……

定了定心神，王映霞说："我给你送钱来了。"

看着郁达夫没有丝毫的喜色，王映霞忍不住有些失望，眼中那一点激动的微光也暗淡了下来。她本以为自己千里迢迢赶来宁波，在郁达夫最需要的时候出现，他至少应该体谅自己的心情，然而那种患难见真情的情形完全不是眼前的样子。

"哦，进来吧。"郁达夫淡淡地应了一声，王映霞想到自己典当了母亲给她的首饰才换来这一百元钱，只觉得心似寒冰，他的转身，留下一地破碎冰冷的幻想，王映霞强忍住眼泪，跟着郁达夫进了屋。

这时郁达夫突然对王映霞说："我们一起到普陀去玩几天，再回到上海好不好？"

或许是这段时间发生的事情让二人太过心伤，一次次地争吵，一次次地回头，却总觉得不似当年了。"物是人非事事休"这句话，似乎在几十年的弹指流年之后才有资格拿出来感慨，但王映霞却觉得，自己像过了几十年那么久远，从前那个无忧无虑的少女，怀抱着这样一段婚姻，似乎也在垂垂老去了。

那就不如当是出来散散心吧。王映霞在青年会里住了一夜，第二天，就和郁达夫在去普陀的船上，小船摇摇晃晃，本来感情激荡的二人，一直向往着这样携手游湖的生活，然而当这些脆弱而精致的美景摆在眼前任君赏玩的时候，却又似乎没那么神秘美好。

郁达夫只是缄默着，不知道在想些什么，王映霞看了他良久，终于按捺不住自己的情绪，对郁达夫说道："你那天为什么突然离家出走，你让我在二哥面前多为难啊。"

"我是因为你拦着我不让我喝酒才生气的，一时之间没有控制住情绪。我们兄弟见面，哪有不喝酒的，你还不让。我很生气，就在十六铺码头和衣睡了一夜，之后就买了到宁波的船票，钱包和手表都是在码头上不见的。"郁达夫埋怨道。

"喝酒的事情我们不是一早就有过约定吗？而且跟你说过很多次了，喝酒伤身，你自己也是知道的。"王映霞说着忍不住哽咽起来，"而且你当着二哥的面那样做，你让我怎么下的来台呀。"

郁达夫看着王映霞，这个原本心思细腻柔顺的女孩子，却很少哭泣。然而这一次自己的出走，似乎给她带来了很深的伤害，思念清冷如幽风，身处异乡，囫囵醒来的时候，自己第一个想到的就是给映霞发电报，这一个人，对自己来说，依然是一无所有的时候最后的退路啊！

"映霞，你也知道我的脾气的，每当脑筋一转，脾气一发，就不会顾及前后，我自己也控制不住自己。"郁达夫伸出手去握住王映霞冰冷的掌心，诚恳地对她说："我知道这一次是我错了。"

在普陀岛上，郁达夫夫妇玩得十分开心。他们和相识的旧友们同住在一个名为天福庵的小庙里，每天在岛上游名胜之地，与闲云野鹤为伴，极为浪漫悠闲。似乎也只有这山河草木，敢于做岁月的勇者，不惧流逝，也不怕老去，不管四季怎样更迭变换，这些灵水灵山，依然带着简单慈悲的心境，从容看着尘世的轮回。

在普陀又玩了一个星期，郁达夫和王映霞之间的隔阂表面上是缓和了很多，两个人偕同出游，外人看来并没有什么不妥。但是，两个人之间的裂痕一旦产生，就如同告别了曾经富有含义的美好，告别了初见的心动，告别了相爱的勇气，不再是那么毫无保留地包容、忍让，冰释前嫌，这件事在王映霞的心目中留下了永久的创伤，郁达夫也了解在她精神上留下的伤痕，是永远也磨灭不了，永远无法消除的，让她在日后的生活中，变得敏感多疑，风声鹤唳，草木皆兵。

一直以来，王映霞都以为，和郁达夫一旦有了开始，就应当有始有终，世间的因果循回都是命定的，就像花开就有花落，云卷就有云舒，都有着人间万象的定理。有些爱是要用一生的时间去坚持，哪怕这种执着会被误认为是无用的倔强，但是在王映霞心中，既然已经决定了相守，就不会让彼此在变幻无常的情绪之中消磨了感情和时光。而且王映霞也懂得，凡俗之中的女子，能找到相伴一生的人已是不易，再艰难的时光，她都不会做率先转身离去的那个人。

但是，眼前的这个人真的值得自己不离不弃么？王映霞在黑暗中看着枕边酣睡的郁达夫，那样的眉眼，那样的发线，都是自己再熟悉不过的，然而此时此刻，她却突然觉得如此陌生。时间就像生锈的刻刀，在彼此的心上拙劣地雕琢出印记，渐渐地，我们都失去了自己的模样，也渐渐忘却那人曾经的模样，只留下似曾相识的痕迹供自己凭吊了吧。

这样的错觉郁达夫也隐隐约约能够感受得到，就在王映霞对他心存芥蒂的时候，之后的一件事也让两个人之间异样的感情在郁达夫心头缓缓起伏，让他不得不重新细细思索起来：

那是1932年，王映霞正是怀着第三个孩子七个月的时候，郁达夫和王映霞婚后发生了他的第二次出走，对于这件事，王映霞的《自传》是这样记载的：

1932年3月10日，他突然又不告而别，我打开抽屉，发现少了一张存有500元的钱单，这些钱对我们当时的家庭来说是一笔不小的款子，我骤然震惊了一下，但马上又想开了，钱是身外之物，失去了并不稀罕，只是不知道他又跑到哪儿，会不会出意外？心里有点着急。上海的亲戚，朋友家我不敢去打听，怕被人笑话，面子上下不来。母亲和外祖父早就搬回杭州去住，无人可以商量。我是一个已经出嫁的女儿，而且是自愿嫁给他的，死活我得一个人承当。

　　任你怎么心烦意乱，还得做家务，照顾孩子，有朋友来访时，我以谎言搪塞，只说达夫外出几天，不久就会回来了。时间一天天地过去，我仍没有郁的半点消息。不料有一天，我意外地收到我表姐张幼青（她后来嫁给周家贤）的来信，信中说，她前几天在杭州闸口的江边，看见郁达夫，他随身未带行李，手中只提了两包旱烟，走上了开往桐庐的轮船。

　　读了信，我心中马上猜到他出走的原因，是因为在上海住厌了，况且我又老劝他少喝酒，大约想走回头路，回到富阳去。……

　　就在郁达夫从富阳回到上海的时候，王映霞已经对他心存芥蒂，认为他是去找原配孙荃了。想起自己与郁达夫的婚姻，朋友、家人没有一方是绝对赞成的，很多人对王映霞选择了郁达夫不能理解，自己顶着莫大的压力，毅然决然地和他完成了婚礼，他却在婚后回到富阳找孙荃，这样天大的委屈难道自己就得一个人承受吗？

　　但是事情在郁达夫看来就没那么简单了，1931年，文艺战线上的白色恐怖进一步加剧，创造社成员被下了大狱，郁达夫四处奔波设法营救，但很快就被人盯上了，他只好再次上演"离家出走"的闹剧，他在《钓台春昼》一文中说："1931年，岁在辛未，暮春三月，春服未成，而中央党帝，似乎又想玩一个秦始皇玩过的把戏了。我接到了警告，就仓皇离去了寓所"。离开上海之后，郁达夫并没有想到回去富阳与孙荃重修旧好，而是在江浙的乡村小住，看到村里祭拜祖坟的情形，忍不住思念起了故乡，这才回到富阳。

郁达夫的母亲本想借着这个机会，让郁达夫和孙荃重归于好，因为那个时候，郁达夫并没有和孙荃离婚，而是以分居的名义暂时冻结了两个人之间的关系。但是孙荃从来都不是委曲求全的人，郁达夫抛妻弃子带给她的伤害，让她根本不愿意再面对这段感情。

郁达夫在江浙一带漫游了许多时日，在乡间吟赏烟霞的时光中完成了《钓台的春昼》。在上海令文字工作者人人自危的白色恐怖已经过去，郁达夫这才回到家中。

大概人多是这样，离别时公正而自私的事情，它不需要人陪同相伴，只需要在仰望天际的时候，能够最后一次想念你，然后安然入眠。等到天明，又将开始新的启程。那一点点的留白，是郁达夫给自己的空间，让他在被白色恐怖步步紧逼的危急关头，能有一点点放浪形骸的自由洒脱。

怨怀无托白头约

　　阳光就如同手中闪耀的斑驳光影，悄然无声。王映霞知道郁达夫走完他心中的沧桑人世，终会回来。她只是抬起头，看着这间没有了他的屋子，如果离开是必然的，而我也知道他定会回头，那又何苦如此煎熬呢？

　　郁达夫一回到家中，王映霞仔细观察他的神态，竟然看不出什么异样，再去看郁达夫随身携带的行李，是一只网篮，上面写着有"富阳郁氏"的字样。此时他还并不知道，自己的去向已经有人告诉王映霞了，这时，王映霞语气冰冷地开口道：

　　"你这么些日子到哪去了？"

　　"富阳，桐庐，严子陵钓台。"

　　"在富阳住了几天？"

　　"一个星期。"

　　"你在富阳的日子里，还想到上海的家和孩子们？你为什么不声不响地走掉，不告诉我你的去处？你欺骗了我，你对我说了谎话。你欺辱我过去没有男人，没有嫁过人，不像你这样当面讲好听话，私下又背着我行事。你把我当做什么人！"王映霞愤然道。

王映霞的外祖父王二南先生是唯一一个支持和促成他们结合的人，得知了这一情况，他对王映霞的母亲说：

"昔日元稹始乱终弃，虽作有《莺莺传》传之后世，然则人中不可取也！莫非达夫也有始乱终弃之意？"这样想，老人家急忙从杭州赶来了上海，当着映霞的面，王二南对郁达夫说："达夫！你说应该怎么办！"

郁达夫低下了头，只能无言以对，马上写了一张保证书交给了王二南，外祖父出于疼爱孙女的心情，把信封封好，嘱咐王映霞收起来妥善保管。

经过了和外祖父王二南的长谈，第二天，郁达夫就请来了律师徐式昌，和北新书局的经理李小峰先生。当着这些人的面，郁达夫签下了三份"版权赠予书"，这三份分别由律师、书局和王映霞执存，作为日后的担保。签过了那样一纸冰冷的合同，郁达夫和王映霞的感情也发生了质的变化。郁达夫总觉得，王映霞依然是多年前自己遇到的那个不谙世事、天真烂漫的女孩，但是这次索要版权，并把外祖父从杭州找来对自己施压，促成这次协议的签订，这些种种，都让王映霞在郁达夫心中变成了一个未脱世俗的女子，同这世间一些凡脂俗粉一样，格外地重视金钱和物质。因此，当他签下"版权赠予书"的时候，感到了一种幻灭的哀凉。

表面上看来，这件事就这样解决了。但是分家式的"赠予书"的签订，在感情上的创伤是一日一日地加剧了。郁达夫的出走，和王映霞要求的"赠予书"，对郁达夫和王映霞来说都是存在于他们感情之中难以磨灭的阴影，如影随形，让他们再难像从前那样相濡以沫地生活了。

王映霞在《自传》中这样讲到这段婚姻第一次产生的裂痕：

没有几天，外祖父要回杭州去，我在送他老人家上火车后的归途中，感到心酸。回到家中以后，很有一股悲痛的感觉：似乎这一个家已经不像是我的家了。猛然间，阳春走到我面前来喊了一声"妈"，才使我恢复了原来的神智。想着已将出世了的两个孩子，想着腹中那七个月的胎儿，又想到这几年来辛辛苦苦建立起来的这一个完整的家，我真感到了来日之茫茫。

自从那次之后，王映霞的胆量似乎大了不少。她做了许多次郁达夫所不愿意她做的事情：如时常去探望几个独身的同学，向她们倾诉自己的痛苦。等郁达夫不在家的时候，约上几个好友来家里看望自己，或者在空闲的时候给朋友们写几封信。

王映霞在结婚之后，一改从前做少女时那样活泼热情的性格，本来热爱交际，喜欢热闹的她，自从和郁达夫结婚以后，除了和郁达夫一同走亲访友，赴宴请客以外，很少有自己的社交活动，所有生活的重心都放在自己和郁达夫的这个家中。而这次的家庭变故，聪明如映霞，很快就意识到，自己不能再死守在这样的一个圈子里了。

对于郁达夫动不动就离家出走的原因，王映霞在《自传》中这样地分析说：

> 郁达夫的个性自由孤独，青少年时代就没有开朗的机会，尤其是在日本一住十年。正如他自己在《血泪》中所写的那样："在异乡漂泊了十年，差不多我的性格都变了……"环境给他养成一种苦闷的颓废的性格，不习惯于有规律的家庭生活。到了某些时候，他想恢复一下他的幻想，便立即会无声无息地出走一次。但是，也不会走得太远，不久自己也就会回来。

看似紧握在手中的，未必真正拥有，看似离去的，也未必就此不再回头。当流光老去，岁月飞度，王映霞早已在一次次的等待中虚耗了自己最美的时光。和郁达夫相处时候的种种矛盾，就像一道道暗伤，伤口细碎，也不轻易示人，只是在最深的角落隐隐作痛，时间也不能将它治愈。

> 我原谅他的病态，珍惜他的不健康的身体；另外，还感佩着

他的才华。于是，只能言归于好。

许多事情是不能有一个开头的了。有了第一次，还会有第二次第三次，甚至于无数次的了。有时为了饮酒，有时为了别的鸡毛蒜皮之类的事情，我只需要看他眉头一皱，头一摇，就知道他马上会重犯老毛病了。有时我总觉得好奇，想探究一下他到底是往何处去？去做些什么？为了感情，为了他的安危，我就在后面追踪他。

两个人距离二三十步，有时十几步，更有时像并行着，郁达夫走在前面一点，乍看，我们两人真像陌生的行路者。有时向西行，从住处走到曹家渡，有时走到霞飞路（今淮海路）尽头，大家自管自地走着。这几条熟路，都是我们结婚前后携手同行过的地方。而曾几何时，心情便各有不同。一种伤感怀旧的情绪涌上心头，我的步子，便自然而然地缓慢了下来，原来在我前面行走的他，偶尔一回头，发觉我跟在他后面。时间已经到深夜，他自己也走得有些疲倦了，他就马上会喊了一辆人力车，叫车夫把车子拉到我身边，让我跨上坐定之后，他也就坐了上来，两个人无言无语地回到家中，这样地走了一场冤枉路，在他总算是已经发泄了闷气，而我却在受折磨。他倒若无其事地与往日一样，叫我，逗我，为我倒茶送水，示意我休息。于是我又只能在疲劳里，在悔恨中，度过残宵。

在上海的这四五年中间，像这样的情形的反复，是不计其数的。弄得久了，我亦习以为常，任他自去自来，任他愁烦欢笑。……

在一次次的纠纷之后，王映霞也渐渐摸索到了许多的教训，碍于自尊心，她不敢把自己心底真正的思想暴露出来，于是想起婚后种种，孤独与苦闷占据了心房，想起自己和郁达夫结婚前母亲曾对她讲起的箴言，师长同学对这段感情的轻视，"又想起了我那可爱的令人怀念的故乡的一切，儿时的一切。我热烈的真诚的感情渐渐地改变了，同时，家庭影响我的娇，社会影响我的骄，在逐渐发展"。

那时是1931年3月17日，郁达夫和王映霞的第三个孩子出世了，取名郁云，小名殿春。这个孩子从外貌到性情，都与郁达夫十分的相像。但是还没有等到这个孩子满月，王映霞就接到家乡传来的噩耗，她收到了外祖父在杭州患脑溢血的电报，她与郁达夫来不及细细收拾，当即就急匆匆地赶往杭州，总算见到了王二南先生最后一面。王映霞自幼便是个很有主见的女孩子，很少流泪，这次外祖父的去世，她却在灵前痛哭良久。她说："老人家长眠了，从此他再也不知道我此后的日子是欢乐还是悲愁。"

1931年初，"一二·八"的炮火笼罩着整个上海滩。郁达夫和鲁迅、茅盾等联合发表《上海文化界告世界书》，强烈谴责日本帝国主义对中国的侵略行为。郁达夫还前往暨南大学进行演讲，鼓动和号召青年学生"要用文学来做宣传，唤醒我们本国的群众，叫他们大家起来反抗帝国主义"。

当时郁达夫为外敌当前的国之难事忧心忡忡，回到家中，发现王映霞出门见朋友去了，看着她若无其事，笑语盈盈的样子，郁达夫格外恼火："现在是什么时候了，你知不知道日本人就要打到我们头上了！国之将亡，你还有心思会朋友！"

王映霞的笑容慢慢僵硬冷却在脸上，她质问道："我出去会一个朋友都不行？难道我连这点自由的权利都没有了？"

王映霞脸上挂着不屑的冷笑，看着郁达夫恼羞成怒摔门而去，这一次，他在外面逛了半个月没回家，还写了文章大骂王映霞和她的好友。这件事在当时轰动了上海新闻界，使得王映霞百口莫辩，王独清都曾为此撰文，替王映霞说话。

一字长雁下西湖

当我们不能回头的时候，唯一的勇气就是对着那个不能折返的方向，迈出下一步。这样才能让迷茫、痛苦暂时驻扎下来，才能让我们在一次又一次的困境中侥幸存活。然而希望有时是多么可怕的东西，它们如同浩浩江水，一旦沉沦其中，我们便没有了自己。

也就在这个时候，王映霞有了新的希望，她做出了一个重大的决定，萌生了想要迁家的想法。"自从1931年到1932这两年以来，我心理上幻灭得厉害。似乎人未老而精神已衰，对于各项事物，也都发生不出兴趣。有时想到树高千丈，叶落归根，就很盼望有一个开支可以节省的安定的去处。"她考虑得很周全："一，为使孩子在杭州受到良好的教育；二，上海生活费用渐有高涨之势，而达夫创作数量日渐减少，原先的几个本子销路亦滞，故而开支日增，收入渐微，家庭开支杭州低于上海；三，当时上海白色恐怖弥漫，为脱出旋涡，免遭不测。"

而郁达夫亦有这样的打算，他曾在《住所的话》里，描述过自己理想的居所：

> 自以为青山到处可埋骨的漂泊惯的流人，一到了中年，也颇
> 以没有一个归宿为可虑。近来常常有求田问舍之心，在看书倦了
> 之后，或夜半醒来，第二次再也睡不着的枕上。
>
> 尤其是春雨萧条的暮春，或风吹枯木的秋晚，看看天空，每
> 会作赏雨茅屋及江南黄叶村舍的梦想；游子思乡，飞鸿倦旅，把
> 人一年年弄得意气消沉的这时间的威力，实在是可怕，实在是可
> 恨。……可是乡土的观念，附在一个人的脑里，同毛发的生于
> 皮肤一样，丛长着原没有什么不对，全脱了却也势有点儿不可
> 能。……

山清水秀的杭州，正是郁达夫所钟情的第二故乡。西子湖畔的灵秀
风光给求学时期的郁达夫留下了深刻的印象，在他心中，初到杭州似梦
中，那徜徉在湖畔，"把酒祝东风，且共从容"的惬意洒脱还在他的心
头挥之不去。郁达夫数次在杭州驻足，对那里细雨蒙蒙，飞草正熏的美
景流连忘返。

郁达夫曾在杭州栖霞岭的岳坟信步游览，凭吊古人。古有岳飞精忠报
国，而如今在国内的腐败现实中浮沉的自己却对革命事业的振兴力不从
心，郁达夫禁不住思绪万千，写下了三首《西湖杂咏》：

> 歌舞西湖旧有名，南朝天子最多情。
> 如今劫后山河改，来听何戡唱渭城。
>
> 细草红泥路狭斜，碧梧疏柳影交叉。
> 荷风昨夜凉初透，引得麻姑出蔡家。
>
> 绿波容与漾双鸥，莲叶莲花对客愁。

明月小桥人独立，商量今夜梦扬州。

郁达夫就在明月低悬，清风小舟的西子湖畔，看着远处青翠巍峨的山影，对着水边是悠悠拂动的细草，轻轻吟起了诗句，那时的杭州西湖，平静的水面一如年少时波澜不惊的心境，一切都显得入情入理。

而这次他决定与王映霞主动提起离开上海迁往杭州，正是如郁达夫一篇文章中所说的那样"断绝交游，抛撇亲串，和地狱里的精灵一样，不敢现身露迹，只在一阵阴风里独来独往……"，上海的白色恐怖让郁达夫深陷紧张的气氛，难以立身。他想念杭州深山的"九月秋迟桂始花"，也想念客杭时期的"五更衾薄寒难耐"，让他更想离开灯红酒绿，气象万千的上海，是想到杭州去过另一种生活。终于，郁达夫和王映霞二人经过认真思索和商议之后，他们于1933年4月23日举家迁杭。

郁达夫曾以《移家琐记》来记录当时离开上海、迁往杭州的情形：

> 流水不腐，这是中国人的俗话，Stagnant Pond，这是外国人形容固定的颓毁状态的一个名词。在一处羁住久了，精神上习惯上，自然会生出许多霉烂的斑点来。更何况洋场米贵，狭巷人多，以我这一个穷汉，夹杂在三百六十万上海市民的中间，非但汽车、洋房、跳舞、美酒等文明的洪福享受不到，就连吸一口新鲜空气，也得走十几里路。移家的心愿，早就有了；这一回却因朋友之介，偶尔在杭州东隅租着一所适当的闲房，筹谋计算，也张罗拢了二三百块洋钱，于是这很不容易成就的戋戋私愿，竟也猫猫虎虎地实现了。小人无大志，蜗角亦乾坤，触蛮鼎定，先让我来谢天谢地。

郁达夫和王映霞的新居就安置在浙江图书馆侧面的一座小山旁，相比较起上海的弄堂洋房比起来，这三间旧屋反而更加宽敞明亮，家中还缺少许多家具陈设，原本从上海带来的书桌和旧书，往三间连通的矮厅上一放，竟看起来有种空空荡荡的感觉了。郁达夫开玩笑道："像煞是沧海中间的几颗粟米了。"

三更天外，巷口里传来笃笃笃的敲小竹梆的声音，在寂静的长巷里悠扬回转，原是卖馄饨圆子的小贩营生，在这冷僻深巷之中，竟有令人酸楚的哀默之意。郁达夫想起白日里看到的夜雨之后的杭州东隅，坑洼不平的沙石马路上，行人都裹藏在自己灰蒙蒙的衣领之中，远远的只看见一部慢慢向前拖动的人力车的后形。从狭巷拐出东街来，两旁的店家，也都是半开半关的，连挑了菜担在沿街赶早市的农民，也都像是一个一个没有灌气的橡皮玩具。

郁达夫不禁感慨："中国的农村，果然是破产了……但没有实业生产机关，没有和平保障的像杭州一样的小都市，又何尝不在破产的威胁下战栗着待毙呢？"他抬起头，看着灰蒙蒙的天，在心里问道，"社会的症结究在哪里？唯一的出路究在哪里？难道大家还不明白么？空喊着抗日抗日，又有什么用处？"郁达夫虽然将自己置身于大都市之外，也算是一种退居和没落，但是难以抑制的惆怅之感，渐渐浸溶了他的全身。

移居杭州的第二个月，郁达夫和王映霞的第四个孩子郁亮出世了，小名取做耀春。

1933年12月29日，郁达夫和王映霞回到上海拜访朋友，这时正值新年前夕，他们要拜访的正是旧时好友鲁迅夫妇。

对于鲁迅来说，郁达夫移家杭州实在是消沉没落的开始，上海正是革命的中心，文学工作如火如荼，而离开了那里，就是离开了一个能够施展自己才华和才能的广阔天地。鲁迅为此还题写了一首著名的《阻郁达夫移家杭州》：

钱王登假仍如在，伍相随波不可寻。

平楚日和憎健翮，小山香满蔽高岑。

坟坛冷落将军岳，梅鹤凄凉处士林。

何以举家游旷远，风波浩荡足行吟。

　　郁达夫深谙鲁迅的用意，在诗中的第一句就讲了钱武肃王对百姓施以暴政的故事，暗中针对杭州党政的无理高压。鲁迅说到这里显得格外激动："那年我被通缉，必定是连累了你也在黑名单上了吧？"

　　郁达夫端起茶杯，自我解嘲地笑道："我说过了，我从来都不是一个战士，我只是一个卖字营生的作家。"

　　鲁迅不以为然地微微一笑，深深吸了一口烟，对郁达夫说："恐怕你这么想，别人倒不觉得，他们哪里会管你是战士，还是作家，只要不肯为王前驱，怕是都得会自行失足落水淹死的罢！"说罢，鲁迅自己便幽默地哈哈大笑起来。

　　"哈哈，《非所记也》！"郁达夫脱口而出。"自行失足落水"云云就是出自鲁迅所作文章《非所记也》，文章中鲁迅用这句话来抨击当局镇压爱国群众的行为。鲁迅向来一语中的，对中国的社会现状和国民党政府也有着深刻透彻的认识，在这一点上，郁达夫终究是不如鲁迅清醒。正如鲁迅所说的那样，郁达夫移家杭州竟如坠俗网，立刻就被世俗的环境包围住了。郁达夫作为一名享誉在外的名作家。一到杭州，当地的报纸就刊登出了对他的访问特写，很多官场上的人慕名前来拜访，与他结交，这些人都是郁达夫心目中得意官场、但他并不屑于与之周旋交际的对象。郁达夫和王映霞原本安静的住所，马上便成了"座上客常满，杯中酒不空"的应酬之地，郁达夫俨然被当作了当地的一位名士了，而且就连王映霞为了应酬，也常常周旋于先生太太之间的交际场合，旗袍革履，谈笑风生。不同于郁达夫的是，本就是"杭州第一美女"的王映霞，对这样的生活格外的如鱼得水。

　　看着自己的妻子游走在官宦阔太之间，神色自如，谈吐出彩，在交际场上的风头也一日胜过一日，郁达夫竟有种陌生的感觉油然而生。

就在1934年的夏天，为了从杭州避暑，郁达夫和王映霞应友人汪静之、卢叔桓之约，决定到青岛的海边避暑。殿春和耀春这两个孩子年纪尚小，所以就留他们俩在杭州由王映霞的母亲照管，郁达夫夫妇二人则带着大儿子阳春同往。

正是游兴阑珊的时候，郁达夫突然接到杭州家里发来的电报，说是第四个孩子耀春病重，让他们火速回家。这个电报如同晴天霹雳，王映霞当即带着阳春赶回了杭州，但只是见到了孩子的最后一面，他们的第四个孩子还是夭亡了。再次经历失子之痛，郁达夫悲痛万分，他写了一首悼亡诗，来纪念这个逝去的孩子：

> 嬴博之间土已陈，千秋亭畔草如茵。
> 虚堂月落星繁夜，泚笔为文记耀春。
> 命似潘儿过七旬，佯啼假笑也天真。
> 两年掌上晨昏舞，慰我黔娄一段贫。
> 跬步还须阿母扶，褰裳言语尚模糊。
> 免教物在人亡后，烧出红绫半幅襦。
> 明眸细齿耳垂长，玉色双拳带乳香。
> 收取生前儿戏具，筥筐从此不开箱。
> 魂魄何由入梦来，东西歧路费疑猜。
> 九泉怕有人欺侮，埋近先茔为树槐。
> 生小排行列第三，阿戎远是出青蓝。
> 怜他阮籍猖狂甚，来对荒坟作醉谈。

别多会少不期遇

也就是这个时候，郁达夫和王映霞萌生了想要建造一栋属于自己的住所的想法。那是在郁达夫杭州新居的旁边，有一片菜园，园中有一座五木落地的凉亭，以及一间破旧不堪的一直闲置的房屋。郁达夫一想，这里似乎可以作为自己小宅的理想所在。

地皮不必太大，只教有半亩之宫，一亩之隙，就可以满足。房子亦不必太讲究，只需有一处可以登高望远的高楼，三间平屋就对。但是图书馆，猫狗小舍，儿童游嬉之处，灶房，却不得不备。房子的四周，一定要有阔一点的回廊，房子内部，更需要亮一点的光线。此外是四周的树木和院子里的草皮了。草地中间的走路，总要用白沙来铺才好。四面若有邻舍的高墙，当然要种些爬山虎以掩去墙头，若系旷地，只需植一道矮矮的木棚，用黑色一涂就可以将就。门窗当一例以厚玻璃来做，屋瓦应当先钉上铅皮，然后再覆以茅草。

似乎漂泊得久了，总有倦意，从前的郁达夫很喜欢旅行，到了地旷人稀的地方，兴趣盎然，也能高歌低唱，把社会上虚伪的礼节，严谨的态度，统统抛去九霄云外。"人与自然，合而为一，大地高天，形成屋宇。"偶尔遇见茅棚泥壁的人家，遇见些性情淳朴的农牧人，听见他们谈些极不相干的私事，也可以再跟着别人家的人生琐事一起笑，一起哭。

至于山水之处，看着云熔岩影的变化，听听大浪拍岸的声音，应临流垂钓，或松下息阴。郁达夫心中所谓的"行旅者的乐趣"，亦是"如放翁的入蜀道，刘阮的上天台。"而如今郁达夫自己承认说："这一种好旅游，喜漂泊的情性，近年来渐渐地减了，连有必要的事情，非得上北平上海去一次不可的时候，都一天天地拖延下去，只想不改常态，在家吃点精致的菜，喝点芳醇的酒，睡睡午觉，看看闲书，不愿意将行动和平时有所移易，总之是懒得动。"

郁达夫的《住所的话》发表之后，王映霞表示积极响应，就她自己看来，买房造屋的动机还有一条，就是对夫妻财产的分配问题，王映霞认为："钱，它可以任你花用，但亦足以成为夫妻反目的根源之一。而且物价上涨，钞票贬值，留在手头，倒还不如把它适当地用掉的好。"

这样想来，王映霞便积极开始筹备购地建房的设想。适巧有一天，王映霞在孙百刚家中遇到了过去的一位追求者，这位沈先生现在正在负责整理浙江省救济医院的院产，听说了王映霞想要造屋的打算，说道："也许就在你们住屋的附近，有一块空地，里面只有一间破屋。"

沈先生接着说："最近我正在做一个全部整理的计划。还这样打算，谁如果看中了院里空着的地产，则可以设法以山地来交换，不过，当然也要向省政府申请批准。"

沈先生的一番话，让王映霞不得不注意了起来，隔了半个月，他到郁达夫和王映霞的住所来。又提起他们贴邻的那一块地皮说："今天我是专程来拜访两位的，而顺便又可以测量一下你们住屋旁边的那一块院产。这一块地有一亩多，造一间住宅倒还合适。如果有人能用三十亩山地来和我们交换，那是符合院内的计划的。"

"谁又有那么多的空地？除非农户人家，不过他们也不会需要城市中的空地。"王映霞说道。

"这个问题不难解决，如果是城市居民想交换，那么他可以托熟人为他们代购山地。"沈先生提醒道。

郁达夫夫妇送他到大门口，当他跨上车子时，又补充了一句说："如果你们贤伉俪需要山地，我一定可以代劳。"

> 过了些时候，沈氏把玉皇山背后三十亩山地的地契送了来。价款一千七百元，当面付清，然后我们又正式办理了向浙江省政府申请转移产权的手续。这样，不到三个月，这块"风雨茅庐"的地基总算定居。……
>
> ——王映霞《王映霞自传》

"风雨茅庐"从1935年年底开始动工，经过了整整一个寒冷的冬天，到1936年春天方才完工。墙外一座三间，墙内两间书屋，再加上所谓的猫狗小舍和儿童游戏房，以及浴室下房。又从很远的郊区搬来了不少的树木花草。这次造屋，排场虽然不大，但是数目却是十分可观的了。郁达夫凑合着几年积攒下来的一些稿费，再加上安庆安徽大学里收来的半年工资，付出了买山地的价钱之后，便所剩无几。王映霞说："既然有了这么一块地，就得把房子造起来，如果你平日里少买一点书，我再节约一点家用，凑上版税，大约也差不多了。而且买地之初，有一朋友还许下大愿，说愿意借给我们以造屋的钱。"

所以这次"风雨茅庐"的建造，款项不足的地方，还是郁达夫名义上的一位阔绰的女同学补足的。至于房屋的布局和房契的名字，经过了郁达夫夫妇的详细协商后也做出了决定。在房屋西面墙脚的角上，向里安放了一块界石，这块界石上写着"王旭界"三个字，是郁达夫的亲笔题字。

新居落成之日，许多达官显贵前来贺喜，其中有教育厅厅长许绍棣这样的高官，也有像孙百刚这样的旧友，王映霞作为"风雨茅庐"的女主人，凭借着她出众的美貌和优雅的谈吐俨然成为杭州整个上流社会的焦点，对宾客不绝于耳的称赞声，王映霞微微一笑，依然是明星人物般的绰约风姿。

"满堂虚左待，众目望乔迁。"这一间"风雨茅庐"比起当年在上海的洋房嘉禾里，简直不能同日而语。那是在上海，郁达夫交游往来的都是文人雅士，现如今身在杭州，自己的新居落成，到场贺喜的都是达官显贵，社会名流。郁达夫俨然一时风光无限，而王映霞也是豪门闺秀的风范，他们的生活在风雨茅庐建成的基础之上，顿时改变了旧观。王映霞在自传中这样描述他们当时的生活：

> ……比如，今天到了一个京剧名角，捧场有我们的份；明日为某人接风或饯行，也有给我们的请帖。什么人的儿女满月，父亲双寿，乃到小姨结婚等等，非要来接去喝酒不可、累的我们竟无半日闲暇，更打破了多年来我们家中的书香气氛。我这个寒士之妻，为了应酬，也不得不旗袍革履，和先生太太们来往了起来，由疏而亲，由亲而密了。所谓"座上客常满，杯中酒不空"，正是我们那一时期热闹的场面。同时因为有东道主的招待，我也就饱赏了游山玩水的滋味，游历了不少名胜。

郁达夫对来往的宾客说："自家想有一所房子的心愿，已经是起了好几年了；明明知道创造欲是好，所有欲是坏的事情，但一轮到自己头上，总觉得衣食住行四件大事之中的最低限度的享有，是不可以不保住的。况且从前曾有一位朋友劝过我说，一个人既生下了地，一块地却不可以没有，活着可以住住立立，或者睡睡坐坐，死了便可以挖一个洞，将己身来埋葬。"

然而不管走过了多少春秋，始终无法丈量人生的路程有多远。郁达夫在这一刻希望就此止步，将自己漂泊的历程结束，将自己的使命结束。他似乎厌倦了推杯换盏的生活，也厌烦于整日惶惶不得安身的交际场，只一心想做一株有根的草木，在自己熟悉的环境里，找到喧哗尘世间最宁静的归属。也许这世界上，本就没有不被更改的、亘古不变的诺言，纵然山水永隔，也有心生倦怠的时候吧，淡然的心性，在一隅安居，从此也就简单地度过余生。想必郁达夫给新居取名"风雨茅庐"，也有大庇天下风雨，独善其身的含义在其中。

可是在当时的中国，哪里有郁达夫这样的革命进步人士"独善其身"的地方呢？原本郁达夫举家迁沪，就是希望能够摆脱上海的白色恐怖，为自己争取到一个自由、安全、宁静的创作环境，不必再为了自身的安危东躲西藏。但是当他来到杭州，才发现杭州同上海一样，同样笼罩在白色恐怖的阴影之中，《王映霞自传》中描述了郁达夫当时的处境：

> 初到杭州时，我只觉得换了一个新鲜环境，心境开朗，还没有体会出杭州的特殊境遇。二三个月后，警察局派来几个人，说是来检查书籍的。这个时候，我才暗中感受到自己一贯疏忽政治的可怕。继之而来的，便是各式人等的接二连三的来访，有的自称是"学生"，又有的说是"同学"，还有的竟在当地的报刊上登出了访问特写。这就很自然地给我招来了不少慕名和好奇的来访者，增添了麻烦和嘈杂。

郁达夫举家迁杭的目的，本是厌倦了上海的十里洋场的纷繁复杂，政治斗争中周旋浮沉的他，早已不似多年以前的那个意气风发的少年，面对政局前途有着力挽狂澜的气力。现在人到中年的郁达夫只想在山明水秀的地方，读点闲书，写点散文，静养几年，以观政局的发展再作将来的打算。然而殊不知，来到杭州之后，杭州情形的复杂，斗争的尖锐，政局的紧迫，与上海相比较有过之而无不及。郁达夫在《二十二年的旅行》中这样描述来到杭州后的生活情形：

> 上杭州蛰居了半年，文章也不做，见客也少见，小心翼翼，默学金人，唯恐祸从口出，要惹是生非。但这半年的谨慎的结果，想不到竟引起了几位杭州的文学青年的怨恨，说我架子太大，说我思想落伍，在九月秋高的那一个月里，连接到了几篇痛骂的文章，一封匿名的私信。……

1936年初，积多年的心力和积蓄所建成的"风雨茅庐"落成不久，迫于生计的压力、烦心于泥土砖瓦的干扰的郁达夫就决定应福建省主席陈公侠的号召，任职闽南，远赴异地他乡。

郁达夫远赴福州任事的缘由，还是在1935年的冬天，郁达夫和王映霞无意中在一次应酬中遇见了旧相识葛效恩。葛效恩与陈公侠曾经是浙江的同乡，两人也一同在日本士官学校读书，既是好友，亦是同乡，毕业后又在孙传芳部一起供职，陈公侠担任师长，葛效恩担任他的参谋长官，两个人私交甚好。

郁达夫在和葛效恩闲聊中得知，陈公侠在福建主政，主张革故鼎新，图谋东南半壁的发展，现在正是四处招揽人才的时期。自然是需要像郁达夫这样学贯中西，博古通今的大文豪，如果郁达夫能够前往，陈公侠定会求之不得，必能得到他的重用。

不道春来寒将暮

郁达夫与王映霞

烟花千里一梁梦

窗外落花凄迷，刚刚建成的"风雨茅庐"还留着未散的喜气，郁达夫就要离杭赴闽了。

郁达夫即将远行，王映霞为他准备好钱资行装等，他这次预备趁早车到上海，然后再换船南行。临行的前一晚，杭州还是北风呼啸，雨雪纷纷，寒冷得如同置身冰窖。王映霞担心郁达夫到了上海之后，如果不马上上船，身边那仅有的一点旅费又会毫无节制地用完，于是，她对郁达夫说："达夫，我陪你到上海走一趟吧，把你送上靖安轮我再回来。"

"你这是何必？"郁达夫说道，"你来回一趟匆匆忙忙，既劳神又伤财，这样岂不是划不来。家里还有孩子，你走了孩子谁来照管呢？"

王映霞顿时气急，自己的一番好意竟然这样被拒绝，郁达夫如此不明白自己的苦心，还当作是自己想要监视他的缘由。王映霞哪里肯轻易相让，两个人你一句我一句，谁也不肯服软，就这样争执了一夜，两人相对坐到了天明。眼看着开车的时间就要到了，王映霞才决定让郁达夫一个人走，他这才提着箱子离开。

王映霞口中虽说着"失望""灰心",但心中还是对郁达夫放心不下,她随即取下外套追了出去,直把郁达夫送上了火车。

火车渐渐开动了,隔着一层模糊的玻璃,看着妻子在铁栅栏外面目送着,面容也是越来越模糊,郁达夫不由得一阵懊悔,"实在是不应该和映霞多闹这一番的。"

晚上风平浪静,海上月华流转,郁达夫在甲板上独自散步的时候,又殷殷想起了家,想起了十余小时不见的王映霞。这一次争吵,是两人生平第一次矛盾的激化,而争吵的理由也是一件再小不过的事情,郁达夫想来十分惭愧,在《闽游滴沥之一》中他写道:

> 喝着酒,谈着闲天,计算着船进马尾港口。横靠南台的时日与钟点,倒也忘记了离乡背井的悲哀。只是静默下来,心里头总觉得有点儿隐痛难熬,先还浑浑然不晓得究竟是为了什么?随后方想起了昨天晚上和霞的一场争吵,与今天开车时她那张立在铁栅外的苍白的脸,就是这一点心痛的病源。

不过在郁达夫上了火车之后,王映霞马上赶到了曹秉哲律师的住处,和他商量,接通了上海靖安轮船上的长途电话,对方告知的确有这么一位乘客上了船的消息之后,王映霞这才安下心来,也总算觉得是尽到了一个做妻子的责任了。但是这次争吵的郁闷,在她的胸中仍持续了好些天。

感情之间如果出现矛盾和分歧,想要弥补其实不难,但是一旦出现裂痕,那将是永远无法愈合的伤口。郁达夫和王映霞的这一次争吵,看来是由一则小事引起,实际上在那个时候,郁达夫心中的幽怨已经深积很久了,让他对王映霞的感情既矛盾又执迷。黄萍荪在《风雨茅庐外纪》中记录了这样的一件事:

> 一次,黄萍荪去"风雨茅庐"拜访,不多一会儿,郁达夫便

抓起酒壶发起了牢骚："哼！日子越来越不好过，酒也受到了限制，一斤就是一斤，多一口也不行！"接着又自我解嘲道："其实我持久，半为消胸中之闷，非尽为作诗而饮也。杭州这个地方，以及我的周围，使人厌恶者日积月累，近来颇想换个去处，吸收些新鲜空气……"

究其原因，大概就是王映霞来杭州之后的变化，让郁达夫应接不暇。

郁达夫夫妇到杭州之后，为了躲避当局的视野，郁达夫处处小心行事，不敢走漏风声，暴露个性，招来牢狱之灾。而那时候的王映霞却不是这样低调。身在上海时，王映霞在家中内敛周到，几乎很少出门，除了和郁达夫一同赴宴以外，顶多也就是和自己的闺中密友聊天而已。而回到杭州，面对新的环境，王映霞很快就适应了在达官阔太之间的周旋，左右逢源之间如鱼得水，游刃有余。郁达夫这样的文人，很少同官场上的人交游，他有着文人的清高和自持，很少去结识显贵，攀龙附凤。而在他看来，王映霞却对这种场面极为习惯和适应，她那爱慕虚荣、讲排场的骄纵个性也渐渐显山露水，如此一来，在交际场上王映霞表现出来的毫无娇柔矜持的姿态，让郁达夫相形见绌，即使是名声在外的自己，也难掩她张扬的风采。

周黎庵在《忆郁达夫》中表达了这个意思。他说，王映霞那时虽已年过三十，但是风姿依然，确有使人倾倒的地方；尤其是谈吐风流，果然名不虚传。她的面貌，很像银幕上的琼·克劳馥，再加上风度的优美，无怪乎后来有《毁家诗纪》那一幕轩然大波了。

王映霞在杭州一时风光大盛，不但在中国的文人学士之间早有耳闻，外国的朋友也对她印象深刻。

日本友人增井经夫访问杭州的时候，曾专门拜访过郁达夫和夫人，他说她漂亮得简直是个电影明星，给见过她的人留下了深刻的印象：

当时听说她在杭州的社交界是一颗明星，而她在席上以主人的身份频频向我敬酒，说"增井先生，干杯！"时就把喝干了的酒杯倒转过来给我看，确是惯于社交应酬的样子。又有她那深绿色的翡翠耳环和手镯，在灯光中摇曳闪烁的情景，至今还很清晰地如在眼前。

——稻叶昭二《郁达夫——他的青春和诗》

对于王映霞的改变，就连起初和他们熟识的好友孙百刚夫妇也感到了陌生，数年后在杭州再次相聚，原本的那份熟络之感，已经是荡然无存。孙百刚在《郁达夫外传》中说：

有时听说映霞上福州去了，有时也听说达夫回杭州来过了。但彼此很少聚会，场官弄也不常去。……所以此一时期，我们虽同在杭州，她的生活情形我却知道得很少。但她的生活派头，显然和嘉禾里时代有所不同，似乎从前是蓬门碧玉，现在成为大家闺秀了。我想：他们历年积储，为数不大，经过此番营造，不致有余。绝不是因为有钱，使她生活改变，实是由于环境使然。从前他们在上海所交游的无非是文人书匠，彼此生活，大同小异。但自从达夫到杭州后，当地官场人士，慕达夫的文名，多乐与过从。达夫对当地建设亦间有揄扬。正当万事重宣传的时代，官场和文人的交游，彼此有相得益彰之用。再加映霞的年华旖旎，人情练达，帮助达夫周旋其间，自然收锦上添花之妙用。再益以风雨茅庐的建成，自然而然使他们生活环境，顿改旧观。坚冰三尺，非由一日之寒，海堤万丈，溃白蚁穴之微。这时节达夫他们的家庭，表面上看来好像是添花之锦，实际上已是裂痕初绽了。

前尘旧事一回头

拥有一段感情的开始，就是要时刻准备着失去它。而失去的最好方式，就是在它蓬勃绽放的时候，戛然而止。就像是一株花，一只昆虫，在灵动的时候，在吐蕊的刹那，被突然落下的松脂紧紧包裹，它的生命就冻结在那一个瞬间，即使千百年之后，也依然美艳鲜活。如同多年之前，我们在人海之中相遇，就应该终止在那一个回眸的瞬间，没有拥有，就无谓失去。

但是这世间，又有多少人能够经受得住，将这瞬间延续成无限的诱惑呢？我们只想留住彼此在身边，哪怕是一秒钟也好。

郁达夫到达福州之后，很快受到了陈公侠的器重，被委任为省府参议，公报室主任。很快王映霞就接到了郁达夫平安抵达福州的电报，随之而来的是一封信，信里是写给她的一首诗：

离家三日是元宵，
灯火高楼夜寂寥。
转眼榕城春欲暮，
杜鹃声里过花朝。

相距妻儿遥遥千里，郁达夫只好把所有的精力倾注在写作之中。闲暇时期也会应邀到一些知名大学和社会团体中去做演讲。他的文章和演讲号召的中心思想，即宣传和鼓动社会力量团结起来，抵抗日本帝国主义的侵略。郁达夫不无慷慨激昂地说："时势的带来现在，看起来第二次世界大战是免不了的了。……在任何方面都落人后的中国，想要以空军来抵制敌人，是办不到的，迫不得已，只好更加注意于防空的自卫。"

在福州的时候，郁达夫却是不止一次地在日记中记录他对王映霞的思念之情。1936年2月28日的日记中说：

晚上，独坐无聊，更作霞信，对她的思慕，如在初恋时期，真也不知是什么原因。

王映霞接到郁达夫的信件，立即回信说要赶赴福建和他相聚，本是入骨相思，郁达夫却是十分烦恼，他写信极力地阻止王映霞来福建与他相聚。王映霞的心意处处都在郁达夫身上，然而这种关切似乎更像是一种羁绊和束缚，让郁达夫甚是恐惧。

昨晚在东街喝得微醺回来，接到了一封霞的航空信，说她马上来福州了，即去打了一个电报，止住她来。因这事半夜不睡，犹如出发之前的一夜也。今晨早起，更为此事不快了半天，本想去省府办一点事，但终不果，就因她的要来，而变成消极，打算马上辞职，仍回杭州去。

或许生命恒有繁华落尽的感觉，达夫那曾经桀骜燃烧的生命和情感，甚至大于对自身自由的追求，但此时此刻，他却有了疲累的倦意。只是那段曾经只希望和王映霞面湖而坐、安然畅谈的日子，那种将对彼此的依恋在心间沁了又沁的纯粹依恋，早已在粗茶淡饭的朝夕相处之中不复可寻。

　　第二天，郁达夫又想起王映霞要赶赴福州的信件，心中郁结闷闷不乐，连忙又打了一封电报去阻止王映霞，得知她不打算来了，郁达夫这才如释重负。那时寓所附近有一家餐馆，郁达夫就准备在那里点几样小菜，喝上一碗老酒，这几日来的烦心事便一扫而光了。郁达夫一边喝酒，一边在心中感慨："就为了映霞要来福建一事，平白无故损失了五十多元，女子太能干，有时也会成为祸水啊。"

　　郁达夫对王映霞的烦恼和忍耐，此时已经渐渐显露了出来，也许是王映霞太过聪明伶俐，也许是郁达夫太过强势孤傲，性格之间生生地碰撞，终究是会造成感情的裂痕。他始终觉得，在杭州时王映霞张扬的那一面才是她真实的样子，而自己始终觉得她如同初见时那般娴静如一盏瓷瓶，殊不知，是热烈的凤凰花终究是要惊艳世人的，而她的光彩，却让郁达夫恐惧、难堪，唯恐避之不及。

　　但是看着门外的一行碧树，绿扑扑的，老树浓荫，曳着天风，仿佛是杭州的景致。倒是使得郁达夫很挂念远方的妻子，即使她平时对自己再如何严加管束、处处限制，可是心中的思念和感情却如同磐石般坚韧。

　　有时候，打开窗看见即将开往上海去的大轮船的烟突突地直冲上天际，他急忙写信回家，唯恐迟了又要寄不出去而延缓一个星期。杭州和福建之间的通信十分不便利，信件的往来就犹如逃难摸彩，完全不能够有把握，自从到了福建，郁达夫也曾日日感到痛苦，和王映霞分隔两地，不能时时见面，日日谈心，他想，这大概就是痛苦的主要根源所在了吧。

　　1936年中秋节，王映霞在杭州生下了他们的第五个孩子，这个孩子出生后，郁达夫来电报给孩子取名叫"荀"，小名建春。看着家中的光景，王映霞时常忧心："孩子逐年增添，在毫无保障的旧社会里，给我带来了无限的威胁，这是母性的烦忧，做父亲的是体会不到而平时加以忽略了的。"

同年的冬日，白雪皑皑，南京侍从室何廉奉蒋介石之命打了一个电报给福州的陈公侠，大致的含义是，叫郁达夫到日本东京和郭沫若谈谈。郭沫若和郁达夫的这次重逢，是两位好友之间阔别多年的第一次相见，时间的流逝并没有磨灭两个人之间的友谊和信任，同为深受日本文化界所敬仰的中国知名文学家，日本文化界和学术界团体趁着这次郁达夫来到京都的机会，曾专门举行宴会招待郁达夫和郭沫若。

在日本，郁达夫有诗相赠：

> 却望云仙似蒋山，澄波如梦有明湾。
> 逢人怕问前程驿，一水东航是马关。

郭沫若写道：

> 十年前事今犹昨，携手相期赴首阳。
> 此夕重逢如梦寐，那堪国破又家亡。

郁达夫于1936年12月17日离开东京，前去奈良，到东京后给王映霞写了封信，《从鹿囿传来的消息》：

> 昨天到了京都，是日本明治维新以前的旧都，我在八高学生时代，曾经来过好几次的旧游之地。将近二十年的久别，这回见了，心里的确也感到了不少的愉快，但是腐蚀了一切的旧文化的物质文明，在这旧都的表面上，也留下了许多俗恶浓艳的斑点样的波纹。火车站前高筝着的"丸物"的层楼，"京极"边矮屋檐

下闪烁着的轻质的年红，以及少女身上穿着在那里的不相称的洋服，我以为都是将这旧都的固有的美摧残下去的污点。

五层的塔，有挑角的寺院，广袖虹文的少女的衣裳，日本人叫作"蓬婆丽"的那一种像斗斛似的龛灯，这些日本固有的美，现在虽则也存在，但被新世纪的魔术品来一打击，颜色还是暗淡得多了。

今天起了一个大早，坐汽车到了奈良法隆寺前，是日本圣德太子的道场，古物之多，多得像进了北京旧日的博物馆。木造的那间经堂，阅时一千好几百年，现在还坚固得同新造的一样。五重塔，仁玉门，以及东院的梦殿传法堂之类，古色古香，没有一处不肃然起敬。我在这梦殿里想起了正在受难的祖国，想起了又将纷乱的国内的政情。

午后到了奈良寺，与作家志贺直哉谈了两个多钟头的闲天。他的作品很少，但文字精彩绝伦，在日本文坛上所占的地位，大可以比得中国的鲁迅。我们也曾谈到这了一位新近去世的中国最大的文人。

这两日来，日本天气变得异常的闷热，虽在十二月里，却有点像黄梅时节的样子。我在奈良的汽车上，遇到了一阵大雷大雨，在志贺氏的书斋里也看了许多打在他那座庭院里的拳头大的雨点。两个人听着雨声，吃着从新村送来的梨儿以及美味的红茶三明治等，竟把门外年等着送我回车站去的汽车忘了。直到志贺氏告诉我说："把汽车先回复了它吧"的时候，我才感到了谈话的时间过于久长，想立起身来告辞。但一则碍于主人的款待太殷，二则也嫌天上的雨点太大，看看他所收藏着的八大山人，沈石田以及元人的画幅，竟又把站起来的半身坐下来。

将近四点钟的时候，雨点住了，我匆匆地向他道了谢告别，但他却硬主张同我一道出去走走。临行的时候，还送了我一本他新出的著作集"万历赤绘"，一边走出了门，一边他说：

不道春来寒将暮　　197

"印错的字太多，实在不愉快得很。"

从雨后的山谷里，穿到上春日山，若草山去的那一条深林古道，实在令人有点舍不得马上就将它走完。他说："昨天有古装的行列，前天将宝镜从里宫搬到了外宫，今晨又搬回来，这是奈良一年之中最盛大的祭祀。可惜你迟来了两天，没有赶上。"被他这么的一说，我倒也深感到了昨天没上奈良来过夜的失策。

我们从后山走到了山前，在路上又遇着了东大寺的住持上司氏。由上司氏引路，我们在最短的时间里看完了大佛寺及附近的一切值得看的古物与风景。

志贺氏说："我虽则在这里住上了十几年的光景，但一个人却从来没有出来这样地走过。"

在大佛寺前的茶座里吃完了一盆薇薇做的糕饼之后，天色也渐渐的晚了；我们和上司分了手。他又和我走上了坐公共汽车的站头。在灰暗的夜阴里踏上了汽车，和他点头作别的一瞬间，我于感激之余，几乎想再跳下车来，仍复送他回去。若在十几年前的年轻时代，当这样的时候，我想又免不得要滴几滴感伤的清泪了。志贺氏的待人的诚挚，实在令人感动。我真想不到在离开日本的前一天，还会遇到这一个具备着全人格的大艺术家。他是日本第一个寡作的小说家，正唯其寡作，所以篇篇都是珠玉。他说："近来在改削那篇'暗夜行路'的后半。"我坐在回京都来的电车中，仿佛看到了他那种枯坐在灯下，握笔推敲，不到自己满意时不止的真诚热意。今天是十八，明天要上船离开日本了；上床睡不着，所以重新起来挑灯写这一封信。

你将此信看完之后，就请加封转寄给亢德，信上面应加上一个"从鹿囲传来的消息"的题名。余事等到了台湾之后再谈。祝你和小孩们都好！

达夫十二月十八夜

从此惆怅怨东风

接到郁达夫通知自己来闽，几经周折，王映霞在1937年的初春，带着孩子来到福建与郁达夫团聚。因为之前对郁达夫的百般阻挠自己来闽，王映霞已暗地里生了很久的闷气，至今还未消除。这次她只是将杭州的家务略一安排，随身带了郁云一个孩子，这个孩子从小性情古怪，容易闹事，跟郁达夫最为相像。到了福建，她留心注意郁达夫之前之所以不让自己早来福州的原因，但还是默然。毕竟是多年来的夫妻，为了自我安慰，也的确是没有发现任何蛛丝马迹，王映霞也就不再胡思乱想。

王映霞在自传中说：

……他陪我去玩过几处名胜，吃过多次名菜，访过许多朋友，玩过好几次日本堂子，叫日本名妓来替我敬酒。可惜我还没住上半年，在这个临时的家庭刚刚安排就绪时，卢沟桥的炮声响了。于是商量决定，我带了殿春先回杭州，同船的有陈仪先生的女儿陈文瑛。

但是郁达夫早先在去日本之前，就在福州听到了一些令人不快的言论，其中最令他妒火中烧的，就是王映霞和当时浙江省教育厅厅长许绍棣之间的种种传闻。

身在福州，郁达夫只能暂时不做追究，但为了维护自己和王映霞之间的感情，他还是要求映霞来福州同住。

孙百刚在《郁达夫外传》中发出过这样的感慨："按一般来说：在外边的丈夫有五六天不接到家中夫人的信，也很普通，何况杭州和福州的邮递又不方便。即使心中焦急，接下来也不至于说有无异变。这里所谓的异变，不会指一般的家人疾病，银钱进出等。"

这里说的"异变"，就是孙百刚暗指王映霞在杭州的生活有婚外的浪漫之嫌。

经过一段时间的观察和试探，郁达夫也对王映霞逐渐打消了疑虑，希望证实或是澄清那段传闻，但他发现王映霞并没有什么异常的情况，也就渐渐放心了。

"八·一三"战事在上海打响之后，在上海的"大世界"前面落下一颗炮弹，战火的硝烟弥漫了整个上海，给全国人民敲响了警钟，一时之间，杭州所有的官僚政客人人自危。真正的迷梦被击碎的时候，暴风雨的袭来让一干群众措手不及，大家纷纷准备逃难，整个中国被混乱和恐慌的情绪笼罩着。

郁达夫为了到上海迎接一个从海外乔装归来的好友，顺道回到了杭州。丈夫的归来，让这个风雨飘摇的家里顿时有了安定的气氛，但是郁达夫只逗留了不过半个月，就要匆匆取海道赶回福州去。王映霞本想坐下来和他商讨全家避难的计划，这样一来，她也顿时没了主意，她对郁达夫说："你这一走，让我还有孩子怎么办呢？"

郁达夫一边收拾行囊一边应对王映霞焦急的催问，他想了想，对王映霞说："倘若是上海吃紧，你就带着孩子，带上简单的行李，先避到富阳老家去。我会托二哥为你们先租一间房子住下。其余的事情，我们再从长计议。"

看着郁达夫再次远去的背影，王映霞心中那微弱升起的希望又熄灭了，王映霞当即整理了一家人的行李，带着母亲和三个孩子，还有建春的奶妈，借了杭州市长周企虞的汽车，一行人浩浩荡荡回到了富阳。

战事交通和通信的阻隔，远在福建的郁达夫甚至不知道王映霞已经带着一家老小离开了杭州，王映霞租定了"春江第一楼"旁的两间房屋，就在鹤山脚下，离郁达夫母亲居住的老屋也不远，打开轩窗，就能抚摸到飘舞的江风，王映霞总爱在茶余饭后的时候，牵着身边的两个孩子，听着他们响亮的说笑声；或是静坐在江边沁凉的石上，遥望那来去的风帆，她会想起自己初到杭州的日子，也会想起远在他乡的郁达夫。

滔滔的江水，江上的阳光像木帆一样倾泻，覆盖着回忆之声。

有一天夜里，王映霞正在睡梦中，忽然听见门外有人敲门的响动，她连忙奔出去一看，是郁达夫忽然回到富阳来了。

郁达夫一进房，就对王映霞发了一大通脾气："映霞，我所乘坐的海轮，在吴淞口外遇到了敌人的航空母舰，这艘轮船为了安全，立刻就折返回宁波，问它几时再开，也无从得悉了。我在宁波住的心焦，就回杭州去了。哪知你们竟全家到了富阳，害我白折腾了一个来回。"

郁达夫几经波折回到杭州的"风雨茅庐"，本想在兵荒马乱的战争年岁，妻儿的安危是自己最牵肠挂肚的事情，哪知一进场官弄的家门，对着的竟是空荡荡的屋子，他顿时牵动肝火，只好又连夜赶回富阳，找到了他们的住处。

王映霞知道郁达夫是在责怪自己擅自做主，过早离开杭州。但是当时的情形之下，一边是六十多岁的老母亲，一边是一周岁的婴儿和奶妈，自己毕竟不是一个旧式的乡间妇女，能够忍气吞声。面对郁达夫的指责，王映霞也怨气上升，很想痛快地跟他理论一番，但是想了想，她还是忍耐住了，毕竟自己已经是上了年岁的人，涵养日深，更何况逃难在外，兵荒马乱的处境中，凡事也不再是那么冲动激烈地争是非，论对错。好在这次争吵并没有僵持很久，三五天后，郁达夫又从浙赣路回到福建去了。

一叶兰舟的水乡，像极了柳永笔下的采莲塘，"更回首，重城不见，寒江天外，隐隐两三烟树。"听着宁静的鸟鸣声，似乎感觉不到这是在烽火乱世，偏居一隅的富阳此刻却是飘在柔风里的水乡，有着干净的庭院和干净的阳光。王映霞在这里的生活简单平静，仿佛所有的繁华之后，乘着一苇白帆到达了流水的彼岸，再没有尘世的喧嚣和纷扰。但笔墨清淡，看似逍遥，生活的重任还是肩负在这样一个女子身上的，王映霞在自传中这样描述身在富阳的无奈与辛酸：

> 在兵荒马乱中，我带了六旬老母和三个不满十岁的儿子，寄居在她的故乡，日子过得并不容易。不过两个月来，无论是在富阳县城或是乡间，我和达夫的老母亲，或者养吾二哥的一家，彼此都相处得融洽和谐。我们住在杭州时，老人家也曾来过两次，就住在我们家里。我这次来富阳，亦并非初次。老人家年龄大了，难免有点重男轻女的看法。我身边的三个都是男孩，这一点是老人家最开心的。老人家吃素，念佛。我每天总挤出时间带了孩子看她一次，顺便带一二样她所爱吃的素菜，而我们一家大小也就陪她一起吃了饭，才回到自己的住处。在闲谈里，她告诉我，想翻一身丝绵袄裤，说富阳没有人能替她翻。我就马上满足了她的心愿。

在富阳的两个月时光里，王映霞过得平静且忙碌，1937年底，王映霞的弟弟随机关撤往金华，路过富阳的时候，前来看望自己的姐姐，他对王映霞说："现在局势混乱，不如你和母亲一起退走金华、丽水，这一带的线路暂时还是比较安全的，如果日军再侵占金华，我们则可以从江山翻过仙霞岭，去到福建避难。"

丽水是浙江的一座小县城，既不算富庶，也并不贫困，那里的生活相对于上海、杭州来说，算得上是宁静自足的，当时日本帝国主义的侵略正席卷大半个中国国土，能找到一个安身立命的去处，对王映霞一家来说已是不易。

临走的时候，王映霞想带着郁达夫的母亲一起离开，老人家风烛残年，很难再经得起旅途的劳顿，她摇了摇头说："你们年轻，又带了孩子，应该马上离开这里。我老了，不中用了，而且又舍不得这一个老巢。饭总不会没得吃，饿不死的。"

身在抗战第一线的郁达夫，此时此刻正在战火硝烟中来回迁徙，颠沛流离，好友郭沫若回国之后，在武汉担任政治部第三厅厅长。他深知郁达夫的满腹才华，几次催促郁达夫到武汉就任对外宣传处处长，希望能够与他并肩抗敌，一雪国仇家恨。忙于政事的郁达夫，哪里知道身在富阳老家的母亲，在王映霞离开之后，就被前来攻占的敌人困住，饿死在了自己的寓所中。

何谓走，何谓留，何谓来去，何谓固守，在乱世硝烟的战争年代，我们就在一次又一次的颠沛流离之中渐渐风华老去，王映霞为了这个家，几经辗转，却还是同郁达夫天各一方。对于两个相约共度一生的人，他们各自有各自的角色，他是文坛斗士，她是乱世佳人，每个人身上的光环和责任，早已不再重要。她只希望，能够携手走过沧桑人生，在浩瀚苍茫的尘寰中始终相依相偎，那才是幸福。

夜来蓬窗风雨声

丽水本是浙江的一座小县城，瓯江的上游，大溪就好像一帘绿色的绸缎，环绕着整个县城的南部。这里，原本是有着"采采流水，蓬蓬远春"的秀美景致的安静所在，多雨并且安宁，人们过着日闲气清的优哉生活，整个小城都像是在酣睡中的美人，闲散而又宁静。

1937年的冬天，战火打破了这个小镇的安宁，丽水的大街小巷都挤满了从杭州、上海这些城市以及沿线铁路逃难而来的难民。浙江省政府和民、财、建、教四厅也临时疏散到这里，一时之间，狭小的丽水县，变得人头攒动、拥挤不堪，街上处处可以看到把行李举在头顶艰难挪动的外乡人。上海、南京已经相继失守。日军正气势汹汹地向南逼近，所到之处，逃难的人们哭天抢地，人心惶惶，谁都不知道这场战争会持续多久，谁也不知道中国会不会就此沦亡……

回忆搬往丽水的日子，王映霞写道：

> ……我们在环山只住了两个多月，已经是落叶萧萧的初冬时

节。听人说，富春江也快要封锁，我想富春江若一封锁，则我们住处的水上交通就会断，只有十里外的场口这小镇作为通道。这个时候如果郁达夫能回富阳来，则我是一定要和他同回福建，让一家同住一处。我那紧张的心情，也可以松弛一些。

住得不久，我打算单身到富阳城里去打听一下消息，不料在富阳城的街上碰到了程远帆。

程远帆是浙江省的财政厅长，也是我们从上海搬来杭州住下后才认识的。这时他刚从杭州到金华去，路过富阳，听说富阳是郁达夫的家乡，便下车来找找我们看，不料，就在街上遇见了我。

……对程远帆的这一建议，我是完全同意的。但如今即将封江，富春江若封江，则我们又如何能出去呢？

借用一条木船，把我们一家老小，从环山接回到富阳，再在县政府借住一宿。第二天车子一到，就可以走了。至于程远帆自己，当天马上要回杭州去，第二天，他打算叫一辆汽车，到富阳来把我们全家接往金华的。

我当时听了他这一番有见解、有安排的话，觉得不论往后如何，在目前，这实在是一个忠厚长者的肺腑之言。

于是，我别了程远帆，马上再回环山去，向母亲把这一个计划讲了。母亲听后，也认为这计划不错。于是把行李整理好后，告诉了养吾，我们这一家老小，坐木船重新回到富阳。

第二天程远帆的车子从杭州开来富阳，我们这一家，就搭上了他的车子，一直到金华，在金华住下后，马上去信福州，告诉郁达夫我们已经到了金华，盼望他能到金华来把我们接走。

1938年，郁达夫自福州经过延平、龙泉辗转来到丽水，他是受郭沫若之邀前去武汉委任军委会政治部第三厅设计委员，这次特地到丽水来接王映霞和孩子们去武汉赴任。

临走之前，夫妇两人正收拾搬迁所要携带的生活物品，郁达夫的好友李立民忽然造访，听说郁达夫和王映霞要搬往武汉，他就对郁达夫说："达夫啊，丽水不是久留之地。我家人口多，女儿也有五个，妻子又亡故了。现在的轰炸这么严重，我想能不能趁着你们全家去汉口的方便，把我的大女儿李家应带去避一避，到了汉口，她会自己找亲戚的。"

　　郁达夫本就是性情豪爽的人，朋友的嘱托，他从来不会推辞，便一口答允了。到了第二天上午，除了他们自己的七个人以外，又添上了李家应。王映霞初次见到这个姑娘，看起来有二十八九的样子，模样清秀可人，举手投足也十分有涵养。

　　在从金华去南昌的火车上，王映霞一路都与同往的李家应闲聊，彼此之间年龄差距不太远，王映霞又是十分开朗健谈的人，遇上活泼好动的李家应，自然生出许多话题。李家应告诉王映霞说："我是南京中央大学西画系毕业的，这次是打算到汉口去找工作……本来还有一个朋友说要一起来，她姓孙，还是未婚呢，她的爸爸，在浙江教育厅做事，她要陪着她爸爸，这次就没有和我一起来。"接着李家应像是想起什么了一般，对王映霞说："对了，伯母，你有没有什么适当的人替多慈介绍一个呢？……"

　　听李家应突然这样问，王映霞一时之间没有反应过来，她停了一会，自己在杭州结识了不少达官显贵，倒是一时之间想不起合适的人选，于是便说道："我们认识的人并不少，未曾结婚的还未想到。有一个许绍棣，两年前妻子亡故了，带着三个女儿，只有他还是独身。"

　　许绍棣是浙江省教育厅长，在杭州是鼎鼎大名的，李家应一听马上笑着说："他有三个女儿不妨事的，到了汉口，伯母，你能不能给我写信去征求一下对方同意不同意？我家里还有多慈的照片，有必要的时候可以附了去。"

　　"这没有问题，等到了武汉，我就给许厅长写信去。"王映霞爽快地答应了，看着三个孩子和李家应在一起玩得非常融洽，她看着窗外飞驰而过的山野景致，自己陷入了沉思。

　　言者无心，听着有意。郁达夫见王映霞如此干脆地就答应了李家应的请求，想必她私下里和许绍棣私交甚好，不然不会熟络到如此地步。在杭州的时候，王映霞就和省政府机关的达官贵人们来往甚密，郁达夫为此几次恼羞成怒，但又唯恐是自己胡思乱想造成误会，但是王映霞处处流露出对一些"权要"羡慕亲近的姿态，很难让郁达夫对一些流言蜚语置若罔闻。

许绍棣是浙江临海县人，自幼时父母双亡，靠着伯母的抚养长大。中学毕业之后，他考入复旦大学，业余时在富豪方家担任家庭教师，方家的长辈很看重他的人品和学问，就把自己的女儿方志培嫁给了他。但是好景不长，1936年方志培罹患肺病去世了，只留下三个女儿和许绍棣一起生活。

许绍棣大学毕业之后，先是在中学担任教师，尔后参与国民党，渐渐进入仕途，他为人精明能干，很快就官至国民党浙江省党部执行委员，兼任教育厅长。郁达夫到杭州以后，"风雨茅庐"的落成，许绍棣还到场祝贺，两人多有来往，对彼此也颇为赏识。

在去金华之前，王映霞和许绍棣早有书信的来往，后来许绍棣带着三个女儿，跋山涉水来到丽水避难，和王映霞一家居然同住在一栋楼里，小孩子们难免经常在一起玩耍，王映霞同许绍棣之间接触的机会也就渐渐多了起来。

这些风言风语传到郁达夫耳中，禁不住让他疑云丛生，一边是自己感情深厚的妻子，一边是私交甚好的旧友，怎么说都不可能发生这种夺人之妻、乘人之危的事情，但是王映霞长期远离自己独居，感情上真的还像以前那样坚定吗？精神的空虚与孤独，就好像看不见的蛀虫，一点点将这段辛苦经营建立起来的家庭掏空而不被察觉。如今在患难之中与旧相识异地重逢，彼此扶持关照，感情自然会发生变化，王映霞真的能够对自己忠贞不贰吗？对妻子的种种猜测在郁达夫的脑海里像一场拉锯战，此消彼长，折磨得他寝食难安。

就这样，王映霞做起了牵线搭桥的"红娘"，到了汉口之后，同身在丽水的许绍棣更是频繁地书信往来。

到了武昌的第三天，李家应就来找王映霞，并且把孙多慈的相片也带来了，要王映霞替她们写封信去问问。王映霞也不忍推辞，迟疑了一会，告诉她："让我慢慢地写。"

王映霞的信寄去之后，等了多日，没有回音。李家应要她再去信。隔了一些日子，回信来了，说是可以做做朋友。见许绍棣这样说，大概这件事就是可以完成了，王映霞就把回信随随便便放在了台子上。

那天晚上，郁达夫再次喝得酩酊大醉回到家中，无意间翻到了这封回信，忍不住妒火中烧，他气冲冲地拿着这封信去照相馆里印了出来，看到王映霞同许绍棣之间书信不断，郁达夫早就疑窦丛生，他认为这件事一抖搂出来，便是两人"情书"来往的证据了。

自从在武汉住下来之后，郁达夫和王映霞之间的种种矛盾，这才渐渐显露了出来。生活只有体味过了才知道是苦是甜，生命只有参与过了才知道是浮是沉，而彼此之间，卸去粉饰和伪装，便只有朝夕共处的真实。"事无巨细，似乎他总看不入眼，书信的来往他要怀疑，一般的游玩和应酬他会猜忌。而我的个性，既娇又骄，总不愿意用什么和顺的言辞去向他解说。"（《王映霞自传》）终于相信，未曾开始一生相随，未曾经历轰轰烈烈已然归于平淡，就已被彼此的猜忌刺痛。

"我感到苦闷，却又在苦闷中挣扎，我也知道他比我更苦闷。他是急性子，表面上虽然怨我，甚至于想离开我，但他的内心，还是极痛苦地想攫住我，祈盼我能从言语或态度上向他表达出我的心意……我对他并没有改变的心意，但是我没有这样做，而是变得更冷淡更消极。这样一来，他便更确定他的幻想确已成了事实，他受到了沉重的打击而不能自拔。"（《王映霞自传》）只是因为那一段不算愉快的记忆，因为彼此性格的硬伤而停留太久，让他们的感情枯萎、崩坏，最后无疾而终。一曲咏叹空下来，世人也在唏嘘感慨，温习着他们的曾经。在不经意路过的时候，偶尔回忆过往的时光，也只有当失去这个人后，铺天盖地的孤独笼罩下来，灵魂深处寂寞如期而至，世间冷暖，才会变得清晰。

人生沉淀的是过往，尘封的是岁月，而岁月使我们心怀宁静，日渐沧桑。

就此负约情义绝

1938年7月的一个晚上，本是万籁俱静的子夜十分，一棵棵高大的梧桐沿着马路密密地生长，高挺挺地在夜风中摇曳。从窗里往外望出去，武汉的夜空难得的静谧安然，天空是一片藏蓝色的绒毯，一波一波温柔地起伏。在炮火稍停的时候，家家户户都是明亮的灯光，这番宁静倒显得格外令人不安。

"你又打算走么？要走，可以的，你必须把三个儿子也带走。否则，就让我走！"一阵争吵声从郁达夫家中的小窗传出来，王映霞怒气冲冲地喊道。

原本王映霞只是说说气话，哪知郁达夫语气坚定地说："要走你就走。"

王映霞顿时愣住了，她从未听见过郁达夫对她讲过如此触犯她自尊心的话。这时听闻郁达夫这样说，王映霞怒火中烧，她立刻站起身来，马上去到母亲的房间里取走了两件替换的衣服，手中提了一个拎包，三步并作两步，也不想再看见郁达夫，她直接从堂屋走到天井，再从天井里跨出了大门。原本是"试探性"地发一发脾气，没想到酿成了一场争吵，假戏已经真做，郁达夫见王映霞坚决地转身离开的样子，也跟着她身后走了出来。

走到大门口，正好有一辆空车停在那里，王映霞撩起衣摆，一边跨上车，一边对车夫说："你给我拉到火车站！"

走走看看，家家都摆着温馨鲜艳的白玉兰，家家都挂着雪白的纱帘，这样的情景，没来由地让人安静下来。王映霞原本心中带着怨气，人也在火头上，所以说话做事也不经考虑，王映霞的说走就走，等到车夫真的拉着车缓缓驶动，王映霞这才有些后悔自己太过于冲动了。"其实，我到车站去做什么呢？找什么人呢？我的亲人就只有老母和孩子，不都是在我的身边么？不是都在武昌么？我真的还有什么人可找？我正在这样地反问自己的时候，车夫却已把车子拉了起来，要起步的样子……"这时王映霞的头脑略略地清醒了一些，她突然回过神来，就又重新对车夫说："不，不去车站了！你把我拉到小朝街四十一号！"

小朝街住着王映霞在杭州时候结识的朋友曹秉哲，曹先生是杭州有名的律师，不论富阳还是杭州，他的熟人都是最多的。现在他住在武昌，名义是军事委员政治部部长陈诚的秘书。在杭州时同郁达夫和王映霞都是很好的朋友。王映霞离开的时候，考虑到自己要去什么地方最为合适，就是说，她既不能去到只有单身男子的家中，也不能去到只有单身女子的家中，否则实在不妥，还会招来是非口舌。思来想去，王映霞决定了去曹家。

到了曹家，曹秉哲夫妇一看见王映霞，就猜想到一定是她同郁达夫在家中发生了口角，这才被迫出走，就劝解道："休息，休息，慢慢来，你就在我们家住几天，然后我会叫达夫接你回去！"

王映霞一听，马上摇手示意，对曹先生说："曹先生！我今天来，是打算在你们这里住几天，你万万不可以去通知我家里。若你要去通知，我马上就走。"

曹氏夫妇看到她这副决然的神情，倒是心生同情起来，当即表示说：

"你不要再走，我不去通知你的家里！哦！我一定不去通知。"一番周折之后，王映霞总算是安定地住了下来。

这一夜，曹律师把他们的房间让给了王映霞，让她可以舒舒服服地住下来。躺在床上，看着窗外的灯火缓缓熄灭，一种由衷的悲凉和无力感渐渐袭来，只要阖上眼睛，深处黑暗中的她就感到一阵压抑窒息的苦闷，就像在大海中浮沉的浮木，被冰凉的海水冲刷着、压制着，所有的力气都被抽去了，只剩被堵在胸口酸楚的呐喊声。曾经两个人一起经历过的回忆，就像来不及收拾的心情，那样撒了一地，让她无从拾起。思前想后，这一夜中王映霞心情的恶劣，是十多年来所未有的。

王映霞也不知道，在这样的生活中，自己为什么会感到不安，她需要一个精神的寄托，似乎只有这样，她才可以修复内心中所受到过的某种伤害，那种自尊的、依赖的、长久以来的孤独，已经被时光蒙上了一层灰尘，覆盖上很久很久、久到她以为可以自顾自地走下去，可以忽视，可以放逐，但还是在不经意的时候，发现那些经年的孤单的疤痕。

自回武汉以来，郁达夫便很少回这个家，家里一直都是王映霞忙前忙后，照料孩子和老人。这天，他正从东战场视察归来，频繁的战地观察和劳军，奔波在徐州和台儿庄等战斗前线，他刚放下视察报告，忽然想起自己全身投入战事，同王映霞的矛盾也来不及化解。他数日来无暇顾及家里，甚至没有时间去看一看自己的三个儿子，如今又和映霞发生口角。此时此刻他心乱如麻，只想早点回家去，给孩子们一点父亲的温暖。

回到家中，早已不是昔日欢声笑语的景象，三个惊慌失措的孩子看到父亲回来，纷纷带着未干的泪痕扑向他哭诉起来。

郁达夫看着空荡荡的家里，似乎还是那样的陈设，还是那些物件，但少了那一个熟悉的身影，来叫自己吃饭，嘱咐自己早睡，寻常的时候，他听见王映霞在家中发出的响动，走上楼梯的咚咚声，炒菜时细微的咳嗽声，还有那时不时飘来的饭菜香味，都让他感觉到生活是真实的，不像他笔下那些抽象的人物，带着看似鲜艳的色彩，活在虚幻的情绪之中。

而现在映霞下落不明，种种不祥的猜想涌上脑海，郁达夫一颗心顿时如坠冰窟，手心也开始沁出冷汗……他神思恍惚地走进卧室，似乎还有着王映霞的气息，衣柜敞开着，里面少了几件她常穿的衣物，一股不祥的预感袭来，郁达夫喃喃自语道：

　　"莫非她真的弃我而去了？"

　　他转身去问王映霞的母亲："娘，你知道映霞到哪里去了么？她有没有留下什么话？"

　　老太太摇摇头说："我什么都不晓得啊。"

　　那些猜测和疑虑就好像是在心头滋生的杂草，即使是不见天日的阴暗角落也都是它们的影子，郁达夫颓然地倒在床上，他阖上眼睛，王映霞的身影却在眼前挥之不去，他想尽力打消这些疑虑，强打起精神去安慰一下哭得精疲力竭的孩子们。忽然，他看见了王映霞放在床边的一件洗染未干的纱衫，这是映霞的贴身衣物，旧物牵动情思，关于过往的丝丝缕缕又在心头生根发芽，时间似乎回到了他们初相识的时候，关于对方的点点滴滴都令自己心潮澎湃，郁达夫忍不住捡起那件纱衫，想细细端详。

　　就在郁达夫拿起它的时候，几封书信从里面掉落出来。打开一看，居然全都是许绍棣写给王映霞的"情书"，郁达夫顿时五雷轰顶，站在屋内愣住了。

　　"好，好，原来在福州听到的那些传闻都是真的。"郁达夫攥紧手中的书信，心里愤恨难平，"此番出走，想必也是去找许绍棣了！"未来得及细看信件，郁达夫就把它扔在一边，愤然提起毛笔，在那件纱衫上挥笔写道"下堂妾王氏改嫁之遗留物"几个大字，写完，他把笔掷一边。夜色无声，但郁达夫脑海中仿佛有无数细小的话语声，没有了王映霞，噩梦袭来，蜷缩在黑暗中无数个轻轻颤抖的影子，他只觉得，这间房屋已经成了他和王映霞感情的陵园，埋葬了所有期待。

　　心底的闪念如同流星般划过夜空，定格在这一刻。听说红豆鲜艳的外壳是永不褪色的红，不会在岁月中流失它的鲜妍，而是在时光的淬炼之中越发深刻。原本以为感情也是如此，无奈世人太过凉薄，人心太过善变，曾经的相遇，一呼一吸间都能牵动幸福的声音。郁达夫想起王映霞最初的模样，那样一个宁静悠远的女子眼底带着笑意，向他款款走来。那一瞬间，被她看到的自己，就像化身成了清泉、微风、和花香。

物是人非。

郁达夫在长灯下写下了这样的两首诗：

> 凤去台空夜渐长，挑灯时展嫁衣裳。
> 愁教晓日穿金缕，故绣重帏护玉堂。
> 碧落有星烂昂宿，残宵无梦到横塘。
> 武昌旧是伤心地，望阻侯门更断肠。
>
> 贫贱原知是祸胎，苏秦初不慕颜回。
> 九洲铸铁终成错，一饭论交竟自谋。
> 水覆金盆收半勺，香残心篆看全灰。
> 明年陌上花开日，愁听人歌缓缓来。

第二天早晨，郁达夫就跑到汉口的《大公报》社，要求登出一则寻人启事：

> 王映霞女士鉴：
> 　乱世男女离合，本属寻常。汝与某君之关系，及携去之细软衣饰金银款项契据等，都不成问题。唯汝母及小孩等想念甚殷，乞告以住址。
>
> 　　　　　　　　　　　　　　　　　　　　郁达夫谨启

这个启事是郁达夫的一个重大的决定，这个决定一旦涌出，便轰隆隆地倾轧过他所有的理智，让思维混乱的郁达夫，做出了另一件让人啼笑皆非的事。他将那几封许绍棣和王映霞来往的书信，就是替许绍棣介绍孙多慈的信件，当作"情书"的铁证拿给第三厅的许多人同时传看，随后，他又给许绍棣的上级写了两封长信去告状，最后，便是登了这样一则寻人启事。

烟花本是无情物

郁达夫与王映霞

一窗愁绪为谁残

何时丈而看南雪，我与梅花两白头。这世界上总有不能坦然利落相约白头的人，就如同我是长街你是千堆雪，注定要在阳光变暖的那一刻瓦解，但爱是最温柔的城池，曾经在旧城里看不见的阳光，因为你的出现而辗转成歌，所以我离开自己的城池，跋山涉水，来到你在的地方，那些相伴的时间长得好像醒不来的梦境，即使醒来，我也觉得你带走的是我无法忘怀的一生。

来到曹家两天了，时间仿佛醉醺醺地倒在了雨里，过得格外恍恍惚惚，即使离开了那个家，离开了郁达夫，离开了他的声音，他的笑容，但是每当想起在一起生活的点点滴滴，那种感受永远不会改变。

空气里仿佛也有了潮湿的气味，王映霞坐着坐着，突然感到脸上一阵冰凉，她抬起手来触了触脸颊，只是一片温润的水泽，眼底里全是咸涩的泪水。她想起曾经的自己，怀揣着最美好的想象和憧憬走进郁达夫的生命中，她以为相随一生的陪伴，就是恰好在那样的时间，遇到能够并肩站在风浪中的船头，浅斟低唱，尽赏两岸风光，也能在风口浪尖紧紧交握彼此的掌心，给自己所有安全感的避风港，而不是现在这样，他的存在不是能够带来幸福的港湾，而是成了自己痛苦的来源。

王映霞看着镜子中自己模糊的剪影，一时之间不知道现在是何年何月，仿佛自己还是不谙世事的少女，就站在尚贤坊的一间屋子里，忽然听见外面传来带着杭州口音的一个男人的声音，她那时候还是无忧无虑的，连时间都不能够叫她发愁。

屋子里静悄悄的没有一点声音，从前促膝把酒，彻夜长谈都觉得时间太过短暂的人，为何会输给这么些年的朝夕相处。这些年以来，王映霞渐渐明白了，不是爱让时间飞逝，而是时间让爱飞逝，身为一个女人，她敏感、柔弱却又自主、坚强，这仿佛也成了郁达夫不满意的特质，他对自己人际关系的猜疑和动不动就离家出走的逃避方式，让王映霞只能独自一人面对着无心解释的冷战局面。

以前的两个人，即使是郁达夫动辄就离开家好几天，他那种不辞而别的习惯渐渐也被自己接受了，她心中很清楚郁达夫的性情，他喜怒无常的本性是与生俱来的，岛国十年的磨砺让他的个性中又增添了压抑灰暗的色彩，这样一个敏感多疑、执拗病态的才子，是她选择成为这样的郁达夫的妻子的，她为了自己的选择，付出了生命中最美好的时光，与他相恋，结婚，生儿育女……想到这里，王映霞看着镜子中的自己，已经不似当年那个粉面低垂、不胜娇羞的闺中女子了，为人妇为人母的这些年，生活的琐碎和压力已经让这块璞玉渐渐失去了光彩，更为可怕的是，她竟现在才意识到，自己快要从一块璞玉变成随处可见的卵石了。

靠着床边，王映霞也不知道坐了多久，只觉得时间过得如此缓慢，相见亦无事，别后常忆君。岁月突然缓声，年轻的面容已经被时间蹂躏得模糊不清，这样的恐惧是遮掩不住的，王映霞忽然感到一阵由衷的悲凉。

"映霞……"曹太太不知道在门外站了多久，她刚刚看到《大公报》上刊登的"寻人启事"，本来料想这是夫妻之间的家务事，现在郁达夫居然登上报来，闹得满城风雨，人尽皆知，这让映霞怎么接受呢？

王映霞应声转过身，一看是曹太太，她立刻收起自己哀愁的情绪，女人的心思是最为敏感细腻的，寄住在曹律师家中，王映霞已是十分不好意思了，对于曹氏夫妇的热情周到，她更是心怀感激，王映霞笑着说："曹太太……真是不好意思，打扰你们这么多天。"

"快别这么说。"曹太太在床边坐下，语气轻柔地问道，"映霞，你和郁先生之间，究竟是怎么了呢？"

精明的曹太太很了解郁达夫和王映霞之间的感情，他们是不会那么轻易就离开彼此的，这一次大概是没有一个合适的契机，如果有王映霞表露出回心转意的态度来，他们两人之间的矛盾迟早是要化解的。说着，曹太太拿出《大公报》对王映霞说："你看，达夫这还登报找你呢。"

王映霞接过报纸一看，忍不住勃然大怒，看到那则"寻人启事"，王映霞气得双唇颤抖，手几乎都拿不住报纸了，一时之间话都说不出来，她想到自己念及这一个含辛茹苦撑起来的穷家，大约这一次是真的要散了。想到家中还有三个未成人的小孩子，想到自己还需要人照顾的老母亲，想到自己日后的打算，王映霞失声哭道："这哪里是寻人启事？这分明是无事生非，造谣诬陷我！"

"映霞，你先别生气，达夫大概也是着急了嘛。"曹太太急忙手忙脚乱地安慰起王映霞来。

王映霞闻言低下了头，住在曹律师家中已是多有叨扰，此时若不把自己家真实的情况同曹太太讲清楚，怕是不太好。而且王映霞自己同曹氏夫妇也是多年的好友，对彼此的信任和了解也并非一朝一夕积累起来的，王映霞这才把曹太太当作可以坦然交心的倾诉对象，将自己和郁达夫感情破裂的经过一五一十地讲给了曹太太听。

"达夫大概是在福州的时候，听到一些风言风语，对我和许绍棣之间的关系颇有猜忌，他总是觉得我们之间有什么不可告人之处，这真的是太冤枉了。他本和许绍棣先生是多年好友，我们的结识也是由于达夫和他之间的应酬关系。之后我们一家搬到丽水，两家人碰巧住在一栋楼里，许先生一个人带着三个女孩子，生活得很不容易。我们家的三个小孩又和他家的小孩玩得来，所以难免经常带着孩子在一起玩，这样才彼此多了许多接触的机会，也熟悉了很多。后来，我们迁往武汉，在火车上带了达夫友人的女儿李家应，李小姐托付我介绍一位单身的先生给她的好朋友孙多慈，我猜想许先生正合适，才答应做成这个媒。到了武汉，因为想着成全这一桩好事，我和许先生之间多有书信往来，问他对孙多慈的意见，许先生倒是回信说可以做做朋友。达夫不知道怎么就猜忌我和许先生之间的关系，认为那是情书，认为我同许先生之间的通信是不正当的。"

王映霞说完了这些，好像是松了一口气，这些心事闷在她的心里很久了，这下终于可以倾诉出来了，王映霞擦了擦脸上的泪痕，说道："郁达夫他，身为丈夫不相信我的为人，还在报纸上刊登这样的寻人启事来大肆宣扬，这让别人怎么想呢？家丑还不可外扬，他倒好，生怕别人不知道自己家的丑事，而且还是往自己的妻子身上编造这些子虚乌有的事情……"曹太太听完她的解释，只能摇摇头表示同情，她拍拍映霞的手长吁短叹一阵，让她宽心。

"想想嫁给他以来，我从来没有放心过，他有动辄就离家出走的毛病，我亦不知道他的去向，就只有守在家中苦等，他只有没有了钱，或是自己在外面花天酒地够了，这才想起来回家……"

王映霞想起曾经的生活，忽然觉得自己像是坠入深窟，嫁给这样一个人，已是让自己心里疲惫的事情。郁达夫多愁善感，又向来我行我素，喝酒买醉，离家出走，自己都只是勉强应付着，守在家中等待他平静心绪，才像个浪子一般回到家里来。可是现在，她只是一次不辞而别，却招来郁达夫将夫妻间的私事登上报端，供世人议论谈笑，指手画脚。

这一晚，王映霞看着模糊的窗口映射出的街景，世人形色倥偬，不过是为了谋生立命，在尘世中踽踽独行的身影，有几个能不被狂风骤雨摧折，此时的她甚至惶恐地觉得，自己当初的决定是不是错误的呢？

另一个房间里，曹太太想起白天里王映霞说的话，禁不住对丈夫问道："你说，为什么郁先生会如此不信任映霞，猜忌她和许绍棣之间的关系呢？"

曹律师一向是冷静理智的，他知道听信任何一方的说辞都是无用的，而他对与这件事也有自己更客观公正的看法，他说：“这种事情，我们旁人哪里能分辨是非对错，郁达夫一口咬定王映霞和许绍棣的关系非比寻常，而王映霞又认定自己是清白无辜的，真相是怎样，大概只有他们自己知道吧！”曹律师也自有他自己的考虑，身为律师的精明，让他觉得本来想置身郁达夫的家务事之外，此时可能只有自己能帮得上忙了，让郁达夫和王映霞二人尽快和好，是曹氏夫妇求之不得的事。

　　曹太太忧心忡忡道：“那可怎么解释得清楚呢？我们要怎么办呢？”

　　“解铃还须系铃人，我明天一早就去找达夫，让他自己来解决这件事情，把映霞领走，他们俩能和好，是最好不过的事情了。”曹律师低声对妻子说道。

两厢炎凉望唏嘘

郁达夫那处，此时也是天翻地覆的情形。他将许绍棣和王映霞的"情书"大肆宣传，又在报上刊登"寻人启事"，他和王映霞的家事此时已经成为文化界人人皆知的闹剧，已成了大家茶余饭后的谈资和笑柄了。

郁达夫在家里翻了个鸡犬不宁，又刊登启事，又影印照片，他拿着那些"铁证"来找郭沫若，激动地指着那些"卷逃"的痕迹，对郭沫若说："沫若，你看，这总不是我造谣吧。"

郭沫若扶了扶镜框，这段时间，对郁达夫和王映霞的事情也多有耳闻，但他知道，王映霞和郁达夫之间的感情是毋庸置疑的。但是郁达夫那冲动、敏感的个性，把身处暴风中心的王映霞置身在一个十分难堪的境地。

他拍了拍郁达夫的肩膀，诚恳地对他说："达夫，自我暴露已经仿佛成为你的一种病态了，家丑不可外扬，而你偏偏是要搞到人尽皆知。暴露自己可以，为什么要暴露映霞呢？你这样拍照又登报，大肆宣传，唯恐人家不知道你的难堪似的！"

郁达夫沉默了，他深知自己冲动起来从来不会瞻前顾后，也可能是一直以来的"自卑心理"在作祟，对于王映霞的感情，他只想紧紧擒住，不希望有任何外来人介入他们的家庭，他们之间的感情。他就像紧紧跟随雾霭中的微弱亮光一样，把王映霞视作航程中的灯塔，他希望她也同样坚定，毫不动摇。他敬仰自己对王映霞的感情，当听到那些流言蜚语时，他的恐惧大过了理智，他只想做些什么来刺激这样一种无能为力的感受。大概在感情中，不论我们年岁几何，永远都是不懂拿捏分寸的孩童。

人生的每一天都是一种修行，修行者把余生的每一秒都变成悠然绽放的花，世事纷繁，流年旧梦，又有几个人能够真正读懂时间匆匆流逝的意义。

第二天清晨，曹律师就来到郁达夫这里，哪知他正要说明来意，就看到了《大公报》上那则言辞激烈，甚至有些有悖常理的"寻人启事"，一时之间他也不知道该怎么替王映霞开口了。

郁达夫一见好友来，索性把许绍棣和王映霞之间书信往来的"情书"影印下来的照片拿给曹律师看，还一本正经地称这是为日后打官司用的"证据"。看到这一情形，曹律师只好告诉郁达夫，此时王映霞正在自己家中，已经三天了。

看到报纸上刊登的"寻人启事"，又得知王映霞仍在武汉，郁达夫也开始觉得自己做得有些过分了，他一时被冲动的情绪冲昏了头脑，完全没有为王映霞的去处担忧，而是认定她是去浙江找许绍棣去了，然而现在证实王映霞并没有去找许绍棣，而是寄住在曹律师家。郁达夫顿时松了一口气，又惊又喜地问："她果真没有去找许绍棣吗？"

"达夫，映霞只是赌气来了我家里，并没有去找许绍棣。"眼看着好朋友演了这样一出啼笑皆非的闹剧，曹律师只好无可奈何地解释道。

得知王映霞在曹先生家，自己却鲁莽地断定她"卷逃"去了浙江许绍棣那里，郁达夫也面有愧色，只好支支吾吾地说："那让……她自己赶紧回来好了。"

郭沫若一听，拿过报纸仔细看了一遍，然后用一种和解的语气劝说郁达夫道："达夫，你想让王映霞回来，如今怕是没这么容易了啊。"

在郭沫若等朋友的劝说之下，郁达夫决定去曹家亲自请王映霞。

就在"寻人启事"被刊登出来的当天下午，郁达夫就来到了曹律师家中，想要接王映霞回家。

王映霞靠着窗台，看着窗外的街景出神地想着什么，路上的行人有的忙着生活，有的忙着工作，所有的人都是如此窘迫的姿态，如果自己对这段感情索求得太多，期待得太多，怕是很快就会是捕风捉影后的一无所获了吧，那时候的自己，是不是也像这些匆匆忙忙的行人，背负着自己的故事，走向下一段人生。

曹太太在王映霞身后站了一会，走过去拍了拍她说："映霞，你们毕竟是夫妻一场，达夫的这篇文字虽说是厉害了点，不过也是关心你吗？凡事还是要包涵一点……"

王映霞何尝不知道夫妻之间应当互相包容，只是郁达夫心性未定，做事完全不顾虑自己的感受，怨气和怒气还郁结在胸口难以排解，她只能在曹太太面前尽力控制自己的情绪："我所想到的就是把事情化小，但是达夫非要闹得满城风雨，我不可能无条件地言归于好。"

就在这时，房门轻轻响动，郁达夫就站在门外，他远远看着靠在窗台的王映霞，一时间恍若隔世。王映霞扶着窗台，郁达夫的出现同样让她久久不能平静，她不知所措地低下了头，手心里也微微沁出温热的汗来。

"映霞。"郁达夫轻轻唤了一声，带着僵硬而央求的语气说道："回家去吧。"

"回去？"看着郁达夫若无其事的样子，王映霞顿时又激动起来，她冷哼一声，道："你不是登过'寻人启事'了么，我要是就这么回去了，你那'寻人启事'不就白登了！"想到那则"寻人启事"，王映霞就羞愤难当。

"我那是不知道你的去处，所以才登了报。"郁达夫知道"寻人启事"是王映霞最介意的事情，这次他的确是太过于冲动行事，而此时，他也不知道该怎样对王映霞做出弥补。

"你还是走吧，我是不会那么容易就回去的。我是一个卷逃的人，你不必对一个卷逃的人做任何解释"。王映霞说着走到门前，打开房门，做出了"逐客"的姿态："你不必原谅我的卷逃，我也同样不会原谅你的诽谤！"

"我哪里是要诽谤你？"郁达夫着急地走上前去，"映霞，你离家出走，抛下孩子和我通通不管，我也是没有办法啊。"

王映霞想起郁达夫的屡次离家出走，自己仅仅"效仿"了一次，他就如此得理不饶人，眼泪又一次不受控制地淌下来，王映霞说："你当初三番五次离家，我有没有登报纸，指责你卷逃？有没有毁你声誉？让你难堪？"

"这次是我的错，我向你道歉，好吗？"郁达夫只好认错道。

"道歉有什么用！"王映霞转过身去，不再理睬郁达夫，眼泪就那样打湿了半边衣襟，她还是不能淡然处之，大概在所爱的人面前，任何委屈都会被放大，任何脆弱都会暴露无遗。

这样在曹家挨了一整天，眼看着天色慢慢地黑了下来，郁达夫想在这里住一晚上，等到明天再作打算。

"你必须走！这里没有地方给你睡，你同我这个卷逃的人待在一处，你自己不也成了卷逃之人了么！"王映霞余怒未消地说，声调也越来越高。

曹太太真不想这对夫妇在自己家里闹得不可开交，她只好对王映霞说："映霞，天色都这么晚了，外面兵荒马乱的又不太平，你怎么忍心让达夫一个人回去呢？这万一出了点什么差池，我们可怎么担当得起呀！"一句话在忽然之间让王映霞徒然跟原本的打算倒戈相向，她终究还是担心郁达夫的，即使有再深刻的痛楚、再无尽的忍耐，她也还是担心他的安危的，这份柔软，就是在所爱的人面前，抛却世俗的恩怨愤恨，再觉得煎熬，也依然宁愿付出无尽的伤痛。

"这样吧，达夫就住楼上，其他屋子还没有来得及收拾呢。"曹律师赶紧顺着妻子的建议说，"达夫，你也刚好和嫂子好好聊一聊。"

王映霞见曹氏夫妇如此尽心尽力地撮合自己和郁达夫，想要打破这个僵局，自己也不能太任性，但是和郁达夫同处一室，就等于是原谅了他，王映霞是不愿意就这么轻而易举地原谅他的，她说："没地方给你睡！你必须走！假如我今天进了公安局，而你也住到公安局里？"后来，经过曹律师的说和，王映霞才勉强同忆郁达夫留下，这一晚，郁达夫就只好在地板上打地铺躺着睡下了。

时间在夜间慢慢游走，命运扣下一只手掌，我们无能为力，也无可奈何。此时郁达夫看着床边那个安静的剪影，她到底睡着了吗？为什么会如此的寂静？等待和寻找都需要彼此的耐心和默契，而他同王映霞之间，显然是少了这样的一份耐心和默契，他也曾害怕，怕自己哪天回过头来，看不见那个原本有着她的灯火岸上，早已空无一人。

窗外静静洒进来的月光，王映霞也是安静而且清醒着，"人生若只如初见"，从一开始古人就带着幽谧的笑容，写下预知一切情事的旷古名句，他们才是真正的圣贤，而我们都只是凡胎，在爱面前，要倾尽一切去懂得、去选择、去遗忘，才能释然豁达，百毒不侵。

可是，终究是思念如潮，思绪清冷如月光。人心可能从来就没有永远这样的东西，郁达夫对王映霞是真心的，他写婚约时是天地诚可鉴，只是感情往往输在太认真，败局开始的时候我们都不曾知晓，以为写下的约定就不可动摇，稳如磐石，而一厢情愿是人世中最凡俗的弱点。

佳话颇传王逸少，豪情不减李香君。
而今劳燕临歧路，肠断江东日暮云。

三生沧海恨离散

　　少年时期的相爱，花开汹涌，潮来澎湃，如一场如火如荼的花事，看着眼前繁华错落的幻境，我们都贪心地想将这一刻定格。王映霞醒来，想起梦中那个曾经出现的在尚贤坊的初见场景，她恍惚觉得这些年来就像一场迷离的梦。

　　平静了一夜之后，最初的愤怒和刺痛都渐渐平复了下来，王映霞知道此时和郁达夫争吵僵持一点作用也没有，她还爱着这个家庭，还牵挂着三个孩子，她从心底里不愿失去这一切。但是报纸上的那则"寻人启事"给自己的名声带来了莫大的污点，她必须要求郁达夫澄清这一切。于是第二天，王映霞就对郁达夫提出了刊登"道歉启事"，她的态度平静而且坚决，丝毫容不得转圜的余地。

　　"好吧……一切都依你。"郁达夫沉默良久，还是点了点头，答应了王映霞的要求。

　　说罢，郁达夫对曹律师借来纸笔，当着大家的面，草拟一份"道歉启事"。这时候王映霞突然说："不用劳您的大驾了，由我来执笔，你负责送去报社就行了。"

王映霞思量片刻，拿起纸笔，写下了这样一则"道歉启事"：

道歉启事

达夫前以神经失常，语言不合，致逼走妻王映霞女士，并登报招寻启事中，诬指与某君关系，及携带细软等事。事后寻思，复经朋友解说，始知全出于误会。兹特登报声明，并深致歉意。

此致

映霞女士

郁达夫启

这则启事把家庭矛盾和王映霞的出走，都归咎到了郁达夫身上，这也是王映霞字斟句酌，酝酿许久才成型的，短短几句，就撇清了自己和许绍棣之间的关系。郁达夫知道这则启事处处对自己不利，一旦刊登出去，必定于自己名声有损，但为了让王映霞早日回家，他也顾虑不了自己的处境了。

有时候，爱是如此坚韧的东西，经历了风雨之后，才能看见一池新碧，一窗月光。风波渐渐平息了之后，王映霞也回到了家中，郁达夫的家里慢慢开始恢复往日琴瑟和谐的生机和温馨。但是创伤能够可想而知，给这个家庭带了无法弥补的伤痕，郁达夫和王映霞也都各自认识到自己曾经的错误。尤其是郭沫若，督促郁达夫说："达夫，你是一个非常聪明的人，而在气质上，说实在的，你也比我要积极进取得多。如果你把这种进取的力量施展得再充分一点，必然会有更大的成就，生活也会过得更加坦然。不过，作为朋友，我也想给你一些诚恳的劝说。你在自我暴露方面太过于勇敢……"

朋友的监督和劝解对郁达夫和王映霞的调和起到了很大的促进作用，为了以后不再发生这样的事情，郁达夫和王映霞一同签下了一张"协议书"：

协议书

达夫、映霞因过去各有错误，因而时时发生冲突，致家庭生活，苦如地狱，旁人得乘虚生事，几至离异。现经友人之调解与指示，两人各自之反省与觉悟，拟将从前夫妇间之障碍与原因，一律扫尽，今后绝对不提。两人各守本分，各尽夫与妻之至善，以期恢复初结合时之圆满生活。夫妻间即有临时误解，亦当以互让与规劝之态度，开诚布公，勉求谅解。凡在今日以前之任何错误事情，及证据物件，能引起夫妻间感情之劣绪者，概置勿问。诚恐口说无凭，因共同立此协议书两纸，为日后之证。

民国廿七年七月九日

立协议人　　夫　郁达夫

妻　王映霞

见证友人　　　周企虞

胡建中

战事日趋激烈，武汉危在旦夕。1938年，郁达夫和王映霞听了易君左先生的劝告，离开武汉，扶老携幼，到汉寿避难的生活中，夫妻两人都小心翼翼地维护着这段脆弱的感情和婚姻，与彼此共处，所经历的点点滴滴，都在记忆之中亘古存在着，不干涸，不褪色，但是背负着期待和如山的压力，这一双旷世恋侣也在乱世烽火中艰难前进。

抗日战事节节败退，一向生活在温润水乡的百姓们也面临流离失所的悲惨命运。雾色苍茫的洞庭湖畔，只能听见拍案的浪潮声，远处重峦叠嶂，烟云渺渺，依稀可以看见远处的船只在水面上缓缓行进，郁达夫此时心中的激愤，也同这雾蒙蒙的水泽一般潮起潮落。避居汉寿，让郁达夫深感国仇家恨，一方面是多事之秋的政局，一方面是不堪一击的家庭，郁达夫在给刘开渠的信中这样描述说："……家庭几至破裂，现则仍归于好，来汉寿住，亦为伊计，欲使静养数月，将此段情事忘去也。"

郁达夫在《国与家》中这样说：

　　六月初头，正当武汉被轰炸得最危险的时候，我的这个小小的家庭，也几至于陷入到了妻离子散的境地。

　　自北去台儿庄，东又重临东战场，两度劳军之后，映霞和我中间的感情，忽而剧变了。据映霞说，是因为我平时待她的不好，所以她不得不另去找一位精神上可以慰藉她的朋友。但是在我呢，平时也不觉得她有什么欺负；可是自从我福建回来，重与她在浙东相遇，偕她到武汉以来，在一道的时候，却总觉得她每日每夜，对我在愁眉苦脸，讨恨寻愁。六月四日，正在打算遵从政府疏散人口的命令，预备上船西去的中间，一场口角，她竟负气出走了；这原也是我的不是，因为在她出走之前，我对她的行动，深感到不满，连日和她吵闹了几场，本来是我先打算一走了之的。她走之后，我因为不晓得她的去向，——当时是疑她只身仍回浙东去的——所以就在《大公报》上登了两天寻人的广告。而在这广告文送出之后，就在当天晚上，便有友人来送信了，说她是仍在武昌。这广告终于又大大地激怒了她。后来经许多友人的劝告，也经我们两人的忏悔和深谈，总算是天大的运气，重新又订下了"让过去埋入坟墓，从今后，各自改过，各自奋发，再重来一袭灵魂与灵魂的新婚"的一个誓约。破镜重圆以后，我并且又在《大公报》上登了一个道歉的启事，第二天就上了轮船，和她及她的母亲与三个小孩，一道的奔上这本来是屈左徒行吟的故地，从前是叫作辰阳，现在是称作汉寿，僻处在洞庭湖西边的小县里来了。

　　郁达夫的《国与家》出版之后，王映霞看过也是颇有感触，她在盛怒之后，要想完全回复十年前对郁达夫的热情，是再也不可能的了。不过在他们两个人的心中，在到达汉寿之后的一个时期里，重归于好的愿望是十分强烈的，在这篇文章中，郁达夫也是很真实、很明显地表示了他的态度，而且还比较具体地写出了隐讳之言，王映霞说：

> 住在汉寿，读着他这样半忆半忏悔的文章以后，我胸中的闷气也略微平了一些。我是个个性倔强的女人，对于自己的愿望与理想，只在意会而不想言传。要我从口头上表示出甜甜蜜蜜，我是怎么也做不出来。只打算在大风大浪的袭击以后，让心境渐趋平静，再来恢复自己对他的感情。而这必然是有一个过程的。我相信，我们若能熬过了这一段静默的短时期，又何虑不会有柳暗花明的佳境来到？可惜的是，郁达夫偏偏忽视了女性的纤细的心理。

爱情或婚姻，是两个人之间往返的幻觉，我对你的馈赠依赖，真诚和陪伴，你回馈我信任、坦诚和包容，当经历过失望，经历过彼此的伤害，又去辛苦维护和经营的感情，终究是黯然神伤。爱可望而不可即，如同野鹤闲云，身后云影袅袅。那纸协议书，看起来是为了维系两个人之间的感情而存在，为了找回曾经初次见面时的心动和热忱；然而真正发生过矛盾之后，感情的裂痕又岂是一纸协议就能磨平的，它的存在，更像是一个笑话，时时刻刻提醒着郁达夫和王映霞，他们之间曾发生过那样一桩不堪回首的往事，而结果就是，再也回不去了。

王映霞感到有些疲惫，和郁达夫之间的感情更像是一场博弈，让她耗尽了心力，她想平静地维系着这段婚姻，但只要想到，这一生都不会再回到十年前那样相濡以沫、生死相依的爱情中，一种深深的无望就牵动着她的心绪，对于郁达夫的心思，她也再没有力气去揣测了。而当郁达夫想起那则"道歉启事"，就感到寒意深重，仿佛觉得王映霞是酝酿已久，心机太重，太过于庸俗。

9月中，福建省政府的主席陈仪来电催促郁达夫去福建任职，这是一个契机，也给了郁达夫和王映霞彼此冷静的机会，于是，正在彷徨的歧路上的郁达夫，船舵一转，心一横，来了一个"我也决心为国牺牲一切了"。

　　可是他并不知道，这次只身赴闽中，实在是一道彻底毁家的催命符。

乍离巫山烟水枯

　　夜，依然是那么寂静安然，月亮悄悄攀上崖头，这时海上还是一片平静无波，郁达夫此时坐在窗前，任由自己的思绪在海风中翻飞飘荡，像是海上迷离的薄雾，像是笼在月上的轻烟，像是恋人在微风中漫开的乌发。

　　离别的时光永远不知道何时是个尽头，尤其是在这人人自危的乱世烽火之时，郁达夫此行也是抱着放下与王映霞的感情，将她像一枚书签一般细细珍藏，那些回忆，或痛苦，或美好，都如同点点光芒驻于脑海，他想窥探，又无所遮拦，只觉得远离这一切，远离他和她之间无法调和的陌生与猜疑，远离是是非非，远离因为不肯舍弃而带来的融入骨血的伤痕。

　　王映霞在自述中说：

　　　　郁达夫动身之后，我扪心自问，自己是一个有血有肉有感情的人，我究竟为了什么，要来承受这样多再也承受不了的凄楚？左顾老母，右视娇儿，我深感时日难耐。武汉陷落了，我就决心在困苦中离开汉寿。

虽然，临行前的郁达夫和王映霞心中还有隔阂，但是想到郁达夫即将远行，王映霞还是万分不舍。但是国事疆土大片沦丧敌手，中华大地民不聊生，想到自己被日寇围困至死的老母亲，郁达夫就悲愤难当，愧对家人。想来也是一阵心酸：

> 并马氾洲看木奴，粘天青草复重湖。
> 向来豪气吞云梦，惜别清啼陋鹧鸪。
> 自愿驰驱随李广，何劳叮嘱戒罗敷。
> 男儿只合沙场死，岂为凌烟阁上图。

　　看着这首临行时郁达夫写给王映霞的诗，她心中五味杂陈。虽然他表面上依然是平静如水的道别，但是内心如同奔腾的江水一般的怒火，带着吞天蚀地的力量，对妻子王映霞和友人苟合一事的怀疑也是越演越烈，尤其是这首诗的最后一句"自愿驰驱随李广，何劳叮嘱戒罗敷。男儿只合沙场死，岂为凌烟阁上图"就是在暗中指责王映霞爱慕权贵，攀图官员。王映霞回忆那段时间郁达夫的状态就是：

> 谁知郁达夫一离开了家，虽然沿途写了许多封信寄回来，但同时他却打了许多电报到丽水去，向浙江省政府里我们所认识的人中，询问我是否已到丽水了，去和许绍棣同居了等等。而我呢，当时一点也不知道这些事情，心中还在想着，等待他到达福建后的消息。

　　王映霞究竟有没有去找许绍棣，后人世说纷纭，那时的真实情况我们也不得而知了，但是这场风波终究是毁灭郁达夫和王映霞婚姻的导火索。直到多年以后，王映霞依然矢口否认郁达夫手中掌握的这些所谓的"证据"，直到晚年的她，还是明确指出是郁达夫的肆意揣度，狭隘多疑毁掉了他们的婚姻。

　　大概是郁达夫早就有了离国出洋的决定了，到达福州不久，他就发了一通电报告知王映霞，让她带着儿子郁飞到福州来。当时已是初冬时节了，王映霞将电报收好，安静地坐在房间里，她想到孩子的衣服要添要补，想到自己未卜的前途命运，岁月就是一根牵住年轮的准绳，它缓缓用力，我们的青春和年华就如同湍急的江河一般流逝而去，而这半生混混沌沌，全然不似当年的心境了。王映霞在口中喃喃念出黄仲则的当年诗句，"全家都在秋风里，九月衣裳未裁剪。"正是此时所思。

怜君原是多情种

火车缓缓开动，站台上依然是一片混乱，车厢中拥挤着操着不同口音的人们，地上随意地摊着行李包裹，疲惫的乘客拥挤着熟睡过去，处处弥漫着紧张和疲惫的感觉。

王映霞安顿好孩子、母亲和随身的行李，忍不住环顾四周，她眼中的焦虑和担忧，让她显得和身边逃难的人们一样，都是战争的摧残下惊魂未定、流离失所的普通百姓。就在不久前的十月，住在汉寿的人们，不论认识的或是不认识的，都开始蠢蠢欲动，王映霞也听到了一些传闻，说是武汉已经失守，她想："如今照我一个人的想法，也是没有再留在汉寿的必要了，母亲和孩子，都是需要我来拿主意的人，跟他们商量，自然是商量不出来的。"

王映霞自小没有受过什么苦，一路走来顺风顺水，这样一个从小养尊处优的女子，在这样的关头，突然要担起一家老小的安危，她只觉得叫天不应叫地不灵。只能说托付平日里关心他们的朋友找来了车子，先是把全家人从汉寿带到了长沙。

这时候的长沙是战争的集结地，王映霞刚来不久，湖南长沙最高的地方天心阁就燃起来熊熊的大火，一时之间似乎整个长沙都成了投放炸弹的活靶，不论是日本人还是国民党，对于百姓们来说，逃难是唯一的出路。

王映霞听说长沙早晚要出事，于是带上一家人搭火车离开。哪知一登上车，人群拥挤不堪，连车顶上都坐满了人。将老人小孩安顿好以后，好不容易等到火车开动了，王映霞终于放下心来，本以为可以平安到达江山，然后翻山越岭而去福建浦城的了。谁知火车才开动两个小时，就有消息传来，说长沙大火，全城沦陷。王映霞一面心惊胆战地听着，一面惋惜：“我想这如果是真话，则我家的全部行李，包括六七个人的全部衣物，全焚于火了。”

王映霞心里涌起一阵复杂的情绪，失望、委顿、焦急统统充斥着她，一边安慰着不停哭闹的孩子，一边宽解着忧心忡忡的母亲，可是无助而又彷徨的自己呢，又有谁来替自己分忧解难呢？此时自己的丈夫又在哪里呢？行李里的东西虽然不是什么值钱的衣物，但是这里面有结婚十几年以来的一家人的照片和信函，记录着这么多年以来的生活和路程，这个损失，对王映霞来说是无论如何都无法弥补的了。

在江山住了四天，郁达夫便派了车子来接王映霞他们，车子直驶至浦城县停下，已到了福建境界，王映霞给郁达夫通了电话，郁达夫在电话中说：“你带了大的孩子，明天马上来福州，还有两个小的，可以暂时交给你母亲带往云和县，暂时由她抚养。”

云和县远在浙江，离丽水不远。王映霞的弟弟仍在丽水，无奈王映霞只好听从郁达夫的安排，她犹豫不决之时，郁达夫似乎看出了她的顾虑，言辞恳切地说：“我已经决定了只身出国之计，你的一切，只能由你自己决定，我也顾不得许多了。”

王映霞看着郁达夫悲戚的神色，只好安慰他道：“大局不意变化得如此之快，实在是不幸之至。我们一家，只需你心思好，待人好，不怕会饿死，到处都可以生存。这不必愁。宽你的心亦就是宽我自己的心。”

王映霞接着提出一个条件，若是郁达夫答允，她才肯随他远去南洋：

"你若不希望我再想起你过去的罪恶时，只有你先向我一字不提，引导我向新的生命途中走，大家再重新地来生活下去……"

郁达夫在答应王映霞一同去星洲的条件下，写下了一张悔过书，并打了长途电话给浙江省府诸公，说明自己是"误听人言，致疑心妻映霞已抵浙江的消息。"

王映霞在自述中记录了这段辗转到福州、又迁往新加坡的经历：

到福州之后，郁自己不来接，却叫人来接我们，我心中自知有异。后来和郁达夫见了面，他说："我已经答应了新加坡《星洲日报》之聘，马上就要到《星洲日报》去报到，并且，也已经为你们母子两人领好了护照。"

我听了无言以答，在这男子为中心的社会，我只得遵命。晚上我不知怎么的忽然想起了我的旧日同学金女士，她婚后甫三日，丈夫即病故，遗下一女，孤儿寡母艰难地生活着。想着想着，不觉提笔写下四首诗：

一

犹记年前住富春，澄江如练照丰神。

别来几度沧桑改，浙水狂涛忆故人。

二

容易年华似流水，钱塘别后两经秋。

春风沉醉花开夜，深锁琅琊燕子楼。

三

盛筵难再事多磨，后果前因问梦婆。

莫记春闺三宿恨，且留遗爱抚笼鹅。

四

烽火长沙夜入吴，残年风雪过闽都。

一帆又渡南溟岛，海国春来似画图。

诗是送给同学的，意在慰藉，却是怜人悯己。

第三天，也就是1938年12月18号，王映霞和郁达夫上了船。船在海上行进了三天，先是抵达香港，王映霞在长途颠簸之后昏昏沉沉地上了岸，住在了思豪酒店，又接受了朋友们的招待。在香港停留了两天，郁达夫一行三人乘着"康德罗苏"号游轮离开了香港。

船在海上漂流，咸涩的海水上浮动着天上的云影。王映霞在屋内独坐到深夜，看着身边熟睡的孩子，夜风带着海水特有的湿度吹拂在脸上，让她一点睡意都没有。想到现在还在浦城县的老母亲和两个孩子，这次和他们分开，不知道何年何月才能相见，而自己和郁达夫远赴重洋，这样的将来，也是渺渺茫茫。

船抵达马尼拉，王映霞感到晕船，想呼吸一下新鲜空气，郁达夫便陪着她去菲律宾大学门口走了一圈，她的感觉浑浑噩噩，真的是恍如梦中。

经过了一周的航程，邮船渐渐靠近了新加坡海岸。王映霞此时才觉得如梦方醒，她看着这样的一个全新的环境，那样一片细软的白色沙滩和蔚蓝的海岸线，这里的天空，这里的椰林，和他们在国内看到的景致全然不同。

王映霞忽然在心中充满了天真的猜想，或许这就是他们生活的转折了，她看着郁达夫说："达夫，我们的生活就要在这里重新开始了吗？"

"是啊。"郁达夫看着妻子笑道，轻柔的光芒在王映霞脸上镀上了一层细腻的金色，这时候的她，看起来比任何时候都要温柔娴静。他俯在王映霞耳畔轻轻地说，"我们要去一个全新的所在，你没有什么人认识，我要和你在那里终老。"

眼神中的时光交汇，放下昔日的猜测和恩怨，在夕阳晚风之中一阵恍惚，似乎这就是全新的人生了。郁达夫时常想起那年和王映霞在站台上隔窗遥遥相望的情景，火车早已经驶过，车上的人已不见了踪迹，但那眼神还在，那张面孔还在眼前忽闪忽现，像是春风扬起的草籽香气里，那时的她还年轻，隔着轩窗冲自己一笑，似豆蔻花娉娉婷婷艳在枝头，让人移不开视线。

郁达夫在游记《槟城三宿记》中曾经写道：

> 回想起半年来，退出武汉，漫游湘西赣北，复转长沙，再至福州而住下。其后忽得胡氏兆祥招来南洋之电，匆促买舟，偷渡厦门海角，由香港而星洲，由星洲而槟屿，间关几万里，阅时五十日，风尘仆仆，魂梦摇摇，忽而到这沉静、安闲、整齐、舒适的小岛来一住，真像是在做梦。

报馆已经为郁达夫租定了一间幽静的寓所。他在新加坡担任了《星洲日报》副刊的主编，不久又接受了《星洲日报星期刊》的《文艺》双周刊的编辑工作，在郁达夫的帮携下，王映霞也成了《星洲日报》妇女版的编辑。

可是慢慢地，人生就如同一部小说，你搜集记忆，捏造情绪，一旦塑造出了主人公的音容笑貌，他便是有着独立思想的人物，他自有他自己的结局，而这结局发生在笔端之前，你永远也不能知道最后的走向。

她就是这样，他们的爱情也是这样，一路走来，他的情绪已经简单而平静，她也时常天真地憧憬未来的每一天。但彼此之间的那段伤痕，也不仅仅是一片广阔的海岸就可以隔绝开来的。像郁达夫这样一位名家下南洋做海外宣传，自然是引来了许多钦慕他的青年人纷纷前来拜访，一时之间，身边环境的变迁，让他们淡化了家庭纠纷带来的伤害，在各种场合中，这对璧人总是双双出席，接受着身边人的艳羡和祝福。

但内心的冰霜能是轻易化解的吗？

王映霞想：

……总算，我知道我已经到达了星洲，和中国，和母亲，和弟弟等，是已经分离得很远很远。

　　初到的时候，虽然两人都还各有各的心事，但为了应付新知旧友，适应环境，我们亦居然同赴宴会，同游马六甲和槟榔屿。而平日在家里却哑口无言，只有在朋友们来的时候，才看得见我们的笑容，听得见我们谈话的声音。友人一散，这一家又重归沉寂，真正的心与心的微笑，我发不出来，当然他也无法来开导和启发。

旧事依稀记尚新

郁达夫与王映霞

此去离多会自稀

在当时的抗战大局如火如荼的情况下，最先到达南洋，从事海外救亡宣传的郁达夫，在当地受到了许多青年学者的瞩目，那时他正当盛名，当地的华文报纸都能以发表他的诗作为荣幸。但凡有郁达夫出席的酬酢场合，都会引来上层华侨和各界知名人士的到场。

同在国内一样，郁达夫依然是那副懒散随意、不修边幅的扮相，总是一件白斜布西服，"平头短发，歪歪斜斜地系一条黑色或暗红色的领带，脚上老是一双毫无光泽的皮鞋。不论出现在盛大的宴会上或者巴刹（即市场）的小食摊上，总是态度安详，泰然自若，有时候也说几句颇具幽默感的笑话，丝毫没有作家的架子。不认识的人，还以为是来自山芭（即乡村）的教书先生。"

当年移居杭州，郁达夫就对浙西的俊秀之地心驰神往，"身临其境，使人有远离尘世之想"。郁达夫曾对身边的朋友表露出想要在一个依山傍水的地方居住下的愿望，可以读书写字，坐拥风景，公私皆宜。而如今置身在碧海白沙的新加坡，面对着风情万种的热带景致，郁达夫依然是我行我素，虽然招致了当地左翼青年的不满，但他的工作成绩却是有目共睹的。

郁达夫在身处欧洲战事吃紧、世界政治军事格局飘忽不定的大背景下，积极筹备着海外宣传工作。在亚洲，日本一方面加紧侵略中国，肆意屠杀中国人民蹂躏中国的领土，同时又积极开辟南太平洋战场，而在星洲的内部格局，"侨领宗派之间很不团结，国民党的海外部又挑拨离间，排斥异己。在这样的环境中的达夫，物质上虽然比较宽裕，精神上却是很枯寂的。比不上当时在国内的郭沫若和同样从文学家转上新闻战线的夏衍，他们有强大的共产党在那波谲云诡中斗争可得到及时的向导和后援。达夫在万里投荒的战场上却是孤军奋斗，没有依靠。他又不是一个善于靠剪贴资料和拾人牙慧来写文章的人。要他三天写一篇社论，两天写一篇杂文，是使他站在摇晃的擂台上和一群打手去拼搏。然而他凭着他的爱国主义激情、学生时代的社会科学素养、横溢的文学家才华，下笔千言，写下了那么多的政治诗篇！"

郁达夫的到来，他的显赫身份和飞扬文采使得当地的文化各界名人对他钦佩有加，以至于今，他和王映霞的生活变故，使得当地人士和舆论为之哗然一时。郁达夫的名气更是吸引了许多青年文学爱好者的登门拜访，一时之间王映霞和郁达夫的家中成了会客的宴场。不久之前的一天，家中宾朋满座，在一起高谈阔论，议论政治时局，闲情轶事。

李词佣代表的几个青年作者来到郁达夫的住处，说是有一些搞文艺的朋友为了对他表示敬意，特地举行公宴，请郁达夫务必拨冗出席。盛情之下，郁达夫推辞不得，只好欣然同意。

"总之，我们这里的几个朋友颇想听听中国抗战的近情，郁先生刚从那边来，所见所闻一定不少。"李词佣笑着说道。

"那好，既然如此，我一定来。"郁达夫爽快地应承下来，他知道，应该向南洋的青年华侨介绍祖国抗战的情况，这是他义不容辞的责任，也是他南下的目的之一。

王映霞端来热茶，看着郁达夫和客人谈笑，她走到郁达夫跟前轻声笑着说："参加这么重要的宴会，这副尊容可是不太好啊，还是让我来帮你修整一下吧。"说着她走进屋内，不一会儿就拿出来梳子和剪刀，当着客人的面，开始细心地为郁达夫修剪头发。

尽管夫妻之间还有着难以开解的隔膜，尽管彼此之间还有着难以平复的心结，但远在南洋的客人看来，他们全然就是一对相敬如宾的伉俪，郁达夫风度翩翩，王映霞优雅从容，二人完全没有在国内那般矛盾深积的感觉。

在王映霞的摆布下，郁达夫倒显得十分顺从，他心满意足地笑着说："我的头发都是内人管理的。"这样一番和睦亲近的光景，让身边的这一群情感丰富、善于抒情的文学青年们不禁大为艳羡，把郁达夫和王映霞誉为今天的"梁鸿孟光"，还兴致盎然地做起诗来。

率先吟出诗句来的是李西浪：

　　富春江上神仙侣，云彩光中处士家。
　　十载心香曾结篆，少陵诗笔动悲笳。
　　鸾笺应画双飞燕，血泪偏浇并蒂花。
　　留得千秋佳话在，一杯同祝爱无涯。

郁达夫一听，顿时联想到自己的那首"敢将眷属比神仙，大难来时倍可怜"的诗句，不觉物是人非，一阵黯然神伤。他正出神间，只见身旁的李铁民眉飞色舞道："我来我来！就你的韵。"

　　海上良缘说淑嘉，分持彩笔各名家。
　　春风来建梅花貌，闺阁漫吹遍地笳。
　　回首应难忘创造，寄情未必是烟花。
　　缠绵但看鸳鸯侣，相爱相邻水一涯。

接着他对着王映霞解释说："五年前我在上海的小报上看到《春风吹散了王映霞的诗意》一文，是说王映霞女士音容已憔悴，如今看来，王女士依然是丰腴动人，始知不然，第三局意思就在于此，多有冒昧。"

王映霞善意地笑了笑，应对着这样巧妙的恭维，她内心却是有些高兴不起来，看着大家连连称是，王映霞的脸上也出现了一丝绯红。

接下来是胡浪曼，她低着头思索一番，开口吟道：

文坛久已擅风华，咏絮多才傲大家。
东壁图书伤劫火，故园风雨乱胡笳。
绮窗休展阴符课，心地浅开智慧花。
漫道诗人惯漂泊，红装相伴到天涯。

客厅里的气氛越来越热烈，在座的还有两位小姐，看着郁达夫和王映霞的伉俪情深，不由得应和起来。雅贞小姐吟道：

富春江上神仙侣，夫婿耽书不做家。
十万酒兵曾转战，三千毛瑟壮边笳。
余生岂尽沙场革，墨沉宜开海外花。
别有诗情销未得，爱无涯乐亦无涯。

绯燕女士一听，忙打趣道："我的也想好了。"

流传佳句意笼纱，海内文风树一家。
有眼光阴疑蝶梦，无边春色落胡笳。
同林窃比鸳鸯侣，别路愁添杜宇花。
漫向星洲营生圹，岳坟惆怅隔天涯。

听到这里，郁达夫一阵心酸。人世间总有一万种美好的相遇在生发，在辉煌，在完成，在永恒中镌刻下他们自己的名字，不管他们承不承认，知不知晓。曾经他们的故事也在坊间流传着，带着众人不为知晓的隐痛和期待，直到多年以后，他们从别人的口中听到故事中的两人，就是他们自己。而他和她，只是漠然地听着，两眼冷澈思绪如霜。隐隐感到这场婚姻的大限将至，怎样都是输，只不过或早或迟。

终有一天，那原本酡红的容颜会如同一团从锦缎上裁剪下来的绣坏了的锦绣，委顿尘间，从一开头到一路结尾，注定是悲剧。

郁达夫忍住心头涌动的那股悲凉，对着满座踌躇满志的年轻面孔，强撑着精神说道："心营生圹在星洲，全赖诸位多多扶持！"

"郁先生不要客气。"关楚璞说道，"乱世当头，我等同舟共济，共扶艰危才是！"

客人离开后，王映霞看着重归死寂的房间，只觉得一阵发寒。十多年的光阴过去了，对一个人的爱是不是还是因为当年在尚贤坊，见到自己那恰到好处的腰线和楚楚动人的睫毛而热烈生发的呢，抑或是，郁达夫被那个年轻鲜活的少女看了一眼，就如同在秋风中瑟瑟一抖，便觉得此生唯有自己，才能将他救赎。

但是那是曾经，曾经美得云遮雾掩，美得惊心动魄，以至于让人忽略了这悠悠岁月后的一把鱼尾纹或灰暗的眼神。但这都无所谓了，王映霞想着："我呢，我又为什么那样的愿意受你的欺凌而不自观？难道真的犯了天大的罪恶了么？实实在在，我还是为着三个无辜的孩子，与想实践十二年前我答应你结婚时候的决心啊！为着不愿把你的声名狼藉，才勉强再来维持这一个家的残局，才不惜处处都委屈自己，牺牲自己，克服自己，把你的一切丑行都湮没了下去，想使它沉入遗忘之海底……"

"啊啊，她是多么善于伪装啊！在众人面前，她竟表现得像一个贤妻良母似的，一个人就怕作假。虚伪乃是最可恨的事情。"郁达夫看着王映霞静静关上房门，在心底愤怒地想。

她想到曾经的自己，想到在杭州的种种，想到如今在南洋，为了维持公众面前这一对人间仙侣的表象，一起联袂出席各种公共场合，接受大家的喝彩和祝福。面对如今的光景，王映霞只觉得对郁达夫再无话可说，两个人就那样默默枯坐着，灯光昏黄地笼罩下来，笼罩着不肯先说一句话的他们。

　　王映霞在自己编辑的"妇女版"上常常涉及"女人工作""恋爱"的话题，后来绯燕女士关于这个问题问过王映霞，带着对他们过去家庭纠葛的猜测和神秘的意味说："恕我冒昧！你和郁先生究竟是他负你，还是你负他？"

　　王映霞低下头沉吟了片刻，拿出手中的一张照片说道："他有一张照片在我这里，"说着从桌子里取出一张照片来，"里面是姐妹花的红舞女，他居其中……唉，往事如梦，请你原谅，我也不愿多说了……"

　　当秋尽冬初，眼看着飘雪初乳般宣白，好像一堂堂的树灯，季节的新陈代谢悄然而至，人生感情亦是，瞒过了众人的眼睛而在暗地里青黄交接，使人不曾察觉，却逃不过彼此的眼睛。但这种竟是不能言说的悲哀，王映霞微微阖上双眼，往事尽是历历在目。

彩云易散琉璃脆

1939年的年初，北风一吹，秋叶突然地飞脱，枝头渐渐虚空了。香港《大风》旬刊计划出版周年纪念，应编辑陆丹林之约，郁达夫将自己从1936年到1938年的诗词中，选择了十九首诗和一阕词，加注编成了《毁家诗纪》，寄往《大风》旬刊请求发表。

《毁家诗纪》的第一首是：

> 离家三日是元宵，灯火高楼夜寂寥。
>
> 转眼榕城春欲暮，杜鹃声里过花朝。

（原注）和映霞结褵了十余年，两人日日厮混在一道，三千六百日中，从没有两个月以上的离别。自己亦以为是可以终老的夫妇，在旁人眼里，觉得更是美满的良缘。生儿育女，除夭殇者不算外，已经有三个结晶品了，大的今年长到了十一岁。一九三六年春天，杭州的"风雨茅庐"造成之后，应福建公洽主席之招，只身南下，意欲漫游武夷太姥，饱采南天景物，重做些

记游述志的长文，实就是我毁家之始。风雨南天，我一个人羁留闽地，而私心恻恻，常在思念杭州。在杭州，当然友人也很多，而平时来往，亦不避男女，友人教育厅长许绍棣君，就是平时交往中的良友之一。

《毁家诗纪》的第二首是：

扰攘中原苦未休，安危运系小瀛洲。
诸娘不改唐装束，父老犹思汉冕旒。
忽报秦关愚赤帜，独愁大劫到清流。
景升儿子终豚犬，帝豫当年亦姓刘。

（原注）这一年冬天，因受日本各社团及学校之聘，去东京讲演。一月后，绕道去台湾，忽传西安事变起，匆匆返国，已交岁暮。到福建后，去电促映霞来闽同居。宅系光禄坊刘氏旧筑，实即黄莘田十砚斋东邻。映霞来闽后，亦别无异状，住至一九三七年五月，以不惯，仍返杭州。在这中间，亦时闻伊有形迹不检之谣，然我终不信。入秋后，因友人郭沫若君返国，我去上海相见，顺道返杭州；映霞始告以许绍棣夫人因久病难愈，许君为爱护情深，曾乞医生为之打针，使得无疾而终，早离苦海。

《毁家诗纪》第三首是：

中元后夜醉江城，行过严关未解醒。
寂寞渡头人独立，满天明月看潮生。

（原注）"八·一三"战事继"七·七"而起，我因阻于战事，便自陆路入闽，于中元后一夜到严州。一路晓风残月，行旅之苦，为从来所未历。到闽侯，欲令映霞避居富阳，于富春江南岸赁得一屋。然住不满两月，映霞即告以生活太苦，便随许君绍

棣上金华、丽水去同居了。其间曲折，我实不知。只时闻自浙江来人言，谓许厅长新借得一夫人，倒很快乐，我亦只以一笑付之。盖我亦深知许厅长为我的好友，又为浙省教育界领袖，料他乘人之危，占人之妻等事，决不会做。况且，日寇在各地之奸淫掳掠，日日见之报上，断定在我们自己的抗战阵营里，当然不会发生这种事。但是，人之情感，终非理智不能制服，利令智昏，欲自然亦能掩智。所以，我于接到映霞和许君同居信后，虽屡次电促伊来闽，伊终不应。

《毁家诗纪》第四首是：

> 寒风阵阵雨潇潇，千里行人去路遥。
> 不是有家归未得，鸣鸠已占凤凰巢。
> 注：此为福州王天君殿求得签诗。

（原注）这是我在福州王天君殿里求得的一张签诗。正当年终接政治部电促，将动身返浙去武汉之前后。诗句奇突，我一路上的心境，当然可以不言而喻。一九三八年一月初，果然大雨连朝；我自福州而延平，而龙泉、丽水。到了寓居的头一夜，映霞就拒绝我同房，因许君这几日不去办公，仍在丽水留宿的缘故。第二天，许君去金华开会，我亦去方岩，会见了许多友人。入晚回来，映霞仍拒绝和我同宿，谓月事方来，分宿为佳，我亦含糊应之。但到了第三天，许君自金华回来，将于下午六时去碧湖，映霞突附车同去，与许君在碧湖过了一晚，次日午后，始返丽水。我这才想起了人言之啧啧，想到了我自己的糊涂，于是就请她自决，或随我去武汉，或跟许君永远同居下去。在这中间，映霞亦似曾与许君交涉了很久，许君似不肯正式行结婚手续，所以过了两天，映霞终于挥泪别了许君，和我一同上了武汉。

《毁家诗纪》第五首是：

千里劳军此一行，计程戒驿慎宵征。
春风渐绿中原土，大纛初明细柳营。
碛里碉壕连作寨，江东子弟妙知兵。
驱车直指彭城道，伫看雄师复两京。

《毁家诗纪》第六首是：

水井沟头血战酣，台儿庄外夕阳昙。
平原立马凝眸处，忽报奇师捷邳郯。

（原注）四月中，去徐州劳军，并视察河防，在山东、江苏、河南一带，冒烽烟炮弹，巡视至一月之久。这中间，映霞日日有邮电去丽水，促许君来武汉，我亦不知其中经过。但后从许君一封来信中推测，则因许君又新恋一女士，与映霞似渐渐有了疏远之意。

《毁家诗纪》第七首是：

清溪曾载紫云回，照影惊鸿水一隈。
州似琵琶人别抱，地犹稽郡我重来。
伤心王谢堂前燕，低首新亭泣后杯。
省识三郎肠断处，马嵬风雨葬花魁。

（原注）六月底边，又奉命去第三战区视察，曾宿金华双溪桥畔，旧地重来，大有沈园再到之感。许君称病未见。但与季宽主席等一谈浙东防务、碧湖军训等事。

《毁家诗纪》第八首是：

凤去台空夜渐长，挑灯时展嫁衣裳。

愁教晓日穿金缕，故绣重帏护玉堂。

碧落有星烂昴宿，残宵无梦到横塘。

武昌旧是伤心地，望阻侯门更断肠。

（原注）七月初，自东战场回武汉，映霞时时求去。至四日晨，竟席卷所有，匿居不见。我于登报找寻之后，始在屋角捡得遗落之情书（许君寄来的）三封，及洗染未干之纱衫一袭。长夜不寐，为题"下堂妾王氏改嫁前之遗留品"数字于纱衫，聊以泄愤而已。

《毁家诗纪》第九首是：

敢将眷属比神仙，大难来时倍可怜。

楚泽尽多兰与芷，湖乡初度日如年。

绿章迭奏通明殿，朱字勾抄烈女篇。

亦欲凭春资德耀，㿟廖初谱上鲲弦。

（原注）映霞出走后，似欲冲奔浙江，然竟有人劝阻，始重归武昌寓居。而当时敌机轰炸日烈，当局下令疏散人口，我就和她及小孩、伊母等同去汉寿泽国暂避。闲居无事，做了好几首诗。因易君左兄亦返汉寿，赠我一诗，中有"富春江畔神仙侣"句，所以觉得惭愧之至。

《毁家诗纪》第十首是：

犹记当年礼聘勤，十千沽酒圣湖滨。

频烧绛蜡迟宵柝，细煮龙涎浣宿熏。

佳话颇传王逸少，豪情不减李香君。

而今劳燕临歧路，肠断江东日暮云。

（原注）与映霞结合事，曾记在日记中。前尘如梦，回想起来，还同昨天的事情一样。

《毁家诗纪》第十一首是：

戎马间关为国谋，南登太姥北徐州。
荔枝初熟梅妃里，春水方生燕子楼。
绝少闲情怜姹女，满怀遗憾看吴钩。
闺中日课阴符读，要使红颜识楚仇。

（原注）映霞平日不关心时事，此次日寇来侵，犹以为是一时内乱；行则须汽车，住则非洋楼不适意。伊言对我变心，实在为了我太不事生产之故。

《毁家诗纪》的第十二首是：

贫贱原知是祸胎，苏秦初不慕颜回。
九州铸铁终成错，一饭论交竟自媒。
水覆金盆收半勺，香残心篆看全灰。
明年陌上花开日，愁听人歌缓缓来。

（原注）映霞失身之夜，事在饭后，许君来信中（即三封情书中之一），叙述当夜事很详细。当时且有港币三十七万余元之存折一具交映霞，后因换购美金取去。

《毁家诗纪》的第十三首是：

并马汜州看木奴，粘天青草复重湖。
向来豪气吞云梦，惜别清啼陌鹧鸪。

自愿驰驱随李广，何劳叮嘱戒罗敷。

男儿只合沙场死，岂为凌烟阁上图。

（原注）九月中，公洽主席复来电促我去闽从戎，我也决定
为国家牺牲一切了，就只身就道，奔赴闽中。

《毁家诗纪》的第十四首是：

汩罗东望路迢迢，郁怒熊熊火未消。

欲驾飞涛驰白马，潇湘浙水可通潮。

（原注）风雨下沅湘，东望汩罗，颇深故国之思，真有伍子
胥怒潮冲杭州的气概。

《毁家诗纪》第十五首是：

急管繁弦唱渭城，愁如大海酒边生。

歌翻桃叶临官渡，曲比红儿忆小名。

君去我来他日讼，天荒地老此时情。

禅心已似冬枯木，忍再拖泥带水行。

（原注）重入浙境，心火未平。晚上在江山酒楼听江西流娼
唱京曲《乌龙院》，终于醉不成欢；又恐他年流为话柄，作离婚
的讼词，所以更觉冷然。此诗有题，题作《重入浙境，情更怯
矣，酒楼听流娼卖唱，百感俱集，又恐被人传作话柄，向王姬说
也》。

《毁家诗纪》第十六首是：

此身已分炎荒老，远道多愁驿递迟。

万死干君唯一语，为侬清白抚诸儿。

（原注）建阳道中，写此二十八字寄映霞，实亦已决心去国，上南洋去作海外宣传。若能终老炎荒更系本愿。此诗又有诗题，题作《建阳道中赋寄》。又作《建阳道中有寄》。

《毁家诗纪》第十七首是：

去年曾宿此江滨，归梦依依线富春。
今日梁空泥落尽，梦中难觅去年人。

（原注）宿延平馆舍，系去年旧曾宿处，时仅隔一年，而国事家事竟一变至此！

《毁家诗纪》第十八首是：

千里行程暂息机，江山依旧境全非。
身同华表归来鹤，门掩桃花谢后扉。
老病乐天腰渐减，高秋樊素貌应肥。
多情不解朱翁子，骄俗何劳五牡骓。

（原注）船到洪山桥下，系与映霞同游之地，如义心楼之贴沙，为映霞爱吃的鲜鱼。年余不到，风景依然，而身世却大变了。映霞最佩服居官的人，她的倾倒于许君，也因为他是现任浙江最高教育长官之故。朱翁子皓首穷经，终为会稽郡守，古人量亦太窄，然亦有至理。此诗又有诗题，题作《舟泊洪山桥，颇多柳往雪来之感》，又作《舟泊洪山桥，是两年前与姬共游赏处》。

《毁家诗纪》第十九首是：

一纸书来感不禁，扶头长夜带愁吟。

谁知元鸟分飞日，犹剩冤禽未死心。

秋意著人原瑟瑟，侯门似海故沉沉。

沈园旧恨从头数，泪透萧郎蜀锦衾。

（原注）到闽后即接映霞来书，谓终不能忘情独处，势将于我不在中，去浙一行。我也已经决定了只身去国之计，她的一切，只能由她自决，顾不得许多了。但在临行之前，她又从浙江赶到了福州，说将痛改前非，随我南渡，我当然是不念旧恶的人，所以也只高唱一曲《贺新郎》，投荒到这炎海中来了。此诗又有题，题作《得九月廿二日汉寿来书，终夜不寐》。

此恨难平意难消

《毁家诗纪》集中叙述了郁达夫和王映霞之间的感情波折，直截了当地公布了王映霞和许绍棣之间大量诲秘的情节。在这十九首诗中，郁达夫对每一首都添加了详细的注解，不仅仅明白清晰地展示了自己与王映霞之间的感情破裂的经过，还将夫妻生活之间难以启齿的矛盾冲突和隐情公之于众，其中还包括了王映霞和许绍棣曾经夜奔碧湖同居的事情。

郁达夫在诗中几经斟酌，诗写得哀婉动人，事无巨细，毫无保留地将自己对王映霞的感情、对许绍棣的疑心和猜忌、对感情变故的记恨和无奈，都在诗中浓烈地表露了出来，这段诗文的发表，对王映霞名誉和感情的伤害超过了以往的任何一次，《毁家诗纪》的发表也让王映霞企图将自己的情感往事遮掩起来以保全面子的努力全都成了徒劳。

陆丹林接到《毁家诗纪》后，对郁达夫这样的名人之作，自然不会拒接，况且郁达夫还提出了不要稿酬，除了自留杂志十本之外，还请编剧将这一期杂志寄存的要求。郁达夫只希望将这期杂志寄往部分军政和名流贤达，以正视听，借此能够在国难当头、大敌当前的时候团结举国上下的力量，同仇敌忾，共同御敌。于是他以为，自己的目的在于力挽狂澜，凭借着与王映霞多年的感情和自己对她的"珍如拱璧"，她依然会像之前一样原谅自己，理解自己。于是在3月5日，《大风》创刊一周年特大号上发表了郁达夫的《毁家诗纪》，并以郁达夫的名义，邮寄给了蒋介石、叶楚伧、于右任、邵力子、柳亚子各一册。

郁达夫也曾经想到过，这次《毁家诗纪》的发表可能会导致严重的后果，但他依然错误地保持着那样的自信心，认为包括王映霞在内的所有人，都会理解和包容他的举动。在《毁家诗纪》中，郁达夫始终是站在一个情感受害者的角度来倾诉，文人所特有的倾诉欲和创造欲在他的身上根深蒂固，那种郁达夫式的"自我暴露"的脾性也淋漓尽致地表现了出来，"家丑外扬"在他的身上，几乎已经成了一种病态。《毁家诗纪》的发布，拉启了郁达夫和王映霞婚姻分崩离析的序幕，同时也敲响了这对旷世怨侣分道扬镳的钟声，也为郁达夫最终的去国远游、命丧异邦埋下了伏笔。

那天，郁达夫照常外出，王映霞在家中收拾房间衣物，她走进郁达夫的书房，看到桌上随意散放着报刊和书稿，她在唇边漾起一个有些无奈又有些安逸的笑容来，开始帮郁达夫收拾那些白花花的纸张。

无意间，王映霞瞥见埋在一摞报纸中间露出了香港版的《大风》旬刊的一角，这是郁达夫经常投稿的一家报刊，她想这一定是陆丹林先生寄来的，就抽了出来随手翻了翻。

房间里静得可怕，王映霞的视线只是在字句间一行一行地挪动着：

映霞来闽后，亦别无异状，住至1937年5月，以不惯，仍返杭州，在这中间，亦时闻伊有行迹不检之谣，然我终不信。

但到了第三天，许君自金华回来，将于下午6时去碧湖，映霞突附车同去。

接下来便是十九首诗和注解。

如同西天角上一轮"微红的新月"，郁达夫以他的笔触，竭力挖掘着夜影中潜藏的星火，他是一个饱含情怀的诗人，也是一个富有灵感的艺术家，他在这"奴隶性深厚的半绝望"的旧中国，期待着一场毁灭性的袭击，也期待着黎明的到来。这部《毁家诗纪》记录了郁达夫从武汉到汉寿再到福州，直到下至南洋这些年间的种种遭遇和不幸，或者他以为，王映霞能够理解他内心的痛苦和挣扎，当时郁达夫将这些书稿整理之后，郁达夫曾拿着这一叠书稿和好友关楚璞先生说道：

"我认为这些诗写得很好，若不发表出来，很对不起读者呢！3月5日是香港《大风》旬刊出版周年纪念日，陆丹林先生向我约稿。我就把这些诗词做一些整理，拿出十九首诗和一首词，再配上我的注解，记录我1936年到1938年的生活，拿去发表，楚璞你看如何？"

关楚璞接过书稿一看，这些诗词写得的确是文采斐然，不过内容涉及郁达夫和王映霞的家事，显得有些隐私，就委婉地对郁达夫说："我觉得你还是再思量一下，不可草率行事。"

"我还是认为发表的好。"

对郁达夫而言，这部《毁家诗纪》不是写于一朝一夕，而是经过了这些年积累的雪藏，那深积已久的哀怨是急于暴露和发泄的。陆丹林接到《毁家诗纪》后也慎重地询问过郁达夫是否撤稿，但最终还是顺应了郁达夫坚持发表的意见。

面对滚滚而来的外界舆论，郁达夫的《毁家诗纪》无疑是"一石激起千层浪"，打破了他和王映霞相安无事的平静生活，曾经在国内掀起的"轩然大波"在海外各界又重新上演了，一时之间舆论哗然，有人说这是"千古名文，一时绝唱"，有人说这是"毁家之音"，有人赞郁达夫为"真名士"，有人斥之为"伪君子"。

然而在王映霞看到刊登出来的《毁家诗纪》之后，事情的发展完全不是郁达夫预想的那样了。王映霞想到这三个月来平静的生活，内心一阵难以平复的翻腾，记得他们离船上岸去新居的途中，夕阳余晖下的大海，明澄得如一块蓝宝石，郁达夫曾对她说：

"这里是一个新的所在，你没有什么人认识，我要和你在这里终老。"

"近寒食雨草萋萋，著麦苗风柳映堤。等是有家归未得，杜鹃休向耳边啼。"话犹在耳，人事已非。

王映霞关上房门，灯光下她的侧脸已不如十二年前那般娇艳如雪，光彩照人，而是在目光中透出一种时过境迁的哀凉。她拿着报纸，在屋里一个人枯坐了很久很久，多少蓬莱旧事回忆起来，一幕幕在脑海里浮上来，已是满川风雨。郁达夫固然是情热之人，激愤和仇怨的情绪一旦战胜理智，他便什么都不顾了，他以为这种"闭门推出窗前月"的处理方式合情合理，但他并不知道，真正让王映霞心生绝望的，不是那些诗词，而是在《毁家诗纪》中添加的注解，那些注解，就是将王映霞和许绍棣的旧事重提，将本就在国内闹得沸沸扬扬的"家丑"再次宣扬出来。她就像是被判了死刑的囚徒，那些白纸黑字就是判词，她百口莫辩，跳脱不出。

王映霞想了很久，她把手中的报纸读了一遍，又读一遍，"终日坐在家中，好像已经失去了知觉的人，只在等待死神的降临。"她看着这将会传播海内外的报纸，心里愤愤地想着，"郁达夫，当初随你来南洋，而你原本就是预备来南洋离婚的吧，毁家，你将我的侍寝宣扬于世，可真的是毁家了，我实在是再无颜面和你生活在一起了。"

花落人独立，微雨燕双飞。早春时节的野草青青滴翠，有时可以看见雪幽的一树繁花一树明绿，在南洋居住了三个月，王映霞还是没有办法适应这咸涩的海水，海外的空气是潮湿的，仿佛一呼一吸间到处都是朦胧的水汽。晚泊孤舟，流离失所，远隔重洋的不仅仅是一己之身，而是这颗疲惫不堪的心。

当年山抹微云，天粘衰草。彼此之间举案齐眉，聊共引酒樽。多少风雨旧事，如今回忆起来，已经是烟霭纷纷，模糊得如同一场旧梦。谁能料想我们的开始会引来这样的结局，若是平静收尾也罢，此去再也不见也就如此而已了，襟袖上再有着彼此的泪痕，也不会再去打扰你的余生。可为何要将这段旧事演绎得如此狰狞，两败俱伤伤的不是别人，正是曾几何时深深相爱的我们啊。伤情处，高城望断，灯火已黄昏。

一别经年白发人

"我不能沉默，沉默就是默认了这些事情，我必须做出反击……"
王映霞提起笔，写下了寄给《大风》旬刊编辑陆丹林的信件。

丹林先生：

《大风》特大号拜读了，感慨无限。

一切事件的真实性如何？我现在啊不想多说，只愿在自己正在靠记忆力的帮助，动手写的一篇记事文中，说得详尽一点，好让世人不受此无赖所蒙蔽，而知在此光天化日之下，竟也曾有这样一个包了人皮的走兽存在着，更好让世上未婚的少女，当头一棒。

今有商於先生者，即贵刊有没有胆量登载的问题。篇幅过长，亦能分期刊出否？还有更重要的，是《大风》怕不怕因为登载了我的文字之故，揭发了"无赖文人"十二年来的歹行之故，而被"无赖文人"将此刊物从此视为眼中钉，不再为贵刊写尖利刻薄的大文了？或更将瞎指先生亦与我有什么关系？

当然我不一定须请《大风》刊载，但因前文（注：《毁家诗纪》）在贵刊刊出，我似乎亦不得不来一个反应。先生以为如何？盼能拨冗赐复！

头昏心烦，怨我草草不恭。即请

撰安！

王映霞

纸张在手中轻轻掀动，但它们恐怕没有办法感受主人的这种悲哀了。直到鱼肚白的曙色分明洒上窗纱，王映霞这才发现已经天亮了，她实在撑不住困意，如同实在撑不住这分崩离析的婚姻。

一夜未眠的她此时内心只有一个念头，那就是澄清自身，她匆匆洗了把脸，强打起精神，又写下了第二封信。

丹林先生：

我且在这里约略的说一说这事件的动机和实在情形。

先生一定会读过《日记九种》吧？一个未成年的少女，是怎样的被一个已婚的浪漫男人用诱和逼的双重手段，来达到了他的目的？

但是兽心易变，在婚后的第三年，当我身怀着第三个孩子，已有九足月的时候，这位自私、自大的男人，竟会在深夜中窃取了我那仅有的银行中五百元的存折，偷跑到他已经分居了多年的他的女人身边，去同住了多日。像这样无耻的事情，先生能否相信是出于一位被人崇拜的文人行为中么？等他住够了，玩够了，钱也花完了，于是写成了一篇《钓台的春昼》，一首"曾因酒醉鞭名马，生怕情多累美人"的七律之后，亦许是受了良心的责罚吧，才得意扬扬地，又逃回到当时我曾经牺牲了一切的安乐，而在苦苦地生活着的上海的贫民窟里来。

这事件，终于为了我的幼稚，我的不愿扬人之恶而增己之羞，我自己娘家地位名誉的关系，忍受了下来了。可是心灵上的创伤，却从没有因为一时的甜言蜜语与在苦丸外面包着糖衣的生活，淡忘了下去，想复仇的心的热烈，也与我的年龄一样地增加了上去，没有一时离开过我的脑海。

我失望了，我从此失望了，明白世上是有"虚伪"二字存在着的。

与许君的友情，我并不否认，但对天立誓，亦仅止于友情而已！文人笔端刻薄，自古皆然，他竟能以理想加事实，来写成求人怜恤，博人同情的诗词来。我虽不专长于此，但我是讲理的，到了必要的时候，我也能以种种过去了的事实，来证明他的无耻与下贱，如今是且用"得宽人处且宽人"的态度，以苟延残喘。

发现了我与许君的信件后，最痛快的，自然即刻离婚，不必多说一句话，再多费唇舌。他偏不这样。于是，先登了一则寻人启事，看看风色不对，再悬崖勒马，答应接受一切条件，只求我折返家中；还不够，再来两封给陈部长（立夫）、朱家骅的道歉信。等他在七月十日的大公报上用大号文字登载出了向我道歉的启事后，为了顾全许多派别的纷争，顾全这三个无辜的孩子起见，我才忍气吞声地回到了那原想不再重返的家庭。又在轰炸声中，同逃回了湘西的汉寿。

照理，事情是应该告一段落了，可是不久，他又单身去闽置妻儿湘西危城中而不顾。待到粤汉相继失陷后，等我挈老携幼在长沙的烽火中逃了出来，正打算去福州的途中，却忽得浙江舍弟来电，谓这无赖，又已连拍了七八道电报给浙江省府诸人，找寻我的下落。电文且误指我已在浙江与某君同居等不堪设想之言辞。彼还装作不加闻问，始又再以长途电话打至浙赣路各站相催，要我即行回闽（他明明是知道我还在途中，在此即可想见），并允以车来接。

谁知他已布好了阵网，等我到闽之日，即决定星岛之行。而且，又自知理屈，答应了我的条件，立即再发了一个七八十字的长电去浙江省府，大意是"达夫误信谣言，致疑妻映霞已在浙，今已偕同赴星"等语。这时我还有两个孩子尚在浦城，而且不准我再去接来，临行之被逼与匆忙，在此均可想见，岂是我"力请偕行"么？

先生是一个清醒的人，请把前后的事实来想一想，这些反复无常的举动，是人，还是兽？我至今还在怀疑，怀疑我身边的，是一只蒙了人皮的走兽。

自知在中国不宜于无理取闹，别人会把他当作一只疯狗来看待的，不得已，南来后，才敢再胡闹下去，还要请先生以这"诗纪"分赠××诸公，这真是天大的笑话。他不为自己可惜我倒在替他可惜哩！因为旁观者是清醒的。

先生的见解实在高明，那真姓名与官衔为何又替他删去了呢？是怕律师会添出生意来么，还是有些想袒护这位泛泛之交的无赖文人？因为这在他是觉得无上的损失的。

很冒昧地告诉了这些先生所不知道的事件的一角，因为于前函发后，我颇明白暂时先生是不会发表我的文章的，不过总有一天，我是需要出出气，请先生静静地看下去，看这出悲剧的结果是谁胜。

我是一个素重口德的人，而且一切也都看在孩子份上，忍耐了多年，他偏喜欢寻事生非，要逼我把这十二年来的伤心事，十二年来他的败德事引，暴露在人前，这是没有办法的事。我如今正在着手整理这十二年来的伤痕，预备公布在世人前，我决心已下。唉，最可怜的还是这三个孩子……我只思锻炼得心肠硬一点。草此，即祝康乐！

王映霞

三月十八日

二十余年的恋爱到婚姻时光，静静坐在房间里共用一条毛毯的温暖，时间滴答走动在表盘上的那些光阴，都在对彼此的质疑和谩骂中渐渐流失了。郁达夫的意气用事，王映霞的工于心计，实在不能不让人唏嘘，曾经相爱的两人终究成了发黄的老照片上的剪影，躲在了岁月的身后不敢发出一声压抑已久的喘息和呜咽。

午夜梦回之时，王映霞相继两封长信之后，又以《请看事实》为题目，给陆丹林先生写了第三封信。

王映霞《请看事实》（致香港《大风》旬刊主编陆丹林）

丹林先生：

星港间，航信是需六七日，而平信有时也会差不多。先生八日所发航信，十四日才到。

先生的许多高见，在我当然能够接受，而且多年来，每于夫妇间的纷争之后，我也曾将这些意思，去奉劝那位神经错乱者。可是在那只求肉欲，不解情意的文人耳中，还有什么功效？

人世间的得意事，虽难以形诸笔墨，但那些最伤心，最失望的种种经过，又何尝不是一样？既不允许"各走各"，那么当然只能借这一支秃笔，出出怨气也是少不了的。因为在禁止提笔，禁止出游，禁止擅自接见朋友的高压下，所以连写一封信也不得不"偷偷的"的了，而简陋草率之弊，又哪里能够免得掉！

我的婚姻既不同意于父母，又难谅解于亲朋，但自己认为既已误踏入了这一条路，总望委曲求全，抱着百折不回的大力，在荆棘丛中，勇往直前地走去，所以处处都在容忍，都在包涵。以为他的一切的成功，也就是我的成功，好使那些藐视他的戚友们眼中，抬高他的人格。又岂知不为狼，就为羊。他十二年来，对于我为他的牺牲，对他的诚意与仰望，全部抛弃在天外，仅仅把我这一层弱点，这一点欲在人前争取胜利（？）的弱点，倒牢牢地抓住了！因为无隙可乘，于是便兴风作浪，竟以那友谊间的信札，来算作我唯一的罪状，滥施攻击与谩骂。这样就可以遮掩他的丑史，中伤我的声誉了吗？我也就能因此而服服帖帖的受他虐待了么？但是，他可没有想到，我是没有嫖过妓院，睡过燕子窠的人。我的的为人，尽有过去的历史可凭，无论他怎样的设法陷害，怕难以妨害到我往后的为人！

……

我始终都觉得过去的为人太坦白、光明了，假如一定要我承认有过失的话，那恐怕只有在十二年前，因为自己的经验没有，眼力不足，致糊糊涂涂的同这位大我十余岁而走惯江湖的浪子结下了婚姻的这件事。这一件一生中的遗憾，在过去，在未来，无论在人们认为怎样欢欣的一种场合中，我都不会遗忘。就譬如前几天，在席间偶然遇见了十年不见的王济远氏，经他无意中说了一句："在普陀海滨见过以后，我们别来又十年了。"像这样普通的一句应酬话，却无端的又惹起我十年前的旧恨！——那刚在婚后一年，他无缘无故一个人偷逃到了普陀，而为酗酒的缘故，却把身边的钱都被人偷去了，急电上海寓居求援。我负着气，不得不单身送钱去宁波，才勉强的在普陀同住了七日而回上海。别人看来，还以为是夫妇生活中快乐的旅行呢？——这些不过是多少次中的一次，我也就抱着"家丑不外扬"的宗旨，即使在母亲面前都没有吐露过丝毫，到今天才把这事实写在纸上。

一个人到了"除死无大难，讨饭不再穷"的境地，只想有话便说，有苦即诉，只希望把自己的痛心事要别人来分担一些，还顾得什么"于己有损，于人无益"？反正西洋镜已经拆穿，岂再怕别人笑话吗？做人，应该说真话，贯施造谣言的伎俩才真下流、卑贱呢。我所举出的他的罪状，都是有人可证，有事可凭，不信日后可当面问他，看他还想得出方法抵赖否？

你问我怎么一来会得同来星洲的么？我告诉你一个大略：

　　去夏家庭事变后，原即同迁居于湘西汉寿，他那时的头脑似乎还没有如今那般刻毒，骂人攻击人的胆量也没有现在的那么大——这因为究竟还是处身国内啊——所以心中虽在设法陷害人，但只敢写些与事实相仿的文章，微寓些中伤而已。这在去年八月廿二日《星岛日报》星座上的那篇《国与家》一文中，就可以看得出来，那时是还在打算"鸳冢终须傍岳坟"的。但自九月底离湘西去闽后，心境已渐感不同。在还没有抵达闽境的时候，已在江山"叫娼喝酒，醉不成欢"等事，这在他的《诗纪》中都可以看得出来。可惜，我当时还蒙在鼓里。随后也在他的来信中，接到了几首"为侬和顺抚诸儿"的诗词之类。——至于后来怎样把"和顺"二字改成"清白"的，那大约是他存心诬害地开始了！

　　粤汉相继失陷，我得信即携老小匆匆去福州。到长沙时刚遇大火，行李烧尽了，正在懊伤万状的归途中，——尚未抵浙江江山，留在尚（向）塘站的时候——却接得了我在浙江的弟弟的来电，说福州的他，因久等我不到，已有七八个急电去浙江省府诸公及保安处，各专员公署等，大意是说："妻映霞已被××诱至某处同住，要请他们代为寻找。"可怜我弟弟还为了我的失踪，曾到处托人寻访，后来实因无影可捕，浙江当局的某公，才淡淡的复了他一个"电悉，未见前来"六个字的复电。

　　也许是他的良心发现了吧，知我确未到浙，尚滞留在浙赣途中，等我真正的到了江山以后，才又一连来了七八次电话催我到闽。为着孩子，为着责任，当然也顾不到胸中的愤恨，就于抵江山的第二日，到达了浦城。

　　为着想去与那个丧失了良心的人辩明我的一切，才于到浦城的第二日清晨，一切的东西不带，只同了我最大的一个孩子，——就是同来星洲的这一个——去福州见他。

　　谁知我到福州的第一晚，他野性大发，宿在外面没有回家。我一气之下，原想于次日即挈儿返浦，借此结束了这一个家的残局也未始不是一件好事。可是被朋友们拉住了，于是在我勉强答应他同来星洲的条件下，他自己认错，写了一张悔过书，又打了一个长电去向浙江诸公说明，说明他是"误听人言，致疑心映霞已抵浙江的消息"。

　　一个人到了万不得已的时候，也居然会允许平日所不能允许的事件的，我来星洲就是一例。上述诸事，尽有浙闽电局中人可查询，因为来去的电报都没有用密码，谁又能说假话？他还当人们不知底细为可欺。余毒未尽，再在《诗纪》上写些"我已决定只身去国""她又从浙江赶到了福州""说将痛改前非""随我南渡"，谁曾放过这样的屁？天下是有那么良善的丈夫的么？

　　……

　　在昏沉中写出了这一点点，我胸中的闷气，也略略出了几分之几。最后，我也来学一学狂人的"姑忍辱，毋多事"，以作此长信的结尾。即此顺请

　　文安

王映霞上

不与离人再相逢

　　一个并非在前方作战的军人，乱离时竟不照顾到妻儿的安危，待我在长沙受尽惊慌，丢尽了东西，把老小六人，自千辛万苦中辗转逃出来以后，不来抚慰一句，反这样来一个迎头痛击？我想天下总也有不少为人丈夫的男子，不知是不是也用这种手段来欺侮女人，压迫诬害女人的？至今痛定思痛，我的仇，我的恨，又岂是在瞥眼余生中，能报复得尽的啊！

　　总之，敌人是有一天会得败退，中国也当然有一天会得强起来，只有我那过去了的怨恨啊，任他怎样自知悔改，怎样奉我为神，我怕总难以因一时的欢乐而消逝？

　　这封信中，王映霞对郁达夫的指责已经到了"无理谩骂"的地步，孰是孰非，早已真假难辨了。只是这一段往事，从情深几许到形同陌路，不过是短短十几年的光景，当那些往事，那些一起淋过雨的天气里，那些回忆整夜整夜地敲击着窗户的时候，她是否紧闭心扉，他是否辗转难安，是否在天明时推开窗，看着空荡荡的身边，而深感遗憾和唏嘘。

王映霞在给陆丹林寄去信件之后，也给郁达夫写了封公开信：

一封长信的开始

——谨读大风三十期以后的呼声

我还在敬佩着的浪漫文人：

想写这篇文章的动机，不瞒你说，我是起了好久了。记得去年在武汉的时候，也曾和中央日报的程沧波氏，及其他的几个朋友，商量过，讨论过。有许多喜欢看热闹的人，自然盼望我立即写成，但有些把人生仅看作了像露珠一样迅速的朋友，倒也热心地劝过我，劝我不必再去揭发别人的私德。

但是，我的个性是坚强的。并不像你一样，在人前无话不说，随处都要颠倒黑白，夸扬你自己的荣誉。用了你那三寸不烂之舌，到处宣传说着你是怎样爱我，你的爱又是怎样伟大，而我又是怎样上了别人的当，被人玩弄了。这样还嫌不足，更凭着你那巧妙的笔尖，选择了字典中最下流、最卑贱的字句，把它联成了诗词，再联成了千古不朽的洋洋大文，好使得一切的同情与怜悯，都倾向于你；怀疑、怨恨与羞辱的眼光，都射向我身上来。这样，你的目的达到了，你快活了，你成功了，你似乎已得着了与革命的成功一样的荣耀，一样的与世人有益。

我倒并不如此想，没有你那么的被人愚弄，受人挑唆，一方面已在口头上、文字上，辱骂与攻击我；而另方面又在拼命的，宣说你对我的情感是如何好，如何地坚持到底，总要说到与你的大文中相符合。你的这种手段，这种阴谋与刻薄的手段，世人是永远都不会明白的，然而事实却很单纯，你不过想把世界上所有的每一篇小说中的坏女人，都来比成了我，而那些又值得同情，值得怜悯的男人，却都是你自己。这，在武汉时你的千求百顺地骗我到湘西，用七八次急电催我到福州，到福州后的诱我南来，与南来后你的变态，你的更甚的精神虐待，都在为你证明了，证明了你的用心，证明了你的在国内不敢胡言乱道的原因，当然我也晓得你的苦衷。不过，你这样刻薄的行为，试问对于你的大名大著，是有了什么帮助没有？

我呢，我又为什么那样愿意受你欺凌而不自觉？难道真的犯了天大的罪恶了吗？实实在在，我还是在为着这三个无辜孩子，与想实践十二年前我答应你结婚时候的决心啊！为着不愿把你的声名狼藉，才勉强再来维持这一个家的残局，总不惜处处都委屈自己，牺牲自己，克服自己，把你的一切丑行，都湮没了下去，想使它沉入于遗忘之海底，这些都是我屡次想写而终于没有把它写成的主因。

可是好人难做，而你又是一个欺善怕恶、得寸进尺的人，天下又哪里会有不散的筵席，不醒的噩梦呢？到了最后，到了真正忍受不下去的时候，自然我也顾不了许多，要把你的恶德，把你那一颗蒙了人皮的兽心，详详细细地，展开了大众面前了，至于世人的罪我惜我，我还能顾得到吗？

你对我宁可尽情痛骂，尽情攻击，而永远都不敢说出分开两字来的原因，我也明白：第一，你是怕世人把你的纸老虎的行为戳破而痛骂，负成了始乱终弃的大罪。第二，是为了怕我与你分开后，立刻回得去和你那个被你所猜妒而全非事实的人结婚，这未免也是你的过虑了，关于前者，一切自有公论，又何苦要我自动地去告发你重婚遗弃的罪名呢？请你千万可以放下心来。后者呢，你把女子的结婚，一个有灵魂，有思想的女子的结合，看得太容易了。实在说，又有谁逃出了棺材，而再即刻爬进另一口棺材里去的？对于婚姻，对于女子的嫁人，那中间辛酸的滋味，我尝够了，我看得比大炮炸弹还来得害怕。我可以用全生命，全人格来担保，我的一生，是决不致发生那第二次的痛苦的了。这一点决心，怕一定会强过你，胜于你这个以欲为生命的无聊者。

最合你的理想，而又是最使你便宜的，莫如在你辱骂与攻击之后，希望我自动的与你分开，这才适合你那句"时时求去"的刻毒谣言。可是，这，怕又会成为了你的空想，使你失望了！我在八年前，六年前，那样艰难困苦的遭遇中，尚且忍着痛苦奋斗过来了，又何至于会得在世故人情深悉了的现在，再来离开我的孩子？我都明白，你不过想以同样的方法，设下陷阱，再要我来蹈你的旧女友的覆辙。你的凶恶的手段，只能期满世人，而永远都不能欺骗我！

我的灵魂，我的心肠，我的热情，十二年来，渐渐地，已被你磨折得干干净净，如今所遗留的，也只有这一个不久即将消灭的肉身。但我对于你，依然是不念旧恶，不计长短。对家庭，对孩子们的一点责任心，始终还是有的，而同时也盼望你读了我这封长信后，明白你自己一切的错误，痛改前非，重新来做一个好人，切不可再以日本式的压迫来压迫我，成功一个阴险刻薄的无赖文人。

这样平心静气地劝导你，我想总要比请律师、上法庭有意义、有效力得多多。在敌寇侵略中国的怒潮之中，又何苦拿了枪杆向自己放？我们应该看得远，看得大，把私人间的仇恨，全丢弃在抗敌的紧张情绪之后，万不可变成只重空谈，而不讲实际的一个人。

永远不肯吃亏的映霞

署名是"永远不肯吃亏的映霞"，一段感情的终结，终究是势均力敌的，谁都没有全身而退。郁达夫和王映霞爱情的开始就像凌晨的火焰，既然已经点燃，那就尽情地燃烧，直到成为灰烬，直到燃烧到火焰的极点，创造了那个时代永恒的光辉。虽然火光如此短暂，短暂的热烈之后渐渐隐去，然而却是被铭记着，拥有曾经燃烧过的往事。

很快，《大风》旬刊就以"不袒护"为理由，将王映霞的这几封书信，冠以"答辩书简"的题目刊登了出来，当作是对郁达夫《毁家诗纪》的回应。

郁达夫发表《毁家诗纪》的初衷，是记录这些年来的人生之旅，离家去国之悲，联合抗战之恨，其中有发泄对身为党国要员的许绍棣的愤恨，他以为王映霞可以理解，他自然是没有想到，这样的一个决定将他们的婚姻逼上了绝路。王映霞在《大风》上发表的这一系列书信，她同样也是为了挽回自己的名声，而不是真的放弃这个家庭。

然而当这一切都公之于众的时候，《毁家诗纪》和《答辩书简》再次在文坛上掀起了一阵狂潮，郁达夫和王映霞再次成为众人议论纷纷的焦点。在纷杂的目光中，他们早已失去了走进彼此内心世界去窥探真心的机会。写完这些信，王映霞仿佛大病了一场，"星洲的天气，正象征了我们这位浪人的性格，时而狂热，时而暴雨，但在我想望中的淡淡秋阳，丝丝微雨，将从何处去寻求？"天时，人事，都与她的心境距离得遥远了，所以她虽不敢有葬身钱塘江畔的奢念，但也决不致与善变的诗人一样，有时是"鸳冢终须傍岳坟"，有时也可变为"新营生圹在星洲"的空想。在最近的将来，或将买舟归去罢了。

我欲乘风归去也

郁达夫与王映霞

花开花落不长久

王映霞写这些文章的动机，原本是想让大家了解真相，同时以此来刺激一下她和郁达夫早已麻木不仁的婚姻。不料，这出戏像是凭空被截掉了一段，郁达夫丝毫没有做出任何回应，这倒是出乎王映霞的意料之外的。事已至此，空空荡荡的舞台只剩她一个人收尾的唱腔悠长回旋，如同残破的废墟，绫罗舞步凤冠霞帔全都失却存在的意义，就像古人的诗句"高高山头树，风吹叶落去。一去数千里，何当还故处？"

1940年2月，乍暖还寒，王映霞向郁达夫提出了离婚，共同生活十二年，如今花开花落终有凋零的那一天，她说，她只希望无条件离婚。

"说句良心话，夫妻闹到这种地步，谣言造得如此活灵活现，应该是恨之入骨了，但我并没有。"王映霞有时想到，今后的生活中，孤僻不善交际的郁达夫，没有一个知心好友可以与之分担忧虑，他今后的生活将是如何度过呢？"因此我之提出离婚，实在还是对他的一种试探。因为当时我并没有如他所说的有了可以写情书的情人，更没有什么人在等待我。"

但是这样一个以退为进的策略，并没有换来郁达夫的任何回应，他依然是杳无音讯，王映霞如同一个唱完了一场戏等待对手登场的名角。可是回过头来身边却是一片寂然，没有掌声，没有应和，甚至连对手都没有，这出寂寞的折子戏，终究是她一个人曲终人散。

"自从接到《大风》杂志以来，心境的确有些和平常不一样，终日坐在家中，好像已经失去了知觉的人，只在等待死神的降临。"思来想去之后，王映霞还是打算离开新加坡，去廖内，她在杭州女子学校的时候，曾经有一位旧日的同窗李君，在岛上一所夫妇两人合办的学校里。李君在那个华人小学任教，她得知王映霞来到了星洲，写信来让她去他们的学校当老师，王映霞立即就答应了，因为李君是唯一可以和她谈谈心的同学。

廖内是距离新加坡八十海里的一个清静的小岛，有着潮湿的海风和崔嵬的海崖，岛上没有人来人往的喧嚣，也没有菲薄易逝的流年。这座小小的岛屿如同一颗散落人间的海上遗珠，王映霞急需寻找一个无人的旷野来安放自己无处吐露的压抑和慌张。

王映霞离开的时候，郁达夫并不知道她的去向。这段时间里，他如同卜居在深山穷野里的隐士，不言不语，不同任何人来往，也不同好友交游，他看过王映霞发表在《大风》上的《答辩书简》之后，文中"无赖文人""披着人皮的走兽"，这些字眼深深地刺痛了他。夜间天象澄明，月光大片大片地洒落进窗台来，他看着自己映在白墙上的影子，细细长长，怯怯的，尽是触目的苍凉不安。

她的试探，在他看来是不容转圜的决绝，他的暴露，在她看来是丧心病狂的诋毁，彼此之间不能理解也不曾交流，横亘在两个人之间的鸿沟越陷越深。郁达夫带着醉醺醺的酒意，逢人便说："映霞已经正式向我提出离婚了！而且，她还离家出走，这是下定决心与我分居了啊！"

转眼一个月的时间过去了，郁达夫写来了信件，王映霞急忙拆开来看。

然而郁达夫在信中全然没有悔过的意思，他在信中要求王映霞马上回到星洲去，同时给李君的丈夫也寄出了一封信，叫他不要妨碍自己的家事，要劝王映霞回星洲。王映霞看过信后，只觉得又气又恼，再这样下去只会牵连更多的人无辜受到指责，王映霞只能又回到星洲去。

王映霞在自述中说：

> 我眼前的各条道路已经都被郁达夫塞住，只有无可奈何的一条，就是请求与他离婚。无条件地协议离婚。我清醒了，我要冲出家庭，各人走各人的路。

1940年3月，跨过重重难关，郁达夫终于同意了王映霞的离婚请求。

两个人自《毁家诗纪》发表以来，第一次面对彼此，竟是在协议离婚的谈判桌上，看着一张现成影印好的离婚协议书，王映霞对郁达夫说："我什么都不要，也没有任何的条件，我只希望你能够把护照还给我，让我一个人回国去就行。"王映霞进新加坡的护照，是被郁达夫锁在办公室的保险箱里的，钥匙是在郁达夫身边随身带着的。没有新加坡的护照，王映霞无法申请回国。

王映霞这一番话，彻底打碎了郁达夫对于他们婚姻的幻想，本以为这次和以往相同，自己劝一劝，就能挽回一切。

但是，看着王映霞冰冷如霜的容颜，郁达夫绝望了，他闭了闭眼，似乎下定了决心，说道："好，我答应你，离婚。"

这句话虽在王映霞意料之中，但并不是她期望的结果，她还存着让郁达夫竭力挽回这段婚姻的幻想，这样的希望让她不断地拿离婚、分手的激烈言辞来刺激他。然而郁达夫放弃了，他们之间十二年的感情，就这样以一纸协议的形式，彻底画下句点。

"那签字吧。"

"好，"郁达夫一字一句地说，"我签字就是。"

合法的离婚手续已经完成，但是没有领到护照，郁达夫虽然口头答应着，但是迟迟扣留着护照不肯拿出来，王映霞只能等待着机会，郁达夫并非是有意刁难，而是他也带着深深的不舍和悔意，他并不愿意马上放王映霞离开。世人说得对，是彼此之间的太过自私带来了困惑和折磨，当我想爱你的时候，你却远走了。

王映霞还想做最后一次的试探，他们之间还有无法割舍的维系，那就是王映霞的三个儿子，她对郁达夫说："我们的三个儿子，我想由我来抚养，请你负担一些费用，你觉得可以吗？"

但是，郁达夫再一次误会了王映霞，而忽视了她为孩子打算的决心，想要破镜重圆已经是不可能了，但是毕竟，"内心里还在爱着她"。

郁达夫说："孩子还是由我来抚养。"郁达夫不愿意接受王映霞的建议，就这样切断了他们之间仅有的一条可以维系的联系。

直到5月的时候，王映霞提取了进新加坡的护照，也就在这个时候，王映霞才得到办出口护照的时机。王映霞看着异国的一片天空，纵然郁达夫那边是铸字饮酒一事心伤，而王映霞也是红颜青丝弹指老去，长相思却不能长相守的悲剧，人世间时时刻刻都在匆忙上演着，从来不缺少爱恨情仇，她懂得，亦是放手。看着远处的层层白浪，她喃喃自语道："总算是孑然一身，就这样毅然回国吧。"

原本他们的相遇，是在那日的午后，她在洒满阳光的窗边兀自沏茶，衣摆上都是流动的光影，美人的侧脸在阳光里浸润着，睫毛忽然抬起来看他一眼的时候，仿佛时间都停滞不动了。郁达夫那时在想，如果你愿过那闲云浮游的自在生活，我便为你抛却名利，流水泛舟平淡此生也无妨。自那时起，不知何时有感慨，不知何时有心事，不知何时思念卷土重来，他只想将这漫长时日以来的等待一一讲给她听。

而如今，曾许给你的温柔如水，笑颜如花，早已是寂寞如霜，曾许你的此生无忧，誓死相随，也早已是物是人非。这纸协议，签下了我们后半生的老死不相往来，而王映霞此次离去，注定了他们的天各一方，更遗憾的是，心中还有难以割舍的爱和思念。

王映霞离开了，她不懂马来语，在办理护照的一切手续的时候，都是一位不认识的先生，在星洲的中华书局工作的黄先生为她代劳的，这位黄先生，一直把王映霞送进了船舱中，把注意事项交代得清清楚楚，这才放心地离开。

看着生活了这些时日的星洲，王映霞只觉得黯黯的，她不愿再在甲板上多做停留，只想快些回到祖国去。

这时同舱的一位妇女来问她："你怎么没有人来送你？只一个人吗？"

王映霞听了，只是："哦。"所有的防线一时间全部崩溃，眼泪已经塞满了整个眼眶了。就是一个不善于哭泣的人，此情此景，一时之间也是难以抑制的。她在心里说："我也是人，是一个有血有肉有灵魂的人，何以竟会落到这种境地？"

关于王映霞和郁达夫的离婚，郭沫若作为郁达夫的好友，曾经在《论郁达夫》一文中确切地写出过这样的一段话，他说：

> 后来他们到过常德，又回到福州，再远赴南洋，何以终至于乖离，详细的情形我依然不知道。只是达夫把他们的纠纷做了一些诗词，发表在香港的某杂志上，那一些诗词有好些可以称为绝唱，但我们设身处地地为王映霞作想，那实在是令人难堪的事。自我暴露，在达夫仿佛是成了一种病态，……说不定还要发挥他的文学想象力，构造出一些莫须有的家丑。公平地说，他实在是超越了限度，暴露自己是可以的，为什么还要暴露自己的爱人？而这爱人假使是旧式的无知的女性，或许可无问题，然而不是，故所以他的问题就弄得不可收拾了……

人生残梦了无痕

郁达夫留下了南天楼上的两首题词，空气中隐藏着一种眷念，不浓重却足以为之伤怀，他厌恶这段回忆，他又深深爱着它。郁达夫记挂着王映霞，它们从一开始相识，才华横溢的文人才女，所以相惜，所以相恋，但是它们忘了，同类往往相残，郁达夫和王映霞个性中都有强硬的姿态，正是他了解她如同了解自己，所以当土崩瓦解的那一天到来的时候，他们总是能找到最尖锐的利器，中伤彼此最隐藏的软肋。

郁达夫仰望着南天楼外的一方天空，就如同他仰望着余生的希望。郁达夫在诗前写了这样的"自序"，说："五月二十三别王氏于星洲，夜饮南天酒楼，是初来投宿处。"然而在王映霞离开之前，究竟有没有这样的一次夜饮，终究不得而知，她悄无声息地离开了新加坡，而郁达夫煞有介事地写诗以寄托情思，正是说明了他对王映霞割舍不断的牵挂。

一

自剔银灯照酒卮，旗亭风月惹相思。

忍抛白首名山约，来谱黄衫小玉词。

南国固多红豆子，沈园差似习家池。

山公大醉高阳日，可是伤春为柳枝。

二

大堤杨柳记依依，此去离多会自稀。

秋雨茂陵人独宿，凯风棘野雉双飞。

纵无七子为袅社，尚有三春各恋晖。

愁听灯前儿辈语，阿娘真个几时归。

从第二首诗的言辞中，郁达夫希望以母子之情打动王映霞，盼望她能够念在孩子尚且年幼的份上，重新回到他的身边。然而这个世界上又有多少爱可以从头再来，已经流失的不可能再回到掌心之中了，世事抵不过的不仅仅只有时间，还有残酷的现实。

王映霞决意离开了，这个地方，除了她的影子，她的衣裳，也再没有什么可以带走的了，一封信件安静地摆放在书桌上，她留下一段话给郁达夫，没有告别，也没有惋惜，只是带着细细嘱托的口吻，叙述着自己即将远行的事实，她要走了，只希望他和孩子一切安好，以后的日子里，再不互相打扰了：

> 我马上要上船了，一切手续也都办妥，你们报馆里知道我缺少路费，昨天送来了贰佰元，这是我首先该向他们表示谢意的。以前的家用中所积余的二十余元，我留下了给你。
>
> 你我结婚十二年多，至少到今天为之，我还未曾做过一件于心有愧的事情，今后如何，那就要看我的家庭出身，要看我的本质的如何了，当你我共同生活的初时，你不但没有固定收入，而且还给予我许多未曾偿清的债务。就是后来的十二年里，在家庭的经济上，我亦曾作过许多东凑西补的安排。而今天我所留下给你的，债

务是没有的，你已经有足够开支的固定收入。你是饱受过经济的苦楚的，当你在尽情挥霍之时，望你总要顾到三个孩子的生活教育费用，虽然他们都是从艰苦朴素里成长起来，毕竟他们都还在学龄，没有自立的能力，父亲若不以身作则的来管教，又让谁来管教？

你的日常用品和衣服之类，全都放在原处未动。另外还有几套新的衣裤，是我在前些日子里为你赶做的，你应该自己处理。我只带了几件自己的替换衣服走，留着的，随你安排。对这一些身外之物，我是素来不加以重视的。

我是中国人，忘不了中国。一定得回中国去，大概你是愿意永远留住在南洋的了。三个儿子，既坚决说须由你教养，我亦不想硬来夺走，但希望你要把他们教养得像个"人"的样子……

看完信件，郁达夫缓缓坐下，这个风流一生的才子，此时再也控制不住自己的情绪而失声痛哭起来。

事到如今，依然会感念当初在这不长的生命中，遇到这样一个眉眼璀璨的人，即使以后的我们天各一方，我们各自营生，你停驻在那朵遥远的云端上，我活在这一方不深不浅的海中央，这样的天南海北，足够安放下我们所有的往事和传说。

只是每当我们想起来，依然是记忆中刻骨铭心的一幕幕，是尚贤坊的初相识，是火车站口的依依惜别，是那萧萧飒飒的西风中，他晚送她到巷口，那句欲说还休的嘱托，是衣摆低垂，是那灯下轻轻浅浅的笑意。慢慢地，随着岁月的年轮咯吱作响，我背向你离开的时候，也是不知怎么了，泪水沾湿了衣襟。

霎时候，那种蚀骨的绝望铺天盖地地覆了过来。

当王映霞回忆起一些片段的时候，她所搭乘的这艘游轮，已经离开了新加坡的海岸，她独自站在甲板上，眼睛却望着新加坡，这里是她寄住了十八个月的地方，她在这里满怀期待地开始新的生活，却不料成了葬送婚姻的伤心地。直到她看到远处的新加坡已经是一条时隐时现的细线的时候，她不忍再看，这才转身回到船舱中。"一方面感觉自己身子的轻松，另一方面也马上从心底深处浮起了一种已经埋入了心底的仇和恨，新加坡呀新加坡，我不知何日才能再来见你？不知以后能不能和你再相见？人，如果没有精神失常的话，我相信总还是有感情的。"

海程七日，真有如千年。

一周后，王映霞抵达香港，回到香港之后，她请到了戴望舒先生为自己在《星洲日报》，请程沧波先生在重庆的《中央日报》，请刘湘女士在浙江的《东南日报》上，登载了她单独的一个人登的离婚启事：

> 王映霞离婚启事。
>
> 郁达夫年来思想行动，浪漫腐化，不堪同居。业已在星洲无条件协议离婚，脱离夫妻关系。儿子三人，统归郁君教养。此后生活行动，各不干涉，除各执有协议离婚书之外，特此奉告海内外君亲友。恕不一一。
>
> 王映霞启

而郁达夫在1940年5月31日的《星岛日报》上登出了"郁达夫启事"：

> 达夫与王映霞女士已于本年五月脱离关系，嗣后王女士之生活行动，完全与达夫无涉，诸亲友恕不一一函告，谨此启事。

夫妻之间的感情维系多年，曾经用尽了那样多的清晨和黄昏，想要抵达对方幸福的彼岸。一朝劳燕分飞，此生再不能奉陪。郁达夫一直视王映霞为此生的挚爱，王映霞对郁达夫也是。她在《自传》中的一段话是这样的：

> 四十年来的生活过得很安定。在安定的生活里是不容易使人

回忆着过去了的辛酸的。许多朋友都劝我写点回忆，我只是望着他们笑笑。意思是说，我这数十年的日子过得平凡得很呵，有什么好回忆，有什么值得回忆的，即使偶尔有得想到，就也像浪花一样，一瞬即逝。

我好比做了一个梦，做的是一个噩梦，等噩梦想来，依然是蓝天白云。不过在那蓝天白云中间，偶尔也会飘过几点浅淡的乌云，这也算不了什么，马上就又被风吹散的。在上面这一段回忆里，自认为其可贵之处，是在真实，完全是真人真事真地名。任何人对我的诽谤，我还是这么认为，因为我不善于说假，或者借题发挥，或者攻击什么人，我总是平心静气地来衡量别人的。

和郁达夫作了十二年夫妻，最后至于分手，这正如别人在文章中所提到的，说郁达夫还是在爱着我的，我也并没有把他忘记。四十多年来，他的形象，他喜怒哀乐的神情，我依然是存入心底深处。

……

在他们身上，我尝到了甜蜜的初恋，疯狂的追求，新婚的缱绻，揪心的痛苦，残酷的折磨，深沉的情感，这一切的一切，已随着历史长河的流逝，淌平了我心头的爱和恨，留下的只是深深的怀念。

人生就好像一趟列车，我们每个人都是这趟列车始发时就在车上的旅客，也是由我们最后抵达终点。沿途中有不同的人上车，有不同的人下车。下车后的那些人，再没有相见的缘分，甚至在时光的打磨中，连他们的容颜都模糊了……有人上来，重新寒暄，重新相识。就像恋人，失散的彼此就是这趟列车中再也没有机会重逢的离人，而一回头，又看见人生的下一个站口，有人在那里张望着，眼神陌生又熟悉，仿佛是前世就渊源已深的旧相识……他陪你一程，但终究是过客，聚散纷纷，只有自己，是从始至终的。

此生为谁歌长恨

　　离开星岛，船还在海上航行，王映霞的心却在苦水中颤抖，脑海中快速地放着循环电影，有时是一片冗杂，有时却又一阵安宁，她回忆着往事的一幕幕，像细线一样一点点纠错着，交织着，在她的脑海里形成密不透风的罗网，网住自己，也网住往昔。

　　时间就是这样沉重而模糊的东西，它可以将许多事情一刀斩绝，尽管它知道你的心中固执地、清醒地拒绝着改变，拒绝着遗忘，但时间，永远是最强大的腐蚀剂。

　　回到香港，有周象贤和王映霞的表姐来接她。离开新加坡的王映霞，随身带了一个小皮箱和一些散钱，在香港逗留了几日，做了几身旗袍和大衣，买了去重庆的机票，一个月之后，王映霞就登上了午夜飞向重庆的飞机。

　　时间匆匆划过，在杯中搁置的茶水，数天之后也会成为天上雨云的一部分，被搁置多年的感情，再深厚难忘，也终究不是不能彻底抹杀的。因为工作的缘故，王映霞新结识了许多人，其中就有前外交部部长王正延，他把王映霞当作自己的小辈来看待，平时十分地关照，一直想让王映霞再找一个踏实的伴侣，毕竟她还算是一个年轻貌美的女子，不可能一辈子孤身一人地生活下去。

于是在当天的晚宴上，王正延的妻子暗中来问王映霞："映霞，你打算找什么样的配偶呢？"

王映霞含蓄地笑了一笑，说："我已经吃了这么多的苦，没有想过再结婚了。我这一个身心受到创伤的女子。十多年前，因为年轻幼稚，由于社会经验的不足，才有了上一段婚姻的失败，终至酿成这场大错，未来的半生，我该珍惜。"王夫人摆摆手说："社会上总还有好人在，你何不说说自己的想法？我们给你介绍的人，一定不会使你再吃苦。"

王夫人说的这个人就是钟贤道。王映霞只看到这一位中年的男子在朝她张望，王正延介绍说："这位钟贤道，是我在北京中国大学时的学生，人是厚道的，也能干的，他现在是重庆华中航业局的经理，在外交部有不少的朋友，今天你们认识了，以后再到外交部，他一定会去拜望你的！"

在座的朋友都笑了起来，王正延接着说："我这个介绍人就做到这里，反正一个是杭州，一个是常州，话应该是听得懂的！"

就这样，王映霞结识了她生命中的第二个伴侣。过了几天，钟贤道寄来一张请帖，邀请王映霞到嘉陵宾馆去吃午饭，那是已经黄昏的时候，落日隐没，暮岚渐渐升起，冷风吹过低矮的竹林，窸窸窣窣甚是好听。王映霞坐在落日余晖之中，只有他们彼此两个人，她向他谈起自己的家世和对人生的看法，也第一次向旁人袒露自己的一切遭遇，说完，王映霞看着钟贤道的神情和表态。只听着他说："我懂得怎样把你已经逝去的年华找回来。我们会有一个圆满的未来的，请你相信我！务必要相信我！"

三月底的时候，王映霞和钟贤道结婚的消息刊登在了重庆的《中央日报》、香港的《星岛日报》和浙江的《东南日报》上了，在重庆的厄龄餐厅，他们举行了盛大的婚礼。再次结婚，王映霞已经不想像当初那样草草了事，他们的结婚仪式是相当隆重和热闹的，震惊了整个山城重庆。婚礼上，花篮从礼堂一直排列到大门口，来喝喜酒的人，有相识的也有不相识的，连王映霞自己也数不清是多少了。婚礼后连续三天宴请好友，婚后不久，王映霞就辞去了外交部的工作，离群索居，在家中安心当起了钟太太，她再婚后，可以说"生活上是满足的，精神上得到了极大的安慰"。

在婚后的这几年来。王映霞成了地地道道的家庭妇女，忙家务，管孩子，和外界很少往来。虽然因为钟贤道工作调动的关系，从重庆到万县、上海、芜湖，又回到了上海，生活始终是起伏不定的，但是在王映霞的内心，离开新加坡的愤怒、不平、忧虑、悲凉的情绪，已经一去不复返了，取而代之的是雨后初晴般的宁静自如。

> 贤道是个厚道人，正派人。他曾对我说："多年来我所等待和追求的，就是像你这样一个人。现在，我总算找到了。我们都已将进入中年，我一定会使你得到补偿。"我在同他最初的共同生活中，开始了第二个四十年。

可是人生能有多少个四十年，醒时只愿朝花笑，醉时只愿对花眠，王映霞只希望在钟贤道的羽翼下过着"不问人间来与去"的自在生活。有时她也会想起郁达夫，想起在她生命中最璀璨的十年光阴里遇到的那个人，有时候并不是刻意去回忆往事，只是整整一天，听着那火车的汽笛声，就会想起他在站口空守着瑟瑟发抖的模样。冬去春来，秋末夏至，白昼夜静，时光萧索。她也不得不承认，美人迟暮的事实，看似洒脱，却仍在黑暗中难眠，想起那眉那眼，那一袭长衫。

时间疏忽了他们的年纪，在与钟贤道结婚多年的时间里，王映霞操持着家务，过着安定的家庭生活，她对政治不感兴趣，所以辞去了特检处的工作，口头上加入了国民党，然而钟贤道却是国民党的身份，在政治气氛浓厚的那个时代，这对他们来说就是一种无形的压迫力。很快，钟贤道的党员身份开始接受核查，他被怀疑有严重的贪污问题，钟贤道辩白说："我没有贪污，请你们去调查。如果我贪污过一分钱，可以杀我的头。"在严峻的"三反"运动后，接受批斗，交代检查，还因此牵连了王映霞坐了一次批房。

在牢狱中，王映霞没有哭过，直到当局调查清楚后，才通知她把铺盖卷好带出去，走到大厅，猛一抬头，就看见钟贤道站在门口等待着的身影，颀长，沉稳，像一株树，王映霞簌簌落下眼泪，只对着他说："我释放了，无罪释放。"

回到家中那日是阴历十二月初八，钟贤道担心王映霞在狱中劳心伤身，就在国际大饭店开了一个房间，让她安安心心地休息。之后，为了陪她散心，就带着王映霞沿沪宁铁路旅游了半个月。到过苏州、无锡、常州、镇江、南京、扬州。那种无所希求的安宁的生活，一场青山绿水的蜜月旅行，一直以来就是王映霞的梦想。

欢喜快乐总是一忽儿的时光，愁苦烦恼才是等待在人生中的必经之路，经过了牢狱之灾，和之后的"文革"，王映霞和钟贤道共同养育了一双儿女，也一起携手走过四十年的风风雨雨。

直到1980年11月19日的傍晚，王映霞在他床前，看着他面带笑容，气若游丝，对着自己拱拱手说道："谢谢你，家中的一切全托付于你了！"说完这句话，钟贤道才缓缓闭上眼睛，那年他高龄七十三岁。天降寒雨，王映霞在杭州西湖玉皇山下的南山公墓，订购了一个双穴。因着他生前嘱咐过，要葬在杭州，墓碑上刻着他和她的两个人的名字，一个是黑色，逝者已逝，一个是红色，生者如斯。

已是时光流转，醒来清梦断，镜中朱颜改，王映霞也已是鸡皮鹤发的老人，她辗转在上海、深圳，晚年的生活安定并且富足。"深圳的生活使我的情绪更加安定。此地马路之宽阔笔直，环境之幽洁，起居之方便，使我十分满意。……在此地，白天能看见青山和楼房，晚上高楼上可以看到万家灯火。联想起五十年代和六十年代，我家的房子越住越小，我不禁感慨万千。……在四十六年前，贤道对我说：'我一定会使你得到补偿。''我们会有一个圆满的未来的，请你相信我。'现在，他的话应验了。在我第二个四十年中的最后几年，我的生活平静安逸，没有动乱，没有忧虑。凡是见到我的人，都说我最多像七十岁。的确，我精神很好。"

直到后来，郁达夫去了，钟贤道也去了，前一个是才华横溢的文坛名士，后一个是普普通通的无名小辈。如果没有郁达夫，或许这一生，都不会有人去探寻、去揣测这个叫王映霞的女子，也不会有这么多的人把他们之间的往事流传下来，世人的感慨，有正直的同情，也有不解的褒贬，自然也就不会有流传后世的郁达夫与王映霞；如果没有钟贤道，就没有王映霞后半生的安稳顺遂，共同生活四十载的喜怒哀乐，更多的是相濡以沫与不离不弃。王映霞在《自传》中说：

> 他俩是我生活中的一部分，在他们身上，我尝到了甜蜜的初恋，疯狂的追求，新婚的缱绻，揪心的痛苦，残酷的折腾，深沉的情感，这一切的一切，已随着历史长河的流逝，淌平了我心头的爱和恨，留下的只是深深的怀念。

笑我浮生真若梦

世事如棋不忍看，雄心散漫白云间。端的是借酒浇愁愁更愁，才下眉头，却上心头。1942年4月天里，当王映霞再次披红做新嫁娘，山城重庆的婚礼正是她踏上另一段人生之路的前奏曲，红颜堪不逊当年的时候，盛大的婚讯传来海外，已是46岁的郁达夫，正隐姓埋名，在苏门答腊岛的蛮荒之地，躲避日寇侵略军的追杀。他听闻曾经的爱人已嫁作他人妇，昨日种种，依然历历在目，郁达夫心下哀痛难禁可想而知。

王映霞离开后，已是1940年下半年，《星洲日报》的主笔关楚璞很快辞职回香港，郁达夫就担任起了报纸的主笔。那段时间里，他每天除了编辑副刊，写社论，看大样，还要照顾儿子郁飞，到后半夜才叫醒等在车座上打盹的印度籍司机开车送他回家。

十二三岁的郁飞对母亲的离开显得格外平静。每天夜里，他都会被街上的汽车声闹醒，之后就听见楼梯上的脚步声和钥匙开门的声音，接着房门前就出现郁达夫疲乏的身影，他开灯，放下皮包，冲凉，然后入睡。日复一日，时常看着父亲笼罩在灯光阴影中倦怠的背影，这个年幼的孩子心中对家的幻想早已成为一片灰烬。

由于《星洲日报》的编务繁重，郁达夫在离婚后一直紧张有序地主持着报馆的工作，他很快就从沮丧的离别之痛中挣脱出来。他是一位爱国作家，在抗日的局势之下，现实不能容许他长久地沉浸在自己的私人情感之中。日军侵华的战争态势发展得很快，全中国上下军民激愤，郁达夫曾收到了日本文艺评论家新居格托东京《读卖新闻》社学艺部编辑转寄一封亲笔信给郁达夫，信中提及两人曾在岛国的旧情，也念及对中日两国矛盾激化的看法，最后说道：

老实说吧，我对二十世纪的现状，真抱有不少的怀疑。我很感到这是政治家的言论时代。可是，这当然也或有不得不如此的理由在那里。那就足以证明人类生活之中，还有不少的缺陷存在着。但是创造人却不能放弃对这些缺陷，而加以创造"改正"的重责。你以为这话对么？郁君！

郁达夫的复信是：

在这两国交战的今天，承你不弃，还在挂念我的近状，对这友谊我是十分的感激。诚如你来书中之所说，国家与国家间，虽有干戈杀伐的不幸，但个人的友谊，是不会变的。岂但是个人间的友谊，我相信就是民众与民众间的同情，也仍是一样地存在着。……

日本国内的情况，以及你们所呼吸着的空气，我都明白。所以关于政治的话，关于时局的话，我在此地，可不必说。因为即使说了，你也决计不会看到。……你来信上所说的"对二十世纪现状的怀疑""人类生活还有很多的缺憾""我们创造者应该起来是正补足这些缺憾"，我是十二分的同感。现在中国的许多创造者们，已经在分头进行了这一步的工作。……中国的民众，原是最爱好和平的；可是他们也能辨别真正的和平和虚伪的和平不同。和平是总有一天会在东半球出现的，但他们觉得现在恐怕还不是时候。

正是郁达夫在这样艰难复杂的情况下，一天也没有忘记自己命运多舛的祖国，对抗日反法西斯战争始终保持着坚定的信念。"一死何难仇未复，百身可赎我夷辞"的浩然正气凛然纸上，正是这种舍我其谁的唱歌正气，让海外同胞尤为振奋，其中就有和郁达夫一起从事抗日活动的李筱英女士。

李筱英原籍是福州人，供职于新加坡英国当局的情报部门，担任新加坡电台国语播音员，精通日语和英语，二十六岁的李筱英和当时的许多进步青年一样，带着满腔的热血弘扬左派思想，热衷革命文学，时常慷慨激昂地发表抗日言论，鼓舞人民发动抗日战争。年轻的新式女性，接受过高等教育的思想洗礼，在郁达夫面前，她倒显得开朗自信。

时局动荡不安，郁达夫一直在为宣传和动员民众抗日而殚精竭虑，李筱英知道郁达夫一直忙于文化界抗日，也在海内外颇有名气，就亲自登门拜访，并提出了要求郁达夫担任《华侨周报》主编的请求。

那是他们在一起工作不久之后，李筱英亲自担任郁达夫的助理，也了解到他离异后一直自己照顾十多岁的孩子，郁达夫并不擅长处理家务，刚好这时候李筱英的住处也有一些问题，她急需找到一个新的寓所，于是她对郁达夫说："郁先生，我看您居住的房子很大，我现在正在找新的住处，不如，就让我搬到你那里去吧？"

郁达夫看着眼前这个聪敏、活泼充满年轻活力的李筱英，他想到那些路过的风景，时光如水，往事如烟，某些情感，早已经同化成不是刻意回避就能彻底消失的东西，她依然黏附着你的心房割舍不断。郁达夫想不出拒绝李筱英的理由，就这样答应她住了进来。

王映霞和李筱英的出现几乎是首尾相接的，总有些朋友对于郁达夫和这两位旷世佳人的关系评判不一，有人说"书生艳福修来薄，错把恩情付美人"，有人说"料应碧落银河畔，别有婵娟缔好盟"。正是这样的言语，让郁达夫对李筱英的感情，如同游过海水的银鱼，缓缓地浮现出来，他不似当年那样热烈，但他的世界，那个因为王映霞的离开而造成的巨大空洞，在慢慢退潮，慢慢回归安静。

时隔多年以后，郁达夫托好友刘海粟为李筱英画的一幅《芦雁》还依然留存着。那时候的他们在好友家的花园中，坐在草坪上，天空中是忽闪明灭的繁星，藏蓝色的夜空万里无云。李筱英靠着树干，哼着一支英文歌曲。

静默着，一只孤雁唳了一声，郁达夫看着那天上寥落的影子，说道："这雁倒像我，沫若、寿昌都在重庆忙着抗战，仿吾去了陕北，只有我成了孤雁南飞。这些兄弟们何日相见呢？"

"不对，你不孤，还有海粟叔叔和我们一群年轻人呢！"李筱英直率地反驳他，郁达夫也不气恼，他作为即将年过半百的人，切实感受到了生命的秋衣，虽然不像是悲秋宋玉，也总希望能飞得稍高稍远，为我们的民族做出一些贡献。

李筱英和郁达夫的日益亲近，至少是让郁达夫在政治失意和家庭破裂之余，又遇上了一个多少可以唤醒他少年壮志时期奋发精神的寄托。虽然他们之间年龄悬殊颇大，但李筱英对郁达夫名声和才情的仰慕是真心实意的。

随着1942年新加坡主要港口和各大城市的相继沦陷，李筱英就任的英国情报部门先行撤离，郁达夫既不是正式编制人员，又不能加入到家属行列，只能眼睁睁地看着李筱英离去而无能为力。"没有谁预料到这个周末会从睡梦中为飞机的轰炸所惊醒"，第二天，日军在马来半岛登陆。

太平洋战争打响了。

炮火渐渐逼近新加坡，郁达夫和李筱英还没有将彼此真正纳入自己的生活轨迹就不得不分隔，这也是大势所趋。战火打破了一切平静的生活，也打破了各个派别之间的隔阂，人们不再顾忌往日的纷争，同仇敌忾地团结起来联合抗日。

第二天，郁达夫就投入到文化界抗日的联合会中，从一个战场奔赴另一个战场，然而前线失利，节节败退的消息传来，仅仅是两个月的时间，新加坡就成了被围困的孤岛。郁达夫在当局宣布妇孺优先撤退的情况下，决定将自己的儿子郁飞托付好友尤君浩的妻子卢蕴伯带回祖国。原本打算托付给在昆明西南联合大学教书的沈从文代为照顾，但想到当时公教人员收入菲薄，怕是给他造成经济上的负担，便决定托付给重庆行政院任秘书长的陈仪抚养。

即将分别之时，郁达夫对郁飞说："你到了别人家里，可别惹人讨厌啊！"

谁知这一别，竟是永生。

直到郁飞长大成人，郁达夫还是杳无音讯，自那时骨肉分离，陈仪不负老友的嘱托，将郁飞抚养成人，直到1948年将他送入浙江大学读书。

那日在市区海滨红灯码头送别儿子的场景，成了郁达夫镌刻一生的画面，他不知道此生还能不能有机会与儿子重逢，骨肉至深的血缘之情是永远都割舍不断的。看着停靠在码头边的"海澄号"，这是最后一批撤退老百姓的船只，船上的人群拥挤着，郁达夫看着郁飞那瘦小的身影渐渐通过剪票口，湮没在汹涌的人潮中，远行的人们纷纷站在码头上挥别，这一幕，像是电影里的慢镜头，带着生离死别的悲怆色彩。

最后所有的血液都涌到胸腔，郁达夫听着自己强劲的心跳声，他知道，他的使命是如此，他只有尽力去保全身边的人，他的至亲，至于自身，他无法掌舵自己的命运，因为他的命运，和整个中华的国运是紧密相连着的。

莫负隽永少年人

　　傍晚，在淡淡的夕阳余晖下，一座座墓碑静静地屹立着，显得整齐而又孤立。铃木正夫，当年参与刺杀郁达夫的日本宪兵队一员，正缓步踩着石阶，登上了富春江边的鹳山，来到郁达夫故居旁的"双烈亭"，在郁达夫衣冠冢前，铃木正夫长久地低垂头颅，静默致哀，然后献上一捧鲜花。

　　当风吹过，散落的花瓣铺陈在洁白的墓碑上，宁静如斯，一如黄土之下安息不语的亡魂。

　　时间退回到1942年，战火纷飞的那一年，郁达夫和新加坡"华侨抗倭委员会"的一批文化学者，既得不到英国总督的庇护，也得不到重庆政府的关照，无奈之下，陈嘉庚等人先向苏门答腊岛出发避难。胡愈之紧急召集文化界的抗战工作人员开会，目标也是苏门答腊岛。这一行人中，就有郁达夫。

　　2月4日凌晨，他带着一个简单的行李箱，和一众工作人员及其家属，二十多人，乘坐一条破旧不堪的摩托舢板离开码头，海上比平时更添了几分寒意。从海面上吹来的微风，总凉不了满船老幼的焦灼的心肠。这也是逐客离人、无穷伤感的时候了吧。

郁达夫睁着一双空洞的眼睛，严重布满着疲惫的红血丝，他苦笑着看着这模糊夜影中的码头，说道："又把万卷藏书丢了，这是第二次。第一次是杭州。'风雨茅庐'的叁万卷藏书。"那些藏书是他贮存在临时租住的一间民房里的，本是自己也打算藏匿的避难所，如今看来，自己离开倒是更明智些。

日军进入新加坡之后便开始了残酷的捕杀和恐怖的清扫，随后日本宪兵又将逃往在外的知名人士诱捕加以关押，更遑论那些被活埋的抗日人士和无辜民众，若是留在新加坡，无疑是他人为刀俎，我为鱼肉。

繁华瘦，怎经秋。战争的荼毒下，怕是没有什么地方是真正安全和太平的了。

两天的海上颠簸，他们辗转来到岛上，十五日后新加坡陷落，当地的荷兰分政府也弃官外逃。绝望的处境中，一位华侨帮助郁达夫一行人来到一个叫保定的村落暂时住下。他被安置在一间杂乱的住屋中，有一间楼房立在澄明的冬天的空气里。郁达夫就在这苏门答腊岛隐居了起来，隐居的一个半月里，郁达夫每天写一首诗，来排遣内心的孤寂与不安，题为《乱离杂诗》，现存十二首，其中有七首都是郁达夫为怀念李筱英所做。

寡居的时间里，每当听到收音机中李筱英的声音，郁达夫那一双胡桃似的眼睛就睁开了。在黑漆漆的房内的光线里，他的脸色显得更加灰白，从他面上左右高出的颧骨，同眼下的深深的眼窝看来，也只有这个时候，他才能显出一丝笑意和希望。

"却喜长空播玉音，灵犀一点穿此心。"

如此离乱之际，似乎只有李筱英是让郁达夫寄托自己独居的倾诉和慰藉的对象。身处他乡，流落异邦，郁达夫对李筱英的思念似乎更加强烈和难以抑制了。他思念那白玉兰花苞似的嘴唇，渐渐地绽放起来，如梦如幻的笑靥和白洋瓷似的一排牙齿。他把眼睛一闭，他的面前，就有李筱英的身影坐在红灯的影子里，微微在那里笑着招呼他。到了那个时候，他总会不知不觉地向着那只纤影跑去，如同黄粱一梦。

金黄的太阳，已经高挂在海青色的天体中间，隐隐的在那里笑人间的纷杂了。原始森林中茂密的植被几乎将阳光遮蔽了，成群结队的野猴飞跃其间，潺潺的流水倒映着椰树的影子，太阳的光线从那紧闭的门缝中间，斜射到郁达夫的脸上，这里带着虚幻的安宁，让人分不清楚何谓真实何谓假象。

然而战火的蔓延比他们任何一个人想象得都要快，附近的群岛已经交由日本军接管，保东村也不再是一个安宁太平的所在，大家商议之后，决定分头疏散。郁达夫化名做赵廉，为了隐藏身份，和王纪元同开一家酒厂作为掩护。张楚琨任酒厂经理，胡愈之帮忙记账，酒厂开办一段时间之后，销路看好，生意也是十分地红火。他们利用这些盈余，分给逃难的文化人解决生活问题，又能粉饰身份以逃避日本宪兵的追查，在日本占领军的面前，郁达夫就以赵廉的身份，一个殷实的华侨富商和日语翻译小心度日，在做日本宪兵队的翻译员的一年光景里，郁达夫利用自己的职务营救了不少无辜的平民和抗日分子，包括地下党组织也因为他的巧妙周旋而免遭剿杀。

既是当地的"富商"，郁达夫却始终独身一人，这对他的身份来说十分不合适。

为了掩人耳目，也为了不引起宪兵队的怀疑，郁达夫随即娶了一名当地的女子，新夫人的条件最好是无文化无背景，就这样，郁达夫和他的第三任妻子何丽有举行了婚礼。

1943年，他们正式结为夫妻，郁达夫的好朋友张紫薇在《郁达夫流亡外记》里有过描述：

……新郎房上，一道红彩，上书"结婚"二字，窗外排满花篮，插满鲜花。看来"赵廉先生"实在是准备要结婚的，谁说他没有诚意？谁说他好玩好耍？但时间已到了，他却还在打麻将。经陈君的数次催促，才起身换衣裳，谁又能说他这时真有什么"做新郎"的情趣呢？当结婚的那天早晨一早就来找我，相见之下，不说别的，就手里拿出一张纸来，说："我昨天弄了很久，拿来给你看。"原来是四首律诗……

　　尽管郁达夫对这个妻子不甚在意，彼此之间也没有什么深厚的感情，但婚后，何丽的善良勤恳、温顺忠良，让他们的生活过得井井有条，惬意舒适。他们在一年后生下了自己的孩子，似乎不管多么痛苦的伤痕，在时间的流逝中都可以慢慢痊愈，每一个在困境中陪伴自己共同度过的人，都是珍贵的。

　　大约就是在1944年，郁达夫的真实身份暴露了。

　　郁达夫嗜酒如命是众所周知的，但自从来到岛上，为了不至于酒后失言，他竟然滴酒不沾，就连自己做了酒厂的老板也是如此。当日本宪兵队开始隐秘着手调查郁达夫的真实身份的时候，只通知了他本人，得知自己的身份被确认，郁达夫重开酒戒，喝得酩酊大醉。

　　他的一生恃才傲物，不拘小节，但在大是大非面前，却有着自己的准则，他并不怕死，他的母亲，他的长兄，他的血肉至亲都死在他的前面，而且都是因日本人而死。他在八年前曾笔录弘一法师的语录赠给好友，说："我见他人死，我心热如火，不是热他人，看看轮到我。"在每一个看似安静的夜晚，有太多的人畏惧着死亡，畏惧着自己的失眠，畏惧着自己的无能，但这种恐惧，越是强烈，越是无人依靠，郁达夫想，如今中日交战已久，若是需要我郁某人为国捐躯，我定是宁死不辞，我为了自身可以躲可以逃，但为了祖国，我不能屈服，我可以舍命。

　　这一年的8月，在世界反法西斯斗争的顽强抗争下，日本终于在8月15

日宣布无条件投降，凡是不能战胜的，就会让他更强大，中国就是如此。黑夜终于过去，黎明的曙光近在眼前了，这一年，何丽又怀上了郁达夫的第二个孩子。

胜利的消息传到了苏门答腊岛，郁达夫在收音机里听到了日本投降的消息，激动得一夜无眠。第二天一早，他就跑到酒厂，大声宣布这个喜讯，这对他来说意味着这些年的逃亡生涯终于结束了。他期待着，在遥远的异地，连自己抛却的故乡的海岸线都看不到的异地，他过着无名无姓的生活，未来总是渺茫没有形状的，他甚至不知道要躲避到什么时候。

然而，日本投降之后的第十五天，郁达夫的妻子有要生产的迹象，这时候，一个讲着印尼话的本地青年来找郁达夫，请他到外面来一下，郁达夫就跟着出去了。

何丽有在痛苦的等待中生下了郁达夫的孩子，那是一个女孩儿，取名叫作美兰。但她不知道，郁达夫就死在他女儿出世的那天晚上。

漆黑的街道上，已经没有了人迹，郁达夫正想回头问问那个印尼青年，只听见一声闷响。

夜空里，他就这样短促地叫了一声，郁达夫那又瘦又长的身体，就横倒在地上了。月亮打斜了，楼房间的空隙又增了一个黑影，四边静寂得听不到一点声音。银灰色的月光洒满了这座孤零零的小岛，远远的，听见新生儿的啼哭声，那是一个女孩的声音，回旋在黑暗的夜空里，哭声，把世界的万象都净化了。

尾声　最是人间留不住

最是人间留不住，朱颜辞镜花辞树。

追忆郁达夫的一生，却是安身立命、如履薄冰的一生。成长时期的艰辛和苦楚，酿就了他沉郁、敏感的性格，也为他这一生那段刻骨铭心的悲剧婚姻埋下了伏笔。他在那个兵荒马乱的年代，当之无愧是广有建树的文化巨匠中的一名。

很多人见识过郁达夫的"颓唐""沉沦"，甚至只知道这些，流于皮相的解读总会造成人格上的误会。李初梨这样说过郁达夫，说他是"模拟的颓唐派，本质的清真派"。郭沫若也说他是"中国的枯槁的社会里面好像吹来了一股春风，立刻吹醒了当时无数青年的心。他那大胆的自我暴露，对于深藏在千年万年的背甲里面士大夫的虚伪，完全是一种暴风雨式的闪击，把一些假道学、假才子们震惊得至于狂怒了"。

战争硝烟四处弥漫的年岁里，多少无辜的生命受尽了颠沛流离的苦楚，那些因战争带来的衰病的国体和贫困的社会，使得在艰难的长路中倒下的人不计其数。抗战时期日寇对文艺界的迫害尤其穷凶极恶，多少勇士在艰苦奋斗的道路上失去了生命，至今下落不明，身在异乡的，只有郁达夫一人。

当胜利的曙光传来的时候，他却死在了异国的土地上。结局是如此令人感念，去日不负复日来，叙意无人偿。

挥散不去的情仇谢落了徐徐繁华苍凉，就连旧年里的残灯旧事也装订成了记忆里的一堵围栏，匡下一院寥落锥心的乱红，今生今世，再没有回望的可能。一段流年，一行青书，一阕古词，一个轮回，淡淡的年轮里，每一个痕迹都是一首绝唱，每一个重逢都是一曲弦音，在斑驳错落的时光里交错着浅吟低唱，随声应和。

阶亭一笑玉兰新，旧上海还是自顾自地峥嵘繁盛。这一次，王映霞再看到的上海，早已不再像记忆中的冷艳颓靡，抑或是流光溢彩，它隐藏起所有璀璨夺目的耀眼光辉和沉淀百年的逼仄风情，带着一种如泣如诉的哀凉，等待着一个人的魂归故里。

飘忽而过的风景里，那年的上海景致，还是急速向记忆靠近。尚贤坊，南京路，合上眼，每一个名字都裹挟着渐渐泛黄的记忆纷至沓来。

她忘了最初走进上海，是不是因为它陈旧发黄，带着微微潮湿气息的往事，和往事里曾经有过的、风华绝代的俏丽佳人与沧桑岁月里的文坛斗士。但是现在，落入眼里的只是如织的行人，急匆匆的脚步踏在见证多少岁月的石板路上，她仿佛已经找不到深深萦绕在脑海中只属于上海的那些里弄，那些旧居里弥漫着的迤逦岁月和十里洋场的万种风情了。

有那么片刻的茫然，那一刻，她只欣慰她还能想起有很多故事从这里出发，然而一切故事的起点，都是来源于一个名字，郁达夫。

还有一些渐渐风化的景色，以及一首又一首婉转的唱词。来来往往的行人不能发觉，这个站在街头茫然四顾的女子，她不再年轻的容颜上带着淡淡哀愁，她的哀愁来自哪里，她又经历了怎样的人，怎样的故事？我们只是一众看客，隔着岁月的洪流，把一壶酒重新温上，看着那袅袅升温的酒香，仿佛重逢初度。

回忆和怀旧总能净化人的心境和魂灵。回忆一个已经逝去的人，必然会回忆起与他朝夕共处的时光，十年，二十年，甚至半生的光阴，当时间的横轴将我们拉回到当年与这个人相处的时候，他的音容笑貌，他的一举一动，他的话语，他的神情，犹在耳边眼前，历历显现。他们的深情厚谊，他们的海誓山盟，还是一如初恋时候的那般震颤心灵，令人目眩神迷。

在花事荼靡的人生市井，处处可见独自走入无人幽径的人。青萝拂行衣，绿意沾湿袖，红杏枝头春意闹，已是过去的1944年，刻骨铭心的1944年。旧上海的人情世事，锱铢生计及逝日苦多的生命悄悄地对谈着。然而时光飞逝，沧桑百年，往事如同过眼烟云，再低回婉转，难舍难分，也终究不过是回忆中的只言片语。

一整天一整天的忙碌之后，王映霞呆坐在床头，她看着自己的影子在白墙上印出一个悲戚的黑影，只有影子是忠诚的，它不会去计较你眼角的细纹和黑发中藏匿的白丝，它看起来一如十年前那般圆润饱满。

婚后，王映霞的生活平静而且富足，一度让她相信，自己选择离开南洋，离开郁达夫，离开那段水深火热的婚姻，是无比正确的选择。她嫁给钟贤道，这样一个坦率诚恳的人，对自己没有那么多敏感多疑的心思，她深吸一口气，看着这新搬进来的居所，想来，这便是新生活的开始了。

她喜欢看着孩子们的笑容，她新添的一双儿女，他们的笑是清澈的，无忧无虑的，看着他们，她再没有多年前那样压抑的思绪。那些年，她二十岁出嫁的时候，她诞下第一个孩子的时候，和郁达夫泛舟湖上，看碧波明灭，看山鸟群飞的时候，她也曾这样笑过。笑容之后，谁都不知道下一秒人生的走向。

才风平浪静，转眼就风起云涌。

身是眼中人，过往的人生故事一幕幕地放给自己看，挚爱过的、挣扎过的、怨恨过的情节，都可以追溯其必然发生的理由。有时候接受也是一种修行，也是一种短暂的自我放逐。不管我们喜不喜欢那些故事的结局，也不管我们曾经为那些故事曾付出多少徒然无功的心力，特别的是，它们的的确确是生命中真实演奏过的绝唱，应该毫不怀疑地接受他们，在记忆的最深处，辟出一块守口如瓶的角落，去铭记那些寂静无声逝去的人、逝去的事。

多年以后王映霞依然记得那个午后，得知郁达夫死讯的时候。是那样一种丝毫不容隐蔽的方式，他的黑白照，他的消息，就那样大刺刺地铺陈在报纸最显眼的地方，刺痛她的双眼。中国的大文豪，抗战时期的文坛斗士，命丧异国他乡的消息，在大众眼中，他确实当得起一声良久的哀叹。

但对于王映霞，她以为新生活的开始，在离开南洋的那一刻已经开始了另外的篇章，她以为曾流逝的青春在离开的时候可以续写，但是那个人的去世，却使她徒然老去。

郁达夫死的时候，她才觉得青春一下子从指间清楚地流逝掉了。

王映霞的离开或是回归，不是为了摒弃什么。也许只是在一盏温茶的时间里，想再选择一次。也许在一段路的艰难跋涉中，揣测自己的未来，终日惶惶不安的心终究会死，也许在独自远眺的时候，居然对自己小心地假设着不再发生的可能。也许，什么事也想不起来，只有一片空白，安安静静地若有所悟，如果当初不那么轻易放手，郁达夫会不会和自己一起回祖国来，又抑或，自己随着他的脚步一起葬在异乡，重回一片恬静之中。

我们懂得，无论走到哪种地步，都应该清楚地记得这一点，回忆好似一条没有尽头的路，一切以往的蝉声，秋日，冬雪都不复存在。就连最坚韧而又热烈的爱情，归根到底也不过是转瞬即逝。

因为爱，两个陌生的人走到了一起，因为死，两个人分离，永远分离。这种痛藏在麻木的表情之下，藏在沉默的黑夜之下，藏在听到的每一个笑声之下，这种痛足以毁灭那个虽然活着的人。我们并不怀疑这样的爱的纯粹，也不相信这样的爱能够轻易流逝，如果可以，她更愿意和他一起看着门外的世界，看着这样庸常的、旁人的世界，门内是与这个世界无关的，他们可以争吵，背对彼此，背对夜色，他们可以没有朋友，这一点也不妨碍他们长相厮守。当这爱在时光中被暴风雨毁灭，谁也逃不开死神的罪伐。

晚来灯烛暗，细屈指寻思。只道是饮月千尺，寂夜成相思。人生不如意之事常八九，可与人语无二三，这就是为什么王映霞在日后的日子里，很少提及郁达夫。但王映霞时常会想起那个大诗人，好像他在冥冥之中也改变了自己，他不用说话，他活着的时候时常也很少说话。他梦想，也孤独，但是这个世界上没有任何东西能够和他匹配，除了那个风华绝代的王映霞。他们在靠近彼此的过程中被熏染、被改造，直到后来被割离开来，那某一部分属于另一个人，随着一段婚姻的覆灭，也渐渐消亡。

然而回忆不会死。

王映霞知道她此生不会忘记的人，只有郁达夫，她可以在离开南洋后，觉得碧波更碧，白云更洁，她不会因为忙碌的家务怨声载道，她的性格里变得更懂得珍惜身边这个踏实的伴侣，这些，都是遇到郁达夫之后渐渐学会的事情。只是那段时光，让她可以不再因为独身一人穿行城市而感到空虚寂寞。有那些挥之不去的往事，在心房随着血液默默跳动，她渐渐老去，可以平静地面对舍与得，来与去，爱与恨了。

张爱玲说："人生有时候，总是很讽刺。一转身可能就是一世。"

当初说的生死与共，人间白头，不知怎么渐行渐远了。失去的岁月总有些怀念的遗憾，只要你愿意，或许这些遗憾就是归宿，在无可奈何之中轻声告诉自己顺其自然，听任后半生的不甘心在午夜回转，不敢面对，亦不能允许怅然若失。也许只是赌气，也许只是他们都不肯回头。但患得患失之后，王映霞也曾幻想着和好的场景，或重逢时的注视，那个时候会边流泪边无言以对，还想着离开你之后，这个世界都不复存在。该是多美。

"没想到的是，一别竟是一辈子了。"

于是就此罢手。各自对各自性格中的自尊和倔强妥协，各自有了不同的人生走向与蓝图，各自接受不同的人来到生命中，甚至欢迎着，以此拒绝铭记。曾经相爱，现在已互不相干。

我们不得不承认，一段感情终结之后，娓娓道来一句："人生若只如初见，何事秋风悲画扇"，总显得格外契合。曾经的美好总有付诸东流的那一天，我们才念及永恒的可能。时光不语，人世百年，那些熟悉的场景，熟悉的画面，在脑海中如同黑白影像一帧帧缓慢回放的时候，王映霞总是告诉自己，不要去后悔，选择是需要义无反顾坚持下去的，她懂得此后再不复相见，再回首，也回不到当初。她只想远离喧嚣，过着平静如水的生活，不涉尘世琐事，无悲亦无喜。

那天王映霞夜里醒来，再次翻开桌上的报纸，看到刊登在上面的关于他的死讯。她看了良久，从此方信阴阳两隔。